Mathematiklernen unter Bedingungen der Mehrsprachigkeit

AF282275

Waxmann Verlag GmbH
Steinfurter Straße 555, 48159 Münster
info@waxmann.com

Reihe

Mehrsprachigkeit

herausgegeben von
Wilhelm Grießhaber und Jochen Rehbein

Band 32

Waxmann 2011
Münster / New York / München / Berlin

Susanne Prediger
Erkan Özdil (Hrsg.)

Mathematiklernen unter Bedingungen der Mehrsprachigkeit

Stand und Perspektiven der Forschung und Entwicklung in Deutschland

Waxmann 2011
Münster / New York / München / Berlin

Bibliografische Informationen der Deutschen Nationalbibliothek
Die Deutsche Nationalbibliothek verzeichnet diese Publikation in
der Deutschen Nationalbibliografie; detaillierte bibliografische
Daten sind im Internet über http://dnb.d-nb.de abrufbar.

Die Beiträge dieses Bandes wurden einem Review-Verfahren unterzogen. /
The contributions of this volume have been reviewed.

Mehrsprachigkeit, Bd. 32

ISSN 1433-0792
ISBN 978-3-8309-2602-3

© Waxmann Verlag GmbH, 2011
Postfach 8603, 48046 Münster

www.waxmann.com
info@waxmann.com

Umschlaggestaltung: Pleßmann Design, Ascheberg
Idee Umschlag und Logo: Ivika Rehbein-Ots
Druck: Hubert & Co., Göttingen
Gedruckt auf alterungsbeständigem Papier,
säurefrei gemäß ISO 9706

Mix
Produktgruppe aus vorbildlich bewirtschafteten
Wäldern und anderen kontrollierten Herkünften
www.fsc.org Zert.-Nr. SGS-COC-005773
© 1996 Forest Stewardship Council

Printed in Germany

Inhalt

Mathematiklernen unter Bedingungen der Mehrsprachigkeit

Einleitung

Susanne Prediger & Erkan Özdil

Internationale Vergleichsstudien haben gezeigt, dass das deutsche Schulsystem im Vergleich zu anderen Ländern mit vergleichbarer Migrationsstruktur eine besondere Schwäche darin aufweist, Schülerinnen und Schüler sozial benachteiligter Herkunft zu einem Schulerfolg zu bringen, der ihrem Potential entspricht (z.b. OECD 2007). Dabei erweisen sich nicht nur der sozioökonomische Status, die nichtdeutsche Staatsangehörigkeit und der Migrationshintergrund als benachteiligende Faktoren, sondern insbesondere auch der Sprachstand in der Unterrichtssprache. Der Fokus dieses Bandes liegt auf Kindern und Jugendlichen, deren Erstsprache nicht der deutschen Unterrichtssprache entspricht, denn sie zeigen im Fach Mathematik signifikant geringere Leistungen als Jugendliche mit deutscher Erstsprache (z.b. OECD 2007, S. 120). Auch in Längsschnittstudien erweist sich der Sprachstand in Deutsch als wesentlicher Faktor für den mathematischen Leistungsstand als der Migrationshintergrund oder der sozioökonomische Status (Heinze et al. in diesem Band).

Bislang differenzieren die deutschen Bildungsstatistiken vorrangig nach Staatsangehörigkeit und Migrationshintergrund, laut Mikrozensus 2008 sind rund 10 % der Schülerinnen und Schüler nichtdeutscher Staatsangehörigkeit, und rund 30 % haben einen Migrationshintergrund. Die Zahl der Schülerinnen und Schüler nichtdeutscher Erstsprache lässt sich nach begründeten Schätzungen aufgrund lokaler Daten zur Sprachstruktur (Chlosta / Ostermann 2008) mit rund 20 % angeben. Ein Fünftel aller Lernenden lernt also das Fach Mathematik in seiner Zweitsprache.

Seitdem der Sprachstand in Deutsch als ursächliche Hürde für Schulerfolg in Mathematik ins Bewusstsein gerückt ist, wird Sprachförderung zu einer *Querschnittsaufgabe* aller Fächer erklärt (z.B. MSW 1999, Ahrenholz / Oomen-Welke 2008). Die so formulierte Querschnittsaufgabe der Sprachförderung in allen Fächern wird bildungspolitisch in Nordrhein-Westfalen etwa durch die verpflichtende Verankerung der Thematik in der Ausbildung für Lehramtsstudierende *aller* Fächer implementiert (MSW 2009). Diese Anforderung ist ebenso wichtig wie herausfordernd, weil es bislang relativ wenig empirisch fundierte Kenntnisse zu der Frage gibt, worin genau in Mathematik besondere sprachliche und fachliche Hürden für mehrsprachige Lernende bestehen und mit welchen (empirisch nachweislich wirksamen) Förderansätzen sie bewältigt werden können (vgl. Bredel 2005).

Doch nicht erst seit den ersten Bildungsforschungsberichten wie PISA und DESI zu Beginn des 21. Jahrhunderts ist die Erkenntnis über die Notwendigkeit der Sprachförderung gewachsen, auch die Diskussion um Integration trug dazu bei. Sprachförderung wurde bis dahin und wird heute umso mehr als Zweitsprachförderung (DaZ: Deutsch als Zweitsprache) verstanden. Die Diskussion um sie ist stark von gesellschafts- und sprachpolitischen Einstellungen und normativen Sprachauffassungen dominiert. Die Förderung der deutschen Sprache, der Unterrichtssprache, gilt als Weg zum Ziel der Integration und der Bildung. An ihr misst sich der bildungspolitische Erfolg, der bislang ausgeblieben ist. Erst im Zuge der Auseinandersetzung mit dem in diesem Band vorgestellten Untersuchungsgegenstand, nämlich der Erforschung von unterrichtlichen Lernprozessen in einem „nichtsprachlichen" Fach wie der Mathematik, rückt jene Ressource der Schülerinnen und Schüler in den Fokus, die für fachliche Verstehens- und Lernprozesse eine tragende Rolle spielt: ihre Mehrsprachigkeit. Während international die Nutzung der Muttersprache als Ressource für den Fachunterricht seit langem breit diskutiert wird (im Überblick z.B. Barwell 2009), steht insbesondere Deutschland erst ganz am Anfang, wenn es um die Frage geht, wie Mehrsprachigkeit nicht nur ein Hindernis, sondern auch eine Ressource sein kann, auf die im schulischen Lernprozess gezielt zugegriffen wird. Über andere Ansätze zur Erfassung typischer Schwierigkeiten und zu ihrer Bearbeitung kann dagegen bereits breiter berichtet werden.

Für eine multiperspektive Bearbeitung dieser Aspekte sind die Beiträge in diesem Sammelband gezielt aus unterschiedlichen Disziplinen zusammengestellt (insbesondere Sprachwissenschaft, Sprachdidaktik, Mathematikdidaktik und Erziehungswissenschaft, vgl. Hinweise zu den Autorinnen und Autoren am Ende des Bandes). Sie bündeln den Diskussionsstand zu einem wichtigen unterrichtlichen Handlungsfeld und zeigen forschungsorientierte Perspektiven für die wissenschaftliche und schulische Weiterarbeit auf. Dass dabei im ersten Teil des Buches in den Problemanalysen der verschiedenen Beiträge einige inhaltliche Überschneidungen zu finden sind, manifestiert die bereits existierende Interdisziplinarität in den Problemanalysen.

Auffällig ist, dass der erste Teil mit den Problemanalysen deutlich umfangreicher ausfällt als der zweite Teil zu beforschten Förderansätzen. Auch dies spiegelt den Stand der wissenschaftlichen Diskussion wieder: Während die Hürden durchaus schon in einer gewissen Breite benannt sind, werden Förderkonzepte vor allem praktisch erprobt, jedoch bislang relativ wenig erforscht. Lediglich zwei Beiträge gehen ganz gezielt auf die Nutzung der Erstsprache als Ressource ein, hier zeigen sich also deutliche Weiterentwicklungsperspektiven zu einer Didaktik der Mehrsprachigkeit (s. auch Hoffmann / Ekinci-Kocks 2011).

Wir Herausgebenden danken sehr herzlich allen, die substantiell zum Entstehen dieses Sammelbandes beigetragen haben: Jochen Rehbein hat uns ermuntert, dass ein solcher Band sehr zügig entstehen sollte, weil er für die derzeitige bildungspolitische und schulische Diskussion so wichtig ist. Dafür danken wir ihm und seinem Reihen-Koherausgeber Wilhelm Grießhaber ebenso wie für die Aufnahme in die Reihe Mehrsprachigkeit. Wir danken allen Autorinnen und Autoren, Gutachterinnen und Gutachtern, die sehr konstruktiv zur Weiterentwicklung der Erstentwürfe beigetragen haben. Nadine Krägeloh und Lina Peters haben unermüdlich alle Beiträge gegengelesen und formatiert, insbesondere ohne Lina Peters wäre der Band daher gar nicht existent. Auch dafür ein herzliches Dankeschön!

Susanne Prediger
Erkan Özdil

Literatur

Ahrenholz, Bernt / Oomen-Welke, Ingelore (2008) (Hrsg.): Deutsch als Zweitsprache, Schneider, Baltmannsweiler.

Barwell, Richard (2009): Multilingualism in Mathematics Classrooms – Global Perspectives, Multilingual Matters, Bristol u.a.

Bredel, Ursula (2005): Sprachstandsmessung – eine verlassene Landschaft, in: BMBF (Hrsg.): Anforderungen an Verfahren der regelmäßigen Sprachstandsfeststellung als Grundlage für die frühe und individuelle Förderung von Kindern mit und ohne Migrationshintergrund, Bonn / Berlin, 77–119.

Chlosta, Christoph / Ostermann, Torsten (2008): Grunddaten zur Mehrsprachigkeit im deutschen Bildungssystem, in: Ahrenholz, Bernt (Hrsg.): Deutsch als Zweitsprache, Schneider Verlag, Baltmannsweiler, 17–30.

Hoffmann, Ludger / Ekinci-Kocks, Yüksel (2010) (Hrsg.): Sprachdidaktik in mehrsprachigen Lerngruppen. Vermittlungspraxis Deutsch als Zweitsprache, Schneider Verlag Hohengehren, Baltmannsweiler.

Ministerium für Schule und Weiterbildung (2009): Gesetz zur Reform der Lehrerausbildung vom 12. Mai 2009, in: Gesetz- und Verordnungsblatt für das Land Nordrhein-Westfalen – Nr. 14 vom 25.5.2009.

Ministerium für Schule und Weiterbildung, Wissenschaft und Forschung des Landes NRW (Hrsg.) (1999): Förderung in der deutschen Sprache als Aufgabe des Unterrichts in allen Fächern. Empfehlungen, Ritterbach, Frechen.

OECD (2007): Science Competencies for Tomorrow's World: Volume 2: Data (PISA 2006), OECD, Paris.

Die Rolle von Kenntnissen der Unterrichtssprache beim Mathematiklernen

Ergebnisse einer quantitativen Längsschnittstudie in der Grundschule

Aiso Heinze, Leonie Herwartz-Emden, Cornelia Braun, Kristina Reiss

Zusammenfassung: Empirische Studien haben im vergangenen Jahrzehnt wiederholt aufgezeigt, dass Schülerinnen und Schüler mit Migrationshintergrund im deutschen Bildungssystem im Mittel geringere Kompetenzen erwerben als Lernende ohne Migrationshintergrund. Dies betrifft nicht nur den Bereich des Lesens und der Rechtschreibung, sondern auch Domänen, die scheinbar weniger sprachlich-kulturell beeinflusst sind, wie etwa die Mathematik. Auch hier gilt als gesichert, dass eine wesentliche Ursache für die Nachteile der Lernenden mit Migrationshintergrund in eingeschränkten Fähigkeiten in der Unterrichtssprache liegt. In diesem Beitrag werden wesentliche Aspekte des Stands der Forschung im Überblick dargestellt. Dabei wird in Bezug auf die Situation in Deutschland vor allem auf Erkenntnisse aus Large-Scale-Studien eingegangen. Darüber hinaus werden mathematikdidaktische Studien vorgestellt, die insbesondere den Einfluss der sprachlichen Fähigkeiten auf die mathematischen Lehr-Lern-Prozesse im Unterricht thematisieren.

1 Einleitung: Zweitspracherwerb in der Schule und schulische Leistungen

Die Situation von Kindern und Jugendlichen in Deutschland, die aus immigrierten Familien stammen, findet seit der Veröffentlichung der IGLU-Studie 2001 sowie der PISA-Studie 2000 breites wissenschaftliches und politisches Interesse (Bos et al. 2003, Deutsches PISA-Konsortium 2001). Differenzen in den Schulleistungen sowie ungleich verteilte Chancen im Hinblick auf den Bildungserfolg bei Kindern mit und ohne Migrationshintergrund stellen ein vielfach untersuchtes und belegtes, jedoch bislang nicht hinreichend erklärtes Phänomen in den Sozialwissenschaften dar. Die hohe Relevanz der Bildungssprache (vgl. Gogolin 2009) gilt in Bezug auf den Erwerb von Lese- sowie von Mathematikkenntnissen als erwiesen (vgl. z.B. Heinze / Herwartz-Emden / Reiss 2007, Tiedemann / Billmann-Mahecha 2004). Die Bildungsvoraussetzungen von Schülerinnen und Schülern mit einer anderen Muttersprache als der Unterrichtssprache unterscheiden sich von denen einheimischer Kinder mindestens in zweifacher Hinsicht. Sie verfügen nicht nur über ein anderes Vokabular, sondern nehmen sprachbasiertes Wissen auch anders wahr (Gogolin 1988). Allerdings bieten Schulen gerade Kindern aus unteren Bildungs-

oder Sozialschichten sowie Kindern mit Migrationshintergrund oftmals nicht die Möglichkeit, „die schulisch relevanten sprachlichen Varianten (Fachsprachen)" (Gogolin / Neumann / Roth 2003, S. 3) bzw. die „Bildungssprache" (Gogolin 2009, S. 263), die sie im Elternhaus meist nicht erlernen, ausreichend zu üben. Cummins (2002) differenziert in diesem Zusammenhang zwischen *basic interpersonal communication skills*, also sprachlichen Fähigkeiten, welche die Verständigung in alltäglichen Situationen ermöglichen, und der *cognitive academic language proficiency*, einer kontextreduzierten, kognitiv anspruchsvollen Sprache zur Fachkommunikation, welche im Unterricht verwendet wird. Die bei Kindern und Jugendlichen mit Migrationshintergrund oft vorhandene Fähigkeit, sich auch mit mangelndem Wortschatz und geringen morphologischen Kenntnissen im Alltag mündlich zu bewähren, reicht für schulische Lernprozesse nicht aus. Sprachliche Defizite wirken sich mit großer Wahrscheinlichkeit „kumulativ negativ auf die Lernzuwächse in den Sachfächern aus [...], sodass die Kompetenzdefizite im mathematischen und naturwissenschaftlichen Bereich im Schulverlauf tendenziell zunehmen" (Herwartz-Emden 2003, S. 692). Der Übergang von der Alltagssprache zum spezifischen Gebrauch der Schulsprache braucht Zeit sowie gerichtete Instruktion. Gogolin (2005) verweist darauf, dass Kinder mit Migrationshintergrund die Zweitsprache nur in einem langfristig unterstützten, bis zu sechs Jahre umfassenden Entwicklungsprozess erwerben. Die kontinuierliche Weiterentwicklung dieser Fähigkeiten über die gesamte Schullaufbahn hinweg steht dabei außer Frage, denn von Jahr zu Jahr nehmen Komplexität und Abstraktion der schulischen Bildungssprache zu, Wortschatz und Strukturen stellen kognitiv und sprachlich im Verlauf einer Schullaufbahn immer höhere Anforderungen (Heinze et al. 2007, Gogolin 2005). Eine möglichst früh ansetzende Förderung bereits im Zeitraum des Vor- und Grundschulbesuches scheint folglich empfehlenswert.[1] Hinsichtlich einer erfolgreichen Akkulturation von Kindern und Jugendlichen mit Migrationshintergrund sind darüber hinaus Kenntnisse in der Herkunftssprache sowie deren Anerkennung relevant, wenngleich ihre Bedeutung für den Schulerfolg kontrovers diskutiert wird (vgl. z.B. Gogolin 2008, Gogolin / Neumann 2009, Esser 2006, 2009, Dollmann / Kristen 2010). Sowohl mit der sprachlichen Herkunft der Eltern als auch mit der Sprache und Kultur der Aufnahmegesellschaft verbunden zu sein, scheint sich, so der Konsens, positiv auf Identitätsbildung und nicht hinderlich auf den Bildungserfolg auszuwirken (Allemann-Ghionda et al. 2010).

Für den Zweitspracherwerb und den Umgang mit Mehrsprachigkeit stellt die Schule folglich eine zentrale Institution dar, in deren Kontext zum einen gesell-

---

1   Neben Kompetenzen in der Zweitsprache haben sich beispielsweise auch mathematikbezogene Vorstellungen, Werthaltungen und Orientierungen in Familien mit Migrationshintergrund im Rahmen vorschulischer Förderangebote als bedeutsam erwiesen (Hawighorst / Kaiser 2004).

schaftliche Erwartungen und Vorstellungen über Sprachlichkeit zum Tragen kommen; zum anderen ist Schule für den Schriftspracherwerb das wesentliche Vermittlungsorgan. Der Erwerb von Schriftsprache kann als oberstes Ziel integrativer sprachlicher Bildung betrachtet werden (Schroeder 2007). Doch auch hier wirkt sich das familiäre Umfeld aus. So werden in diesem Zusammenhang mehrere Ursachen genannt, aus denen heraus auch in schulischen Kontexten Schülerinnen und Schüler mit Migrationshintergrund in ihrem (Schrift-)Spracherwerb benachteiligt sind. Sie sind es dann, wenn sie aus Familien kommen, die keine kategoriale Haltung zur Schriftlichkeit[2] im Allgemeinen haben und somit auch nicht über eine starke Haltung zur Schriftlichkeit der Herkunftssprache verfügen; sie sind es aber auch dann, wenn eine generelle Bildungsferne besteht oder die Herkunftssprache bereits im Heimatland keine schriftsprachliche Varietät hat (Schroeder 2007).

Im vorliegenden Artikel wird zunächst auf Befunde zur Leistung und Leistungsentwicklung in den Bereichen Lesen, Rechtschreiben und Mathematik von Kindern und Jugendlichen mit Migrationshintergrund in Deutschland eingegangen, bevor spezieller die Bedeutung der schulsprachlichen Fähigkeiten für den Erwerb von Mathematikkenntnissen herausgestellt wird. Im letzten Abschnitt wird im Überblick auf bisher vorliegende Ergebnisse der von der DFG geförderten Längsschnittstudie SOKKE (Sozialisation und Akkulturation in Erfahrungsräumen von Kindern mit Migrationshintergrund – Schule und Familie) eingegangen, welche unter anderem die Leistungsentwicklung von Kindern mit und ohne Migrationshintergrund im Bereich Mathematik über vier Grundschuljahre hinweg verfolgt hat.

2   Stand der Forschung

2.1   Leseleistungen

Studien, die sich mit der Leistung sowie der Leistungsentwicklung von Grundschulkindern unterschiedlicher Herkunft befassen, belegen, dass Schülerinnen und Schüler mit Migrationshintergrund in deutschsprachigen Untersuchungen im Bereich der Leseleistung während der gesamten Grundschulzeit schwächere Ergebnisse erzielen als einheimische Kinder. Die vorgefundenen Differenzen scheinen in ihrem Ausmaß stabil zu sein (vgl. z. B. Bos et al. 2003, Bos 2007, Tiedemann / Billmann-Mahecha 2004). Zwar zeigten in der IGLU-Studie 2006 Schülerinnen und Schüler aus Deutschland im internationalen Vergleich gute Leseleistungen in

---

2 Damit gemeint ist „ein analytischer Zugang, in dem die Annäherung an die Schriftsprache als eine Ausbauform der mündlichen Sprache möglich ist" (Schroeder 2007, S. 8).

allen erhobenen Dimensionen, doch erzielten Kinder mit Migrationshintergrund[3] im Durchschnitt 48 Punkte weniger als solche ohne Migrationshintergrund, eine als hoch zu bewertende Differenz (Bos et al. 2007). Tiedemann und Billmann-Mahecha (2004) ermittelten anhand von Daten der Hannover'schen Grundschulstudie die Leistungsentwicklung von Kindern mit deutscher und anderer Familiensprache von der dritten zur vierten Klasse. Hinsichtlich der Leseleistung fanden sie einen signifikanten Haupteffekt der in der Familie gesprochenen Sprache. Er äußerte sich dahingehend, dass Kinder aus rein deutschsprachigen Familien bzw. aus gemischtsprachigen Familien mit teilweise deutscher Sprache die besten und Kinder aus den Migrationsgruppen signifikant schlechtere Leistungen erzielten.

Merkens (2008, 2010), Schründer-Lenzen und Merkens (2006) sowie Mücke und Schründer-Lenzen (2008) verfolgten im Rahmen des BeLesen-Projektes anhand einer Stichprobe von 925 Kindern die Entwicklung der Leseleistung vom Ende der ersten bis zum Ende der vierten Klasse und stellten fest, dass bereits zu Beginn der Grundschulzeit hohe Differenzen zuungunsten der Kinder mit Migrationshintergrund nachweisbar waren. Diese verstärkten sich im Verlauf der vier Grundschuljahre (Merkens 2008). Ebenfalls anhand von Daten dieses Projektes untersuchten Limbird und Stanat (2006) den Zusammenhang zwischen phonologischer Bewusstheit und Leseverständnis bei 169 Grundschulkindern der zweiten und dritten Jahrgangsstufe. 100 Kinder waren bilingual türkisch-deutschsprachig[4], 69 Kinder monolingual deutschsprachig. Es fanden sich weder in der zweiten noch in der dritten Klasse signifikante Unterschiede im Leseverständnis zwischen den mono- und bilingualen Schülerinnen und Schülern; auch bezüglich des Leistungszuwachses war kein Gruppenunterschied nachzuweisen. Die Annahme, dass die bilingualen Lernenden aufgrund der linguistischen Struktur des Türkischen sowie ihrer zweisprachigen Fähigkeiten über ein signifikant höheres Maß an phonologischer Bewusstheit verfügen, ließ sich nicht bestätigen. Hingegen konnte erwartungsgemäß nachgewiesen werden, dass phonologische Fähigkeiten bei den monolingualen Kindern einen höheren Beitrag zur Varianzaufklärung des Leseverständnisses leisten, d. h., es ist von einem Wirkungszusammenhang auszugehen.

Dollmann und Kristen (2010) analysierten im Rahmen des Projektes „Bildungsentscheidungen in Migrantenfamilien" den Einfluss von schulsprachlichen Fähigkeiten in der Erst- und Zweitsprache auf die mit der Würzburger Leise Leseprobe (WLLP) erfassten Leseleistungen von 766 Dritt- und Viertklässlern mit türkischem Migrationshintergrund. Die schriftsprachlichen Kenntnisse in der Erst- und Zweit-

---

3 Gemeint sind in diesem Fall Kinder, deren Elternteile beide aus dem Ausland stammen.
4 Die Kinder wurden der Gruppe zugeordnet, wenn mindestens ein Elternteil Türkisch spricht und sie über basale Kenntnisse in der türkischen sowie der deutschen Sprache verfügen.

sprache wurden anhand von C-Tests[5] erfasst. Die Befunde zeigten zunächst, dass 34 % der Kinder als kompetent bilingual eingestuft werden konnten. Als sprachlich assimiliert galten 16 %, 18 % wurden den monolingual Segmentierten zugeordnet, 32 % hingegen den sprachlich Marginalisierten[6]. Während die sprachlich marginalisierten ebenso wie die monolingual segmentierten Kinder signifikant schlechtere Leseleistungen erzielten als die kompetent bilingualen und sprachlich assimilierten Schülerinnen und Schüler, war zwischen diesen beiden Gruppen kein signifikanter Unterschied nachweisbar. In die folgenden Analysen wurden lediglich die kompetent bilingualen sowie die sprachlich assimilierten Kinder (n = 346) einbezogen. Erwartungsgemäß ergaben sich deutliche Vorteile für Schülerinnen und Schüler mit besseren Deutschkenntnissen. Die türkischen Sprachkompetenzen standen hingegen nicht mit der Leseleistung in Deutsch in Zusammenhang. Auch eine kombinierte Betrachtung der Erst- und Zweitsprachkenntnisse ergab keine Vorteile für diejenigen Kinder, die beide Sprachen kompetent beherrschten. Bedeutsam waren in erster Linie Kenntnisse der Unterrichtssprache.

Stanat, Schwippert und Gröhlich (2010) fanden im Rahmen der KESS-Studie heraus, dass Viert- und Siebtklässler mit Migrationshintergrund auch unter Kontrolle von sozioökonomischem Status und kulturellen Ressourcen ein signifikant niedrigeres Lesekompetenzniveau erzielen als solche ohne Migrationshintergrund. Kinder mit Migrationshintergrund, die im Elternhaus sowohl Herkunfts- als auch Zweitsprache sprechen, scheinen Vorteile zu haben gegenüber solchen, die nur in der Muttersprache kommunizieren (Schründer-Lenzen / Merkens 2006, Tiedemann / Billmann-Mahecha 2004, Limbird / Stanat 2006).

2.2 Rechtschreibleistungen

Die Entwicklung der Rechtschreibleistung ist in Bezug auf Schülerinnen und Schüler aus migrierten Familien deutlich seltener analysiert worden. Es gibt lediglich Hinweise darauf, dass die Differenzen in diesem Bereich weniger ausgeprägt sind als im Bereich der Lesekompetenz (Schründer-Lenzen / Merkens 2006, Merkens 2006, 2010, Tiedemann / Billmann-Mahecha 2004). Im Rahmen des Projekts Be-Lesen fanden Schründer-Lenzen und Merkens (2006) am Ende der dritten Klasse

---

5 Die C-Tests dienen der Feststellung des allgemeinen Sprachstands anhand mehrerer, in sich geschlossener Texte, in welchen einige Wörter lückenhaft sind. Diese Lücken müssen sinnhaft aufgefüllt werden. In jeder Sprache liegen vier Texte mit aufsteigendem Schwierigkeitsgrad vor, welche in jeweils fünf Minuten bearbeitet werden.
6 Die Kategorisierung erfolgte anhand des Medians im C-Test. Dieser betrug in der türkischen Version 0,35, in der deutschen 0,57. Jeweils der Hälfte der Kinder gelang es also, zu mindestens 35 % bzw. 57 % richtige Lösungen zu erzielen. Diese wurden den sprachlich kompetenten Kindern zugeordnet.

praktisch keine Unterschiede in der Rechtschreibleistung zwischen Kindern mit und ohne Migrationshintergrund. Merkens (2007) verweist in diesem Zusammenhang auf die Kontextabhängigkeit sprachlicher Symbole. So erlaubt die orthographisch korrekte Schreibweise eines Wortes keine Rückschlüsse darauf, ob es im jeweiligen Zusammenhang auch richtig verstanden wird. Infolgedessen könnte die Rechtschreibleistung weniger stark von den schulsprachlichen Fähigkeiten eines Kindes abhängen als die Leseleistung (Merkens 2007). Tiedemann und Billmann-Mahecha (2004) zeigten hinsichtlich der Leistungsentwicklung im Bereich der Rechtschreibung auf, dass die von ihnen befragten Dritt- und Viertklässler, die in der Familie nur Deutsch oder Deutsch und eine weitere Sprache sprachen, die höchsten Leistungswerte erzielten, während Kinder, die zu Hause in einer anderen Sprache kommunizierten, in beiden Klassenstufen signifikant weniger Punkte erreichten.

2.3   Mathematikleistungen

Hinsichtlich der Mathematikleistungen sind ebenfalls Unterschiede zuungunsten von Kindern aus migrierten Familien von der ersten Klasse an zu konstatieren, welche im Verlauf der Grundschulzeit tendenziell zunehmen (Bos et al. 2003[7], Heinze et al. 2007, Merkens 2006, 2008, Tiedemann / Billmann-Mahecha 2004). Tiedemann und Billmann-Mahecha (2004) konnten nachweisen, dass Grundschulkinder mit deutscher Familiensprache in Mathematik signifikant bessere Ergebnisse erzielten als Kinder, die zu Hause nicht Deutsch sprachen. Sie zeigten darüber hinaus bessere Werte als Kinder aus gemischtsprachigen Familien. Innerhalb der Subgruppen mit Migrationshintergrund fanden sich hingegen keine signifikanten Unterschiede. Die Ergebnisse erwiesen sich als stabil und erreichten sowohl in der dritten als auch in der vierten Klassenstufe ein vergleichbares, bedeutsames Niveau. Merkens (2006, 2010) sowie Mücke und Schründer-Lenzen (2008) zeigten im Rahmen des Projekts BeLesen für die Mathematikleistungen auf, dass Kinder mit Migrationshintergrund über die gesamte Grundschulzeit hinweg signifikant schlechtere Werte erzielten als Kinder ohne Migrationshintergrund, wobei sich die Schülerinnen und Schüler türkischer Herkunft als besondere „Risikogruppe" herauskristallisierten. Sie schnitten systematisch schlechter ab als die Kinder der anderen Herkunftsgruppen. Im Rahmen von KESS 4 ermittelten Bos und Pietsch (2006) die Mathematikleistungen von Schülerinnen und Schülern am Ende der vierten Klassenstufe. Lernende mit Migrationshintergrund erzielten auch hier deutlich we-

---

7   Im Rahmen von IGLU-E/IGLU können aufgrund der querschnittlich erhobenen Daten lediglich Aussagen zu Leistungen in Bezug auf Viertklässlerinnen und Viertklässler getroffen werden.

niger Punkte als solche ohne Migrationshintergrund, zudem erreichten sie seltener den obersten Kompetenzbereich. Die Mathematikleistungen erwiesen sich zudem als deutlich konfundiert mit sozialen sowie kulturellen Merkmalen (Pietsch / Krauthausen 2006), der sozioökonomische Hintergrund korrelierte erwartungsgemäß hoch mit der kulturellen Herkunft (Bos et al. 2006). Bos et al. (2003) konnten im Rahmen von IGLU-E nachweisen, dass Viertklässler mit Migrationshintergrund deutlich niedrigere Kompetenzwerte in den Mathematikleistungen erzielten als solche ohne Migrationshintergrund. Da diese Leistungsdifferenzen teilweise geringer ausfielen als im Bereich des Lesens (vgl. Bos et al. 2003), wurde vermutet, dass sich fehlende schulsprachliche Kompetenzen im Fach Mathematik weniger nachteilig auswirken (vgl. Einsiedler / Martschinke / Kammermeyer 2007).

Konträre Ergebnisse dazu finden sich bei Mücke (2007), Gogolin et al. (2004) und auch im SOKKE-Projekt (s. Abschnitt 3.2). Mücke (2007) kam anhand von Daten der Studie BeLesen zu dem Ergebnis, dass das Sprachniveau der Schülerinnen und Schüler zu Schulbeginn sowohl im Fach Deutsch als auch im Fach Mathematik einen zunehmenden Einfluss hat und am Ende der vierten Klasse für beide Fächer den größten Erklärungswert ($R^2 = 23$ % im Fach Deutsch und 22 % im Fach Mathematik) aufweist. Auch Gogolin et al. (2004) wiesen bereits auf die herausragende Bedeutung schulbildungsrelevanter sprachlicher Fähigkeiten für mathematische Lernprozesse hin.

Sprachlich marginalisierte sowie monolingual segmentierte Kinder erzielten im Projekt „Bildungsentscheidungen in Migrantenfamilien" hinsichtlich der anhand des DEMAT[8] erfassten Mathematikkenntnisse signifikant schlechtere Mathematikleistungen als kompetent bilinguale und sprachlich assimilierte Schülerinnen und Schüler (Dollmann / Kristen 2010). Wiederum waren keine Vorteile für diejenigen Kinder nachzuweisen, die beide Sprachen kompetent beherrschen. Hingegen konnte ein negativer Interaktionseffekt nachgewiesen werden: Diejenigen Kinder, die über mittlere Deutschkenntnisse verfügten, schienen von ihren türkischen Sprachkenntnissen zu profitieren[9] und erzielten bessere Mathematikleistungen als die monolingual assimilierten Kinder mit mittleren Deutschkenntnissen. Mit steigenden Fähigkeiten in der Erst- sowie in der Zweitsprache gingen allerdings keine Verbesserungen in den Mathematikleistungen einher. Hingegen sind bei den monolingual assimilierten Schülerinnen und Schülern mit steigenden Deutschkenntnissen deutlich höhere Schulleistungen nachweisbar. Interessanterweise konnte zudem aufgezeigt werden, dass deutsche Sprachkenntnisse einen größeren Einfluss auf mathematische und allgemein kognitive Leistungen als auf Leseleistungen haben. Ab-

---

8 DEMAT steht für „Deutscher Mathematiktest" (für die erste und folgende Klassen).
9 Warum sich die Türkischkenntnisse in diesem Fall positiv auswirken, wird nicht geklärt.

schließend weisen die Autoren auf die bedingte Generalisierbarkeit ihrer Ergebnisse hin, weil nur die Gruppe der Kinder türkischer Herkunft untersucht wurde. Interessant wäre es, so die Autoren, solche Kinder zu befragen, deren Herkunftssprache eine geringere linguistische Distanz zum Deutschen aufweist, weil dann positive Aspekte eher erwartbar wären (ebd.).

Allerdings sei an dieser Stelle darauf verwiesen, dass das Türkische eine (marginalisierte) Migrantensprache darstellt, die im schulischen Organisationsrahmen keine Rolle spielt. Aufgrund dessen sind Effekte bei steigenden Kenntnissen in dieser Sprache nicht erwartbar. Auch Rauch, Jurecka und Hesse (2010) weisen darauf hin, dass türkische Texte an deutschen Schulen nicht von Bedeutung sind und erklären somit die Tatsache, dass die meisten der von ihnen untersuchten Türkisch-Deutsch bilingualen Schülerinnen und Schüler in Türkisch nicht auf einem Niveau lesen können, das den selbstständigen Umgang mit türkischen Texten gewährleistet. Effekte der Erstsprachkompetenz sind somit nicht erwartbar, wenn dieser Sprache in unterrichtlichen Belangen kein Raum gegeben wird.

2.4 Übertritt und schulische Leistungen

Schulleistungen werden in besonderer Weise relevant beim Übertritt am Ende der Grundschulzeit. Mathematik zählt zu den Kernfächern der Grundschule. Kristen und Dollmann (2009) analysierten im Rahmen des Projekts „Bildungsentscheidungen in Migrantenfamilien" an einer Stichprobe von ca. 1.500 Grundschulkindern primäre und sekundäre soziale und ethnische Effekte beim Übergang zur Sekundarstufe. Dabei zeigte sich zunächst, dass Kinder mit türkischem Migrationshintergrund deutlich geringere Chancen aufweisen, statt der Realschule das Gymnasium zu besuchen. Diese Befunde lassen sich fast ausschließlich durch primäre Effekte, also durch tatsächlich erzielte, schlechtere Leistungen erklären und sprechen nicht für das Wirksamwerden sekundärer Effekte, die mit auf Schichtzugehörigkeit oder kulturelle Herkunft zurückgehenden Bildungsentscheidungspraktiken in Familie oder Schule (Schauenberg 2005) einhergehen. Des Weiteren verweisen die Autoren auf strukturelle Assimilationseffekte, die sich dahingehend äußern, dass Kinder der dritten Generation im Vergleich zu solchen der zweiten oder ersten Generation deutlich bessere Chancen haben, eine Real- statt Hauptschule zu besuchen.

Im Rahmen der Studie „Der Übergang von der Grundschule in die weiterführende Schule – Leistungsgerechtigkeit und regionale, soziale und ethnisch-kulturelle Disparitäten" des Berliner Max-Planck-Instituts für Bildungsforschung analysierten Gresch und Becker (2010) anhand einer Stichprobe von 3.571 Schülerinnen und Schülern ohne Migrationshintergrund bzw. mit türkischem Hintergrund oder mit Aussiedlungshintergrund das Übertrittsverhalten am Ende der Grundschulzeit. Es konnte gezeigt werden, dass für beide Migrantengruppen eine im Vergleich zu den Schülerinnen und Schülern ohne Migrationshintergrund lediglich halb so große Chance auf den Besuch des Gymnasiums bestand, was im Wesentlichen auf den niedrigeren familiären sozioökonomischen Status zurückzuführen war. Zudem erzielten Kinder aus (Spät-)Aussiedlerfamilien bessere Testleistungen und bessere Mathematiknoten als Kinder mit türkischem Migrationshintergrund. Wurden zusätzlich zum sozioökonomischen Status die schulischen Leistungen berücksichtigt, kehrte sich der Effekt um. Lernende mit türkischem Migrationshintergrund hatten nun eine mehr als viermal so hohe Chance auf einen Gymnasialbesuch als solche ohne Migrationshintergrund, auch bei Kindern aus (Spät-)Aussiedlerfamilien stieg die Chance um fast das Doppelte. Gresch und Becker (2010) führten diesen Befund auf die hohen Bildungsaspirationen zurück, welche gerade bei Personen mit türkischem Migrationshintergrund sehr ausgeprägt vorhanden sind. Diese können allerdings nicht immer in entsprechende Leistungen umgesetzt werden, was wiederum durch den sozioökonomischen Status mitbedingt ist.

Schülerinnen und Schüler mit Migrationshintergrund weisen also bereits in der Grundschule deutliche Leistungsrückstände im Vergleich zu Kindern ohne Migrationshintergrund auf. Dies zeigt sich vor allem in den Bereichen Lesen und Mathematik; in Bezug auf die Rechtschreibung sind zwar Unterschiede nachweisbar, aber in geringerem Maße. Beim Übertritt werden beide Leistungsbereiche wirksam und äußern sich in schlechteren Übertrittsempfehlungen für Schülerinnen und Schüler mit Migrationshintergrund.

2.5 Lese- und Mathematikkompetenz in der Sekundarstufe (PISA-Auswertungen)

In der Sekundarstufe setzen sich die Differenzen fort, wie vor allem im Rahmen der PISA-Studien wiederholt belegt wurde. So untersuchten Segeritz, Stanat und Walter (2010) und Stanat, Segeritz und Christensen (2010) anhand einer 29.177 Fünfzehnjährige umfassenden deutschen Teilstichprobe von PISA-E 2003 mit einem Migrantenanteil[10] von n = 5024 u.a. Daten zur Lese- und Mathematikkompetenz der Jugendlichen und bezogen die jeweiligen Herkunftsländer der Schülerinnen und Schüler in die Analysen mit ein. Bei den Jugendlichen mit Migrationshintergrund waren die Differenzen hinsichtlich der besuchten Schulform größer ausgeprägt als bei solchen ohne Migrationshintergrund. In Bezug auf die Mathematikkompetenzen konnten Ramm et al. (2004) anhand der PISA-Daten von 2003 aufzeigen, dass Ju-

---

10 Die Jugendlichen mit Migrationshintergrund stammten aus den Herkunftsländern Türkei, ehemalige UdSSR und Polen; sie wurden einer dieser Gruppen zugeordnet, wenn *beide* Eltern aus dem jeweiligen Land zugewandert waren.

gendliche mit Migrationshintergrund, die der ersten Generation angehörten, also selber im Ausland geboren wurden, mit einer Differenz von 71 Punkten zum Gesamtmittelwert[11] signifikant schwächere Leistungen erbrachten als Jugendliche ohne Migrationshintergrund. Diese Diskrepanz war im OECD-Durchschnitt mit 19 Punkten deutlich geringer ausgeprägt. Der zweiten Generation angehörende Jugendliche erzielten in der Bundesrepublik im Schnitt 49 Punkte weniger bei ihren mathematischen Leistungen. Im Rahmen von PISA 2006 zeigten Jugendliche der zweiten Generation mit einem Abstand von 77 Punkten zum Gesamtmittelwert schwächere Leistungen als Jugendliche der ersten Generation, die 59 Punkte unter dem Gesamtmittelwert lagen (Walter / Taskinen 2007). Kontrolliert man die soziale Herkunft, so verringern sich diese Unterschiede. Wird zusätzlich der Sprachgebrauch in der Familie kontrolliert, unterscheiden sich die Leistungen der Jugendlichen der ersten Generation nicht mehr signifikant vom Gesamtmittelwert, die Jugendlichen der zweiten Generation erzielen nach wie vor signifikant geringere Leistungen mit 16 Punkten Abstand.

Walter (2008) hat zudem die deutschen Stichproben von PISA-I 2000, PISA-I 2003 und PISA-I 2006 im Hinblick auf die Einwanderergeneration sowie auf den ethnischen Hintergrund der Fünfzehnjährigen analysiert. Die nach Herkunftsland differenzierte Perspektive zeigt, dass unter Kontrolle der Variablen sozioökonomischer Status, elterliches Bildungsniveau, Vorhandensein kultureller Besitztümer und der in der Familie gesprochenen Sprache in den Jahren 2000 und 2003 alle signifikanten Unterschiede bezüglich der mathematischen Kompetenz bei Jugendlichen aus der ehemaligen UdSSR, Polen, dem ehemaligen Jugoslawien sowie Italien verschwinden, während Jugendliche aus Italien und der Türkei im Erhebungsjahr 2006 auch nach Auspartialisierung dieser Variablen geringere Leistungen erzielen (Walter 2008).

Zusammenfassend ist zu den genannten Auswertungen auf Basis der PISA-Daten anzumerken, dass die Autorinnen und Autoren (Segeritz / Stanat / Walter 2010, Stanat / Segeritz / Christensen 2010, Ramm et al. 2004, Walter / Taskinen 2007, Walter 2008) nicht vereinfachend lediglich zwischen den Gruppen von Kindern und Jugendlichen mit und ohne Migrationshintergrund unterscheiden, sondern die Heterogenität der Migrantenpopulation berücksichtigen. Eine Differenzierung in der Einwanderergeneration und hinsichtlich der Herkunftsländer ist notwendig, weil der größte Teil der Heranwachsenden mit Migrationshintergrund in Deutschland geboren wurde und sich die Sozialisations- und Aufwachsbedingungen je nach Herkunftsgruppe unterscheiden (Herwartz-Emden / Schurt / Waburg 2010).

---

11 Dieser lag bei 503 Punkten und war somit mit dem OECD-Durchschnitt von 500 Punkten vergleichbar.

Es kann dennoch ein deutliches Forschungsdefizit zum Zustandekommen der Schulleistungen in einzelnen Migrantengruppen konstatiert werden, wobei hierzu elaboriertere theoretische Ansätze herangezogen werden müssten, um diese Entwicklung im Zusammenspiel zwischen Herkunftsgesellschaft, Migrationskontext und Aufnahmegesellschaft sowie hinsichtlich der Einwanderergenerationenfolge erklären zu können.

3   Sprachliche Fähigkeiten als Grundlage für das Mathematiklernen

3.1   Untersuchungen aus mathematikdidaktischer Perspektive

Wie aus den zuvor dargestellten empirischen Studien deutlich wird, gibt es umfangreiche Nachweise dafür, dass adäquate Kenntnisse der Unterrichtssprache ein entscheidendes Kriterium für den erfolgreichen Kompetenzerwerb in der Schule sind. Zwar werden dadurch nicht alle Unterschiede zwischen Schülerinnen und Schülern mit und ohne Migrationshintergrund aufgeklärt, es gilt aber als Konsens, dass die Sprachfähigkeit ein zentraler Schlüssel für den Zugang zu Bildung und somit auch zu mathematischer Bildung ist.

Bereits in der Einleitung dieses Beitrags wurde darauf verwiesen, dass die Struktur der Fähigkeiten in der Unterrichtssprache wesentlich komplizierter ist als diejenige der Umgangssprache. Eine Abbildung auf einem einfachen Kontinuum in Form des Umfangs an Vokabular und grammatikalischen Regeln ist hier keinesfalls ausreichend, stattdessen ist im Sinne einer Schwellenbeschreibung davon auszugehen, dass es verschiedene Sprachniveaus gibt, wie es in der Idee der klassischen Differenzierung nach Cummins (2002) in *basic interpersonal communication skills* und *cognitive academic language proficiency* oder dem Ansatz von Gogolin (2009) zur Bildungssprache beschrieben wird.

Ausgehend von dieser linguistischen Perspektive, die zunächst nicht für das fachliche Lernen in einzelnen Domänen ausdifferenziert ist, und basierend auf den zuvor dargestellten Leistungsnachteilen von Schülerinnen und Schülern mit Migrationshintergrund im Fach Mathematik stellt sich die Frage, wie die individuelle Sprachfähigkeit auf den Kompetenzerwerb in der Domäne Mathematik einwirkt und wie Einschränkungen bezüglich der Unterrichtssprache kognitive Prozesse beim mathematischen Kompetenzerwerb beeinflussen. Gerade für das Mathematiklernen in der Grundschule ist dies von Interesse, da hier beispielsweise die Annahme naheliegt, dass die Unterrichtssprache eher eine untergeordnete Rolle spielt. Einerseits ist aus Studien bekannt, dass die Mathematikleistungen in der Grundschulzeit zu einem bedeutsamen Teil durch den vorschulischen Leistungsstand sowie kognitive Grundfähigkeiten erklärt werden können und der Mathematikunterricht somit weniger Einfluss auf die Mathematikleistung hat als erwartet (z.b. Stern 1997). Andererseits basiert das Mathematiklernen in den ersten Grundschuljahren gerade bei der Einführung mathematischer Begriffe und Operationen stark auf nonverbalen, handlungsorientierten Ansätzen (Prinzip des intermodalen Transfers enaktiv-ikonisch-symbolisch, Bruner 1966), die schließlich zu einem mathematischen Symbolsystem, also in gewisser Weise einer eigenen Sprache führen. So könnte man annehmen, dass die Sprachfähigkeit für das Lernen von Mathematik gerade in den ersten Schuljahren eine geringere Bedeutung hat als für andere Disziplinen.

Die Frage nach der Rolle der Sprache beim Mathematiklernen wurde in den vergangenen 20 Jahren in der Mathematikdidaktik und angrenzenden Disziplinen in verschiedenen Forschungsansätzen verfolgt. So konnte beispielsweise in Studien zu Bilingualität und Mathematiklernen festgestellt werden, dass bilinguale Schülerinnen und Schüler mit Migrationshintergrund, die sehr gute Fähigkeiten in der Mutter- und Unterrichtssprache aufweisen, im Mittel bessere Mathematikleistungen zeigen als monolinguale Lernende ohne Migrationshintergrund (z.b. Secada 1992, Clarkson 2006). Erklärungsansätze für diesen Effekt beziehen sich auf ein besseres Metawissen bzw. höhere metakognitive Kompetenzen, da bilinguale Lernende beispielsweise durch zwei Sprachsysteme zwischen den Sprachen wechseln und so mathematische Situationen in ihrer sprachlichen Repräsentation flexibler (und adaptiv) handhaben können.

Dieser positive Effekt der Bilingualität verschwindet allerdings, sobald die Fähigkeiten in der Unterrichtssprache kein adäquates Niveau mehr erreichen, wie es in Deutschland bei vielen Schülerinnen und Schülern mit Migrationshintergrund vorkommt. In diesem Fall stellen mangelnde Sprachfähigkeiten gerade für das Lernen und den Umgang mit mathematischen Begriffen eine Hürde dar. So wurde beispielsweise in verschiedenen Studien aufgezeigt, dass es Unterschiede zwischen der allgemeinen Umgangssprache und der Fachsprache in der Mathematik dahingehend gibt, dass Begriffe im mathematischen Kontext eine andere Bedeutung als im Alltagskontext haben und dass für die Kommunikation von mathematischen Sachverhalten eine eigene, spezifisch mathematische Semantik notwendig ist (z.b. Maier / Schweiger 1999, Gorgorió / Planas 2001). Dies bedeutet, dass Schülerinnen und Schüler mit mangelnden Kenntnissen in der Unterrichtssprache im Mathematikunterricht zwei Anforderungen gegenüberstehen: Einerseits müssen sie die Unterrichtssprache auf einem Niveau erlernen, das eine generelle Partizipation im schulischen Lernprozess ermöglicht (im Sinne von Cummins 2002 oder Gogolin 2009), und andererseits müssen sie sich im Mathematikunterricht spezifische Wortbedeutungen im mathematischen Kontext aneignen, da der gleiche sprachliche

Ausdruck im mathematischen Kontext eine andere Bedeutung haben kann als im außermathematischen Kontext.

Eine besondere Rolle scheint dabei die „sprachliche Kontinuität" im Lernprozess zu spielen. So konnten beispielsweise Phillips und Birrell (1994) in einer britischen Studie zeigen, dass asiatische Kinder, in deren Elternhaus nicht Englisch gesprochen wird, im Laufe des ersten Schuljahres einen geringeren Leistungszuwachs in Mathematik zeigten als englische Kinder ohne Migrationshintergrund, obwohl der Leistungszuwachs in der englischen Sprache zwischen beiden Gruppen keinen Unterschied aufwies. Im Gegensatz zu den englischen Kindern konnten die asiatischen Kinder im Mathematikunterricht die Sprache der vorschulischen informellen Lernprozesse nicht weiter verwenden bzw. darauf aufbauen, sodass sich hier gravierende Nachteile ergaben. Auch die Analyse von Abedi, Lord und Hofstetter (2001) passt in diesen Zusammenhang. Ihre Untersuchungen von LEP-Schülerinnen und Schülern (limited English proficiency) im Umfeld der amerikanischen NAEP-Erhebungen (National Assessment of Educational Progress) zeigen, dass Schülerinnen und Schüler der lateinamerikanischen Minderheit bei einem Mathematiktest in ihrer Muttersprache Spanisch schwächere Leistungen aufwiesen als eine Vergleichsgruppe gleicher Ethnizität bei dem parallelen Test in der englischen Unterrichtssprache. Auch hier bietet die „sprachliche Kontinuität" beim Mathematiklernen ein Erklärungsmodell, da die für den Test notwendigen mathematischen Begriffe und Verfahren im Unterricht auf Englisch gelernt wurden und ein Transfer in andere sprachliche Kontexte für die Lernenden nicht so einfach möglich ist.

Die Interpretation von sprachlichen Ausdrücken in einem mathematischen Kontext spielt auch bei textbasierten Aufgabeninstruktionen eine spezielle Rolle, die in diversen Studien untersucht wurde (z.B. Adetula 1990, Abedi et al. 2001, Kaiser / Schwarz 2003 und für Naturwissenschaften: Prophet / Badede 2009). Dabei zeigte sich, dass eingeschränkte Fähigkeiten in der Sprache der Aufgabeninstruktion ganz spezifische Verständnisschwierigkeiten erzeugen können, die schließlich zu fehlerhaften Aufgabenbearbeitungen führen. Dies umfasst hierbei nicht nur das erwartete Problem des „Nichtverstehens" der Aufgabensituation, sondern etwa bei Modellierungsaufgaben insbesondere auch die Fehlinterpretation der gegebenen Situation aufgrund eines anderen sprachlich-kulturellen Verständnisses (s. etwa die Beispiele in Kaiser / Schwarz 2003).

Neben der schriftlichen Aufgabeninstruktion war und ist auch die Rolle der Sprache in der Interaktion im Mathematikunterricht Gegenstand von mathematikdidaktischen Studien. Generell für den Schulunterricht hatte bereits Fillmore (1982) in empirischen Analysen von Unterrichtsstunden darauf hingewiesen, dass – ganz im Sinne von Cummins (2002) und Gogolin (2009) – im Schulunterricht ein höheres Sprachniveau als das der Alltagssprache notwendig ist. Allerdings wies sie auch darauf hin, dass die Fähigkeit zur Alltagskommunikation eine notwendige Voraussetzung für die Partizipation an Unterrichtsprozessen ist. Im deutschsprachigen Raum wurde der Zusammenhang von Mathematiklernen und Sprache im Kontext sprachlich-kulturell heterogener Schulklassen von Schütte (2009) untersucht. Auf Basis von 90 videografierten Mathematikstunden zeigt er auf, dass die von den Lehrkräften verwendeten Sprachmuster und -routinen stärker die Bedürfnisse von monolingualen Schülerinnen und Schülern ansprechen als diejenigen von multilingualen Lernenden. Dies zeigt sich insbesondere bei der Einführung neuer mathematischer Begriffe oder Methoden, da die Lehrkräfte hier auf vermeintlich bekanntes Vorwissen und auf ein gemeinsam geteiltes Sprachverständnis zurückgreifen, das aber bestenfalls bei monolingualen Schülerinnen und Schülern vorausgesetzt werden kann.

Zusammenfassend kann also davon ausgegangen werden, dass adäquate Fähigkeiten in der Unterrichtssprache eine notwendige Voraussetzung für das Erlernen eines spezifisch mathematischen Begriffssystems sind. Dies umfasst sicherlich auch die Interpretation von spezifisch mathematischen Arbeits- und Darstellungsmitteln wie etwa dem Zahlenstrahl (vgl. z.B. Heinze et al. 2007). Sprache spielt dabei insofern eine entscheidende Rolle, da auch material- oder handlungsbasierte Lernaktivitäten ohne sprachbasierte Anleitung nicht unbedingt zu den erwünschten Lernprozessen führen. Für die Internalisierung von Operationen und die Ausbildung von mentalen Prozessen dürfte eine Interaktion mit anderen Personen über Sprache notwendig sein, da davon auszugehen ist, dass die Anleitung zu mathematischen Denkprozessen über die Unterrichtssprache mediiert wird (ebd.).

3.2   Ergebnisse der Längsschnittstudie SOKKE

Viele der im vorherigen Abschnitt aufgeführten Untersuchungen aus dem mathematikdidaktischen Kontext sind quantitative oder qualitative Studien, die auf einem querschnittlichen Design basieren. Bisher gibt es bezogen auf die Situation in Deutschland nur sehr wenige längsschnittliche Untersuchungen, die sich mit dem Mathematiklernen von Schülerinnen und Schülern mit Migrationshintergrund beschäftigen. Im Folgenden soll exemplarisch die Längsschnittstudie „Sozialisation und Akkulturation in Erfahrungsräumen von Kindern mit Migrationshintergrund (SOKKE)"[12] vorgestellt werden, die Akkulturationsprozesse von Kindern mit Mi-

---

12 Die Studie wurde zwischen 2003 und 2010 von der Deutschen Forschungsgemeinschaft gefördert. Die einjährige Vorstudie und die erste Phase des Projektes wurden von Prof. Dr. Leonie Herwartz-Emden an der Universität Augsburg geplant und durchgeführt. In der folgenden, die Schuljahre 3 und 4 umfassenden Phase wurde die Studie gemeinsam mit Prof. Dr. Aiso Heinze (Leibniz-Institut für die Pädagogik der Naturwissenschaften und Mathematik (IPN), Abteilung

grationshintergrund längsschnittlich über alle vier Grundschuljahre verfolgt und dabei auch Unterschiede zur Entwicklung von Kindern ohne Migrationshintergrund untersucht (vgl. Heinze et al. 2007, Herwartz-Emden / Küffner 2006, Herwartz-Emden / Reiss / Mehringer 2008, Braun / Mehringer 2010).

Den hier präsentierten Ergebnissen liegt eine Stichprobe von 292 Schülerinnen und Schülern aus 22 Schulklassen zugrunde, von denen 162 (55,5 %) einen Migrationshintergrund hatten. Die Stichprobe wurde in einer mittelgroßen Stadt in Süddeutschland anhand sozialstruktureller Bedingungen ausgewählt. Das Verhältnis von Jungen zu Mädchen war bei den Kindern mit Migrationshintergrund (78 Jungen, 84 Mädchen) und bei denen ohne Migrationshintergrund (62 Jungen, 68 Mädchen) nahezu ausgeglichen, sodass davon ausgegangen werden kann, dass sich Effekte des Migrationshintergrunds und Effekte des Geschlechts nicht überlagern. Der Anteil von Kindern mit Migrationshintergrund pro Klasse betrug im Mittel etwa 60 %. Die Daten zur Mathematikleistung, zum Sprachstand und zu den kognitiven Grundfähigkeiten wurden anhand folgender standardisierter Tests durch geschulte Testleiterinnen und Testleiter erhoben:

– Mathematikleistung durch den DEMAT 1+, DEMAT 2+ und DEMAT 3+ (Krajewski / Küspert / Schneider 2002, Krajewski / Liehm / Schneider 2002, Roick / Gölitz / Hasselhorn 2004)
– Sprachstand durch Sprachstandsüberprüfung und Förderdiagnostik für Ausländer- und Aussiedlerkinder (SFD, Hobusch / Lutz / Wiest 2002)
– kognitive Grundfähigkeiten in Klasse 1 durch den CFT 1 Grundintelligenztest (Cattell / Weiß / Osterland 1997)

Die Auswertung der Mathematiktests ergab, dass bereits am Ende des ersten Schuljahres signifikante Unterschiede zwischen Kindern mit und ohne Migrationshintergrund bestanden, die auch in den folgenden beiden Schuljahren nicht ausgeglichen werden konnten (vgl. Tab. 1). Der Leistungsabstand erreichte dabei Effektgrößen zwischen einer Viertel und einer Drittel Standardabweichung, die im Kontext von Schulleistungen als deutliche Effekte interpretiert werden können.

Diese Unterschiede verschwanden allerdings bei allen drei Messzeitpunkten, wenn der Sprachstand in Klasse 1 statistisch kontrolliert wurde (vgl. Tab. 1, letzte Spalte). Das heißt, wenn die Mathematikleistung unter der Annahme gleicher Sprachstandswerte in Klasse 1 geschätzt wurde, ergaben sich keine signifikanten Unterschiede mehr.

Didaktik der Mathematik) und Prof. Dr. Kristina Reiss (TUM School of Education, Heinz Nixdorf-Stiftungslehrstuhl für Didaktik der Mathematik) weitergeführt und in Bezug auf die Leistungsentwicklung im Fach Mathematik vertieft.

Tab. 1:   Mathematikleistung von Kindern mit und ohne Migrationshintergrund
          in den Jahrgangsstufen 1–3

Score (%) (SD)	ohne Migrations- hintergrund	mit Migrations- hintergrund	*t*-test	ANCOVA (Kontrolle SFD)
Jahrgangsstufe 1	71.65* (19.31)	65.71* (18.86)	$t(290) = 2.56$ $p < .05$ $d = 0.30$	$F(1) = 0.14$ $p = .71$
Jahrgangsstufe 2	57.2* (25.53)	50.12* (24.82)	$t(290) = 2.42$ $p < .05$ $d = 0.28$	$F(1) = 0.93$ $p = .34$
Jahrgangsstufe 3	66.58** (17.39)	60.9** (15.7)	$t(290) = 2.93$ $p < .001$ $d = 0.34$	$F(1) = 0.26$ $p = .61$

Es bestätigte sich hier also, dass die Fähigkeiten in der Unterrichtssprache die zentrale Bedingung auch für das schulische Lernen in Mathematik sind.

Detailanalysen der Subskalen der DEMAT-Tests ergaben, dass unter Kontrolle der kognitiven Grundfähigkeiten keine systematischen signifikanten Unterschiede in den arithmetischen Rechenleistungen nachzuweisen waren. Symbolisch dargestellte Items, die eine Anwendung von einfachen Rechnungen erforderten, wurden demnach auch ohne Kontrolle der Sprachfähigkeit gleich gut gelöst. Dies umfasste etwa Aufgaben wie „17 - 3 - 4 - 6 = " in Klasse 1, „24 : 8 = " in Klasse 2 oder „763 - 356" per schriftlicher Subtraktion in Klasse 3.

Systematische Unterschiede – auch unter Kontrolle der kognitiven Grundfähigkeiten – wurden vor allem bei solchen Subskalen gefunden, die das Verständnis mathematischer Begriffe oder Darstellungen betrafen. Dies umfasste etwa Items, die eine Zuordnung von Zahlen auf dem Zahlenstrahl oder die Verwendung von Grundvorstellungen bei einfachen Sachaufgaben erforderten. Die beobachteten Unterschiede waren allerdings nicht mehr signifikant, wenn der Sprachstand kontrolliert wurde.

Die Ergebnisse deuten darauf hin, dass – wie in Abschnitt 3.1 bereits erwähnt – die Ausbildung eines umfassenden Verständnisses mathematischer Begriffe und Darstellungen, aber auch mathematischer Hilfsmittel wie des Zahlenstrahls, deutlich von sprachlichen Interaktionen im Unterricht abhängt.

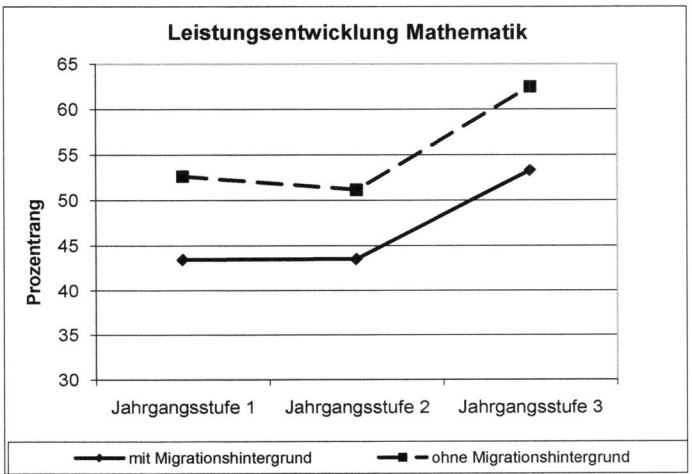

Abb. 1: Entwicklung der Mathematikleistung in den Jahrgangsstufen 1 bis 3 getrennt für Kinder mit und ohne Migrationshintergrund

Eine weitere Analyse der Daten betraf die längsschnittliche Entwicklung der Mathematikleistung von Klasse 1 bis 3. Für eine Varianzanalyse (ANOVA) mit Messwiederholung wurde die Prozentrangzuordnung der Kinder bei den einzelnen Messzeitpunkten verwendet, um so die drei DEMAT-Testskalen miteinander zu verknüpfen. Die in Abbildung 1 dargestellten Ergebnisse illustrieren zwei signifikante Haupteffekte für die beiden Variablen Jahrgangsstufe ($F(2) = 32.44$, $p < .001$) und Migrationshintergrund ($F(1) = 8.9$, $p < .01$). Auffällig ist, dass es keinen Interaktionseffekt gab, d.h. die Leistungsentwicklung von Kindern mit und ohne Migrationshintergrund verlief parallel. Insbesondere vergrößerte sich der Leistungsrückstand der Kinder mit Migrationshintergrund über die Zeit nicht, sondern blieb auf gleichem Niveau.

4 Schlussbemerkung

Empirische Ergebnisse vieler Large-Scale-Studien haben in den vergangenen zehn Jahren aufgezeigt, dass Schülerinnen und Schüler mit Migrationshintergrund im deutschen Bildungssystem benachteiligt sind. Sowohl im Sekundarbereich als auch im Primarbereich erreichen diese Lernenden im Bereich der zentralen Domänen Lesen und Mathematik geringere Kompetenzen als ihre Mitschülerinnen und Mitschüler ohne Migrationshintergrund. Ein wesentlicher Erklärungsfaktor für diese

Beobachtung sind die im Mittel geringeren Fähigkeiten in der Unterrichtssprache. Dieses Konstrukt der sprachlichen Fähigkeiten umfasst aufgrund der hohen Anforderungen an das Sprachverständnis in schulischen Lehr-Lern-Prozessen mehr als die Fähigkeit der einfachen Alltagskommunikation. Die erfolgreiche Nutzung von sprachlich mediierten Lerngelegenheiten setzt ein Fähigkeitsniveau in der Unterrichtssprache voraus, das in der Literatur mit *Bildungssprache* (Gogolin 2009) oder *cognitive academic language proficiency* (Cummins 2002) beschrieben wird.

Wie in den vorherigen Abschnitten aufgezeigt wurde, spielen diese Fähigkeiten in der Unterrichtssprache nicht nur für die Partizipation am schulischen Lernangebot generell, sondern insbesondere auch für das Mathematiklernen eine zentrale Rolle. Ergebnisse qualitativer und quantitativer Studien aus der Mathematikdidaktik machen zudem deutlich, dass zwar das Mathematiklernen in der Grundschule zunächst stark auf nonverbalen handlungsorientierten Ansätzen basiert, essentielle Lernschritte aber dennoch sprachlich vermittelt werden. Dazu gehören etwa die spezielle Bedeutung mathematischer Darstellungsmittel oder die mentale Repräsentation von Begriffen in Form von Grundvorstellungen. Dazu gehören ebenso Begriffe, die im mathematischen Kontext eine andere Bedeutung haben können als im Alltag. Empirische Analysen von Leistungsvergleichen zwischen Schülerinnen und Schülern mit und ohne Migrationshintergrund stützen diese Annahme, da Lernende mit Migrationshintergrund vor allem bei solchen Aufgaben Schwierigkeiten haben, die ein tiefergehendes Begriffsverständnis erfordern. Gleichzeitig zeigen sich keine bedeutsamen Leistungsunterschiede bei kalkülorientierten Aufgaben.

Auch wenn die Leistungen beim Lösen kalkülorientierter Aufgaben bei Schülerinnen und Schülern mit und ohne Migrationshintergrund von Beginn der Jahrgangsstufe 1 vergleichbar sind, so wird in der längsschnittlichen Verfolgung von Grundschulkindern deutlich, dass diese Kalkülleistungen alleine nicht ausreichend sind, um die geringere mathematische Kompetenz im Laufe der Schuljahre auszugleichen. Der Schlüssel zum Erreichen höherer Kompetenzstufen liegt in einem tiefergehenden begrifflichen Verständnis, da nur so auch die Kompetenzbereiche des mathematischen Argumentierens, Problemlösens und Modellierens zugänglich sind.

Für die Mathematikdidaktik stellt sich die Frage, welche Interventionsmöglichkeiten es gibt, um genau in diesem Bereich Lernende mit noch eingeschränkten Fähigkeiten in der Unterrichtssprache zu unterstützen. Da der Erwerb der Bildungssprache mehrere Jahre in Anspruch nimmt und der Mathematikunterricht diese Zeit nicht abwarten kann, sind spezifische Konzepte notwendig, die das Mathematiklernen von Anfang an gerade in dieser Gruppe fördern. Eine Möglichkeit könnte hier die muttersprachliche Begleitung von Lernenden sein, die nicht im Sinne eines muttersprachlichen Unterrichts gemeint ist, sondern in Form von zweisprachigen

Hilfen, wenn die Fähigkeiten in der Unterrichtssprache nicht ausreichen. Ergebnisse erster kleinerer Erprobungen dieser Idee sind vielversprechend (z.b. Rudolph-Albert et al. 2009).

Literatur

Abedi, Jamal / Lord, Carol / Hofstetter, Carolyn (2001): Impact of Selected Background Variables on Students' NAEP Math Performance, U.S. Department of Education, National Center for Education Statistics (http://nces.ed.gov).

Adetula, Lawal O. (1990): Language factor: does it affect children's performance on word problems?, in: Educational Studies in Mathematics, 21(4), 351–365.

Allemann-Ghionda, Cristina / Stanat, Petra / Göbel, Kerstin / Röhner, Charlotte (2010): Migration, Identität, Sprache und Bildungserfolg, in: Zeitschrift für Pädagogik, 55. Beiheft, 7–16.

Bos, Wilfried / Hornberg, Sabine / Arnold, Karl-Heinz / Faust, Gabriele / Fried, Lilian / Lankes, Eva-Maria / Schwippert, Knut / Valtin, Renate (2007) (Hrsg.): IGLU 2006. Lesekompetenzen von Grundschulkindern in Deutschland im internationalen Vergleich, „ Münster u.a.

Bos, Wilfried / Lankes, Eva-Maria / Prenzel, Manfred / Schwippert, Knut / Walther, Gerd / Valtin, Renate (2003) (Hrsg.): Erste Ergebnisse aus IGLU. Schülerleistungen am Ende der vierten Jahrgangsstufe im internationalen Vergleich, Waxmann, Münster u.a.

Bos, Wilfried / Pietsch, Markus (2006): KESS 4 – Kompetenzen und Einstellungen von Schülerinnen und Schülern am Ende der vierten Jahrgangsstufe in Hamburger Grundschulen, Waxmann, Münster u.a.

Bos, Wilfried / Pietsch, Markus / Poerschke, Jan / Vieluf, Ulrich (2006): Zusammenfassung wichtiger Ergebnisse zu Kompetenzen und Einstellungen von Hamburger Schülerinnen und Schülern, in: Bos, Wilfried / Pietsch, Markus (Hrsg.): KESS 4 – Kompetenzen und Einstellungen von Schülerinnen und Schülern am Ende der vierten Jahrgangsstufe in Hamburger Grundschulen, Waxmann, Münster u.a., 1–8.

Braun, Cornelia / Mehringer, Volker (2010): Familialer Hintergrund, Übertrittsempfehlungen und Schulerfolg bei Kindern mit und ohne Migrationshintergrund, in: Hagedorn, Jörg / Schurt, Verena / Steber, Corinna / Waburg, Wiebke (Hrsg.): Ethnizität, Geschlecht, Familie und Schule. Heterogenität als erziehungswissenschaftliche Herausforderung, Verlag für Sozialwissenschaften, Wiesbaden, 55–80.

Bruner, Jerome S. (1966): Studies in Cognitive Growth, Wiley, New York.

Cattell, Raymond B. / Weiß, Rudolf H. / Osterland, Jürgen (1997[5]): Grundintelligenztest CFT-1 - Skala 1, Hogrefe, Göttingen.

Clarkson, Philip (2006): Australian Vietnamese students learning mathematics: high ability bilinguals and their use of their languages, in: Educational Studies in Mathematics, 64(2), 191–215.

Deutsches PISA-Konsortium (Hrsg.) (2001): PISA 2000. Basiskompetenzen von Schülerinnen und Schülern im internationalen Vergleich, Leske + Budrich, Opladen.

Dollmann, Jörg / Kristen, Cornelia (2010): Herkunftssprache als Ressource für den Bildungserfolg?, in: Zeitschrift für Pädagogik, 55. Beiheft, 123–146.

Einsiedler, Wolfgang / Martschinke, Sabine / Kammermeyer, Gisela (2007): Die Grundschule zwischen Heterogenität und gemeinsamer Bildung, Nr. 105. Unveröffentlichtes Manuskript.

Esser, Harmut (2006): Migration, Integration und Sprache. Arbeitsstelle Interkulturelle Konflikte und gesellschaftliche Integration (AKI). Forschungsbilanz 4. Wissenschaftszentrum Berlin für Sozialforschung (WZB). Verfügbar unter http://www.wzb.eu/alt/aki/files/aki_forschungsbilanz_4.pdf (Zugriff 25.07.2010).

Esser, Hartmut (2009): Der Streit um die Zweisprachigkeit: Was bringt die Bilingualität?, in: Gogolin, Ingrid / Neumann, Ursula (Hrsg.): Streitfall Zweisprachigkeit – The Bilingualism Controversy, Verlag für Sozialwissenschaften, Wiesbaden, 69–88.

Fillmore, Lily Wong (1982): Language minority students and school participation: What kind of English is needed?, Journal of Education, 164, 143–156.

Gogolin, Ingrid (1988): Erziehungsziel Zweisprachigkeit. Konturen eines sprachpädagogischen Konzepts für die multikulturelle Schule, Bergmann + Helbig-Verlag, Hamburg.

Gogolin, Ingrid (2005): Erziehungsziel Mehrsprachigkeit, in: Röhner, Charlotte (Hrsg.): Erziehungsziel Mehrsprachigkeit, Juventa, Weinheim und München, 13–24.

Gogolin, Ingrid (2008): Der monolinguale Habitus der multilingualen Schule, Waxmann, Münster u.a.

Gogolin, Ingrid (2009): Zweisprachigkeit und die Entwicklung bildungssprachlicher Fähigkeiten, in: Gogolin, Ingrid / Neumann, Ursula (Hrsg.): Streitfall Zweisprachigkeit – The Bilingualism Controversy, Verlag für Sozialwissenschaften, Wiesbaden, 263–280.

Gogolin, Ingrid / Kaiser, Georg / Roth, Hans-Joachim / Deseniss, Astrid / Hawighorst, Britta / Schwarz, Inga (2004): Mathematiklernen im Kontext sprachlich-kultureller Diversität. Abschlussbericht. Verfügbar unter http://www.erzwiss.uni-hamburg.de/personal/gogolin/mathe/Bericht-Mathe.pdf (Zugriff 3.6. 2011).

Gogolin, Ingrid / Neumann, Ursula (2009): Streitfall Zweisprachigkeit – The Bilingualism Controversy, Verlag für Sozialwissenschaften, Wiesbaden.

Gogolin, Ingrid / Neumann, Ursula / Roth, Hans-Joachim (2003): Förderung von Kindern und Jugendlichen mit Migrationshintergrund. Heft 107. Gutachten im Auftrag der Bund-Länder-Kommission für Bildungsplanung und Forschungsförderung. Verfügbar unter http://www.bmbf.de/pub/studie_foerderung_migration.pdf (Zugriff 06.04.2010).

Gorgorió, Nuria / Planas, Nuria (2001): Teaching Mathematics In Multilingual Classrooms, in: Educational Studies in Mathematics, 47, 7–33.

Gresch, Cornelia / Becker, Michael (2010): Sozial- und leistungsbedingte Disparitäten im Übergangsverhalten bei türkischstämmigen Kindern und Kindern aus (Spät-)Aussiedlerfamilien, in: Bundesministerium für Bildung und Forschung (Hrsg.): Der Übergang von der Grundschule in die weiterführende Schule. Leistungsgerechtigkeit, soziale und ethnisch-kulturelle Disparitäten. Bildungsforschung, Band 34, Bonn, Berlin, 181–199.

Heinze, Aiso / Herwartz-Emden, Leonie / Reiss, Kristina (2007): Mathematikkenntnisse und sprachliche Kompetenz bei Kindern mit Migrationshintergrund zu Beginn der Grundschulzeit, in: Zeitschrift für Pädagogik, 53, 562–581.

Herwartz-Emden, Leonie (2003): Einwandererkinder im deutschen Bildungswesen, in: Cortina, Kai S. / Baumert, Jürgen / Leschinsky, Achim / Mayer, Karl U. / Trommer, Luitgard (Hrsg.): Das Bildungswesen in der Bundesrepublik Deutschland. Strukturen und Entwicklungen im Überblick, Rowohlt, Reinbek bei Hamburg, 661–709.

Herwartz-Emden, Leonie / Küffner, Dieter (2006): Schulerfolg und Akkulturationsleistungen von Grundschulkindern mit Migrationshintergrund, in: Zeitschrift für Erziehungswissenschaft, 9(2), 240–254.

Herwartz-Emden, Leonie / Reiss, Kristina / Mehringer, Volker (2008): Das Projekt SOKKE – Ausgewählte Ergebnisse zur Kompetenzentwicklung von Grundschulkindern mit Migrationshintergrund, in: Erziehung und Unterricht, 158, 789–798.

Herwartz-Emden, Leonie / Schurt, Verena / Waburg, Wiebke (2010): Aufwachsen in heterogenen Sozialisationskontexten. Zur Bedeutung einer geschlechtergerechten interkulturellen Pädagogik, Verlag für Sozialwissenschaften, Wiesbaden.

Hobusch, Anna / Lutz, Nevin / Wiest, Uwe (2002): Sprachstandsüberprüfung und Förderdiagnostik für Ausländer- und Aussiedlerkinder (SFD), Persen, Horneburg.

Kaiser, Gabriele / Schwarz, Inga (2003): Mathematische Literalität unter einer kulturell-sprachlichen Perspektive, in: Zeitschrift für Erziehungswissenschaft, 6(3), 356–376.

Krajewski, Kristin / Küspert, Petra / Schneider, Wolfgang (2002): Demat 1+ : Deutscher Mathematiktest für erste Klassen, Beltz-Test, Göttingen.

Krajewski, Kristin / Liehm, Susann / Schneider, Wolfgang (2002): Demat 2+ : Deutscher Mathematiktest für zweite Klassen, Beltz-Test, Göttingen.

Kristen, Cornelia / Dollmann, Jörg (2009): Sekundäre Effekte der ethnischen Herkunft: Kinder aus türkischen Familien am ersten Bildungsübergang, in: Zeitschrift für Erziehungswissenschaft, 12, 205–229.

Limbird, Christina / Stanat, Petra (2006): Prädiktoren von Leseverständnis bei Kindern deutscher und türkischer Herkunftssprache: Ergebnisse einer Längsschnittstudie, in: Ittel, Angela / Merkens, Hans (Hrsg.): Veränderungsmessung und Längsschnittstudien in der empirischen Erziehungswissenschaft, Verlag für Sozialwissenschaften, Wiesbaden, 93–123.

Maier, Hermann / Schweiger, Fritz (1999): Mathematik und Sprache: Zum Verstehen und Verwenden von Fachsprache im Mathematikunterricht, oebv und hpt Verlagsgesellschaft, Wien.

Merkens, Hans (2006): Schulkarrieren von Kindern mit Migrationshintergrund in den ersten drei Jahren der Grundschule. Ergebnisse aus dem Projekt BeLesen. Bericht aus der Arbeit des Arbeitsbereichs Empirische Erziehungswissenschaft Nr. 43, Freie Universität Berlin, Berlin.

Merkens, Hans (2007): Schüler mit Migrationshintergrund im deutschen Schulsystem –
Das Scheitern an einer Herausforderung, in: Episte kai Koinonia, Wissenschaft und
Gesellschaft, 17, 101–121.

Merkens, Hans (2008): Wie Saba in die Risikogruppe kommt. Schulische Probleme von
Kindern mit Migrationshintergrund, in: Grundschule, 2, 39–41.

Merkens, Hans (2010): Erfolg und Misserfolg von Kindern mit Migrationshintergrund
beim Spracherwerb in der Grundschule, in: Hagedorn, Jörg / Schurt, Verena / Steber,
Corinna / Waburg, Wiebke (Hrsg.): Ethnizität, Geschlecht, Familie und Schule. Heterogenität als erziehungswissenschaftliche Herausforderung, Verlag für Sozialwissenschaften, Wiesbaden, 33–54.

Mücke, Stephan (2007): Einfluss personeller Eingangsvoraussetzungen auf die Schülerleistungen im Verlauf der Grundschulzeit, in: Möller, Klaus / Hanke, Petra / Beinb-
rech, Christina / Hein, Anna Katharina / Kleickmann, Thilo / Schages, Ruth (Hrsg.):
Qualität von Grundschulunterricht entwickeln, erfassen und bewerten, Jahrbuch
Grundschulforschung, Wiesbaden, 277–280.

Mücke, Stephan / Schründer-Lenzen, Agi (2008): Zur Parallelität der Schulleistungsent-
wicklung von Jungen und Mädchen im Verlauf der Grundschule, in: Rendtorff, Barbara / Prengel, Annedore (Hrsg.): Kinder und ihr Geschlecht, Leske + Budrich, Opladen,
137–146.

Phillips, C. J. / Birrell, Heather V. (1994): Number learning of Asian pupils in English
primary schools, in: Educational Research, 36(1), 51–62.

Pietsch, Marcus / Krauthausen, Günter (2006): Mathematisches Grundverständnis von
Kindern am Ende der vierten Jahrgangsstufe, in: Bos, Wilfried / Pietsch, Marcus
(Hrsg.), KESS4 - Kompetenzen und Einstellungen von Schülerinnen und Schülern am
Ende der Jahrgangsstufe 4 in Hamburger Grundschulen, Waxmann, Münster u.a.,
143–163.

Prophet, Robert B. / Badede, Nandkishor B. (2009): Language and student performance in
junior secondary science examinations: the case of second language learners in Bots-
wana, in: International Journal of Science and Mathematics Education, 7, 235–251.

Ramm, Gesa / Prenzel, Manfred / Heidemeier, Heike / Walter, Oliver (2004): Soziokulturelle Herkunft: Migration, in: PISA-Konsortium Deutschland (Hrsg.): PISA 2003. Der
Bildungsstand der Jugendlichen in Deutschland – Ergebnisse des zweiten internationalen Vergleichs, Waxmann, Münster u.a., 254–272.

Rauch, Dominique P. / Jurecka, Astrid / Hesse, Hermann-Günter (2010): Für den Dritt-
spracherwerb zählt auch die Lesekompetenz in der Herkunftssprache, in: Zeitschrift
für Pädagogik, 55. Beiheft, 78–100.

Roick, Thorsten / Gölitz, Dietmar / Hasselhorn, Marcus (2004): Demat 3+: Deutscher Mathematiktest für dritte Klassen, Beltz-Test, Göttingen.

Rudolph-Albert, Franziska / Karaca, Deniz / Ufer, Stefan / Heinze, Aiso (2009): Sprachliches und fachliches Lernen im Mathematikunterricht, in: MNU PRIMAR, 1(4), 129–
131.

Schauenberg, Magdalena (2005): Übertrittsentscheidungen nach der Grundschule. Empirische Analysen zu familialen Lebensbedingungen und Rational Choice, Herbert Utz Verlag, München.

Schroeder, Christian (2007): Integration und Sprache, in: Aus Politik und Zeitgeschichte, 22–23, 6–12.

Schründer-Lenzen, Agi / Merkens, Hans (2006): Differenzen schriftsprachlicher Kompetenzentwicklung bei Kindern mit und ohne Migrationshintergrund, in: Schründer-Lenzen, Agi (Hrsg.): Risikofaktoren kindlicher Entwicklung. Migration, Leistungsangst und Schulübergang, Verlag für Sozialwissenschaften, Wiesbaden, 15–44.

Schütte, Marcus (2009): Sprache und Interaktion im Mathematikunterricht der Grundschule – Zur Problematik einer Impliziten Pädagogik für schulisches Lernen im Kontext sprachlich-kultureller Pluralität, Empirische Studien zur Didaktik der Mathematik, Band 1, Waxmann, Münster u.a.

Secada, Walter G. (1992): Race, ethnicity, social class, language and achievement in mathematics, in: Grouws, Douglas. A. (Hrsg.): Handbook of Research on Mathematics Teaching and Learning, MacMillan, New York, 623–660.

Segeritz, Michael / Stanat, Petra / Walter, Oliver (2010): Muster des schulischen Erfolgs von Mädchen und Jungen mit Migrationshintergrund, in: Zeitschrift für Pädagogik, 55. Beiheft, 165–186.

Stanat, Petra / Schwippert, Knut / Gröhlich, Carola (2010): Der Einfluss des Migrantenanteils in Schulklassen auf den Kompetenzerwerb. Längsschnittliche Prüfung eines umstrittenen Effekts, in: Zeitschrift für Pädagogik, 55. Beiheft, 147–164.

Stanat, Petra / Segeritz, Michael / Christensen, Gabriele (2010): Schulbezogene Motivation und Aspiration von Schülerinnen und Schülern mit Migrationshintergrund, in: Bos, Wilfried / Klieme, Eckhard / Köller, Olaf (Hrsg.): Schulische Lerngelegenheiten und Kompetenzentwicklung. Festschrift für Jürgen Baumert, Waxmann, Münster u.a., 31–57.

Stern, Elsbeth (1997): Erwerb mathematischer Kompetenzen: Ergebnisse aus dem SCHOLASTIK-Projekt, in: Weinert, Franz E. / Helmke, Andreas (Hrsg.): Entwicklung im Grundschulalter, Beltz, Weinheim, 157–170.

Tiedemann, Joachim / Billmann-Mahecha, Elfriede (2004): Migration, Familiensprache und Schulerfolg. Ergebnisse aus der Hannoverschen Grundschulstudie, in: Bos, Wilfried / Lankes, Eva-Maria / Plaßmeier, Nike / Schwippert, Knut (Hrsg.): Heterogenität. Eine Herausforderung an die empirische Bildungsforschung, Waxmann, Münster u.a., 269–279.

Walter, Oliver (2008): Herkunftsassoziierte Disparitäten im Lesen, in der Mathematik und in den Naturwissenschaften: ein Vergleich zwischen PISA 2000, PISA 2003 und PISA 2006, in: Zeitschrift für Erziehungswissenschaft, 11 (Sonderheft 10), 149–168.

Walter, Oliver / Taskinen, Päivi (2007): Kompetenzen und bildungsrelevante Einstellungen von Jugendlichen mit Migrationshintergrund in Deutschland: Ein Vergleich mit ausgewählten OECD-Staaten, in: PISA-Konsortium Deutschland (Hrsg.): PISA 2006. Die Ergebnisse der dritten internationalen Vergleichsstudie, Waxmann, Münster u.a., 337–366.

Sprachlich bedingte Schwierigkeiten von mehrsprachigen Schülerinnen und Schülern bei Textaufgaben

Joana Duarte, Ingrid Gogolin, Gabriele Kaiser

Zusammenfassung: Vielfältige Ergebnisse empirischer Untersuchungen zeigen, dass mehrsprachige Kinder und Jugendliche mit Migrationshintergrund schlechter im deutschen Bildungssystem abschneiden als monolinguale Jugendliche. Als zentraler Grund hierfür werden häufig sprachliche Schwierigkeiten identifiziert, obgleich sich wenige Untersuchungen auf konkrete sprachliche Phänomene beziehen. Der Beitrag beschäftigt sich mit der Rolle bildungssprachlicher Fähigkeiten beim Verständnis mathematischer Textaufgaben von mehrsprachigen Schülerinnen und Schülern. Zunächst wird der Begriff der Bildungssprache entwickelt und anhand ausgewählter empirischer Befunde erläutert. Danach werden theoretische Modelle zum Textverständnis bei mathematischen Aufgaben dargestellt und empirische Befunde mit Beispielen eigener Untersuchungen beschrieben. Im Ausblick weisen wir auf Konsequenzen der zentralen theoretischen und empirischen Befunde für die einschlägige mathematikdidaktische Entwicklungsforschung und Praxis hin.

1   Einführung

Eine Fülle empirischer Untersuchungen zeigt, dass in Deutschland migrationsbedingte Mehrsprachigkeit ein Hindernis für schulischen Erfolg bedeutet. Das Leben in mehr als einer Sprache – als lebensweltliche Mehrsprachigkeit bezeichnet (Gogolin 2004) – scheint jedenfalls keinen Vorteil für das schulische Fortkommen einzubringen. Beispiele für solche Befunde finden sich vielfach; im jüngsten Bildungsbericht für Deutschland sind sie zusammengefasst (Autorengruppe Bildungsberichterstattung 2010). Die dort berichteten Leistungsrückstände von Jugendlichen mit Migrationshintergrund betreffen auch den mathematischen Bereich. Die großangelegten internationalen Leistungsvergleichsstudien wie PIRLS und TIMSS haben bereits für die Grundschule einen Leistungsrückstand von Kindern mit Migrationshintergrund in Mathematik und den Naturwissenschaften ermittelt (Bos et al. 2007). Noch größere Leistungsdifferenzen zwischen Jugendlichen mit und ohne Migrationshintergrund zeigen sich nach den Analysen der PISA-Studie bei 15-jährigen (PISA-Konsortium Deutschland 2007). Als ein wesentlicher Grund werden ‚Schwierigkeiten mit der Beherrschung der Unterrichtssprache auf einem altersangemessenen Niveau' ausgemacht (so etwa Stanat / Christensen 2006, Müller / Stanat 2006). Untersuchungen, die diese allgemeine Aussage aus sprachlicher Per-

spektive genauer spezifizieren, liegen jedoch bis dato kaum vor. Erste Ansätze einer Klärung spezifisch mathematischer sprachlicher Anforderungen, die den Aspekt der Mehrsprachigkeit berücksichtigen, finden sich bei Gogolin et al. (2004).
Erst in jüngerer Zeit haben Studien diese Ansätze aufgenommen und weitergeführt;
allerdings liegen noch keine publizierten Ergebnisse vor.

Unstrittig ist, dass auch andere Faktoren Relevanz für die Entwicklung von
Schulleistungen besitzen. Diese liegen auf der individuellen Ebene (Merkmale des
einzelnen Kindes wie kognitive Leistungsfähigkeit, Interesse und Motivation, s.
z.b. Stanat / Christensen 2006 für einen Überblick) und auf der Ebene der Lebens-
lage (die wiederum das Individuum beeinflussen), Merkmale von Migrantenfamilien wie Migrationsgeschichte, sozio-ökonomische Lage und kulturelles Kapital,
Bildungsentscheidungen sowie familiale Sprachpraxis (zusammenfassend hierzu
z.b. Sachverständigenrat deutscher Stiftungen für Integration und Migration 2010).
Weitere Faktoren basieren auf schulischen Merkmalen (Diefenbach 2010,
Schründer-Lenzen 2008). Obwohl sozialschichtspezifische Variablen nach einschlägigen Untersuchungen bei Schülerinnen und Schülern mit Migrationshintergrund einen geringeren Anteil des Bildungserfolgs aufklären als bei nichtgewander-
ten Lernenden, sind sie für die Identifizierung von Gründen der Leistungsdifferenzen relevant (Diefenbach 2005, Fuchs / Sixt 2007, Yan / Lin 2005). Zugleich stellt
sich das Problem der Identifikation von Einflussfaktoren, die schul- und unter-
richtsbedingt sind und deshalb von den Bildungsinstitutionen direkt beeinflusst
werden können. Der folgende Beitrag konzentriert sich auf dieses Problem, bezogen auf den Bereich der mathematischen Bildung. Die Perspektive der Darstellung
ist das Aufzeigen von Anknüpfungspunkten für künftige Forschung.

2   (Bildungs-)Sprache und schulisches Lernen am Beispiel der Mathematik

Ein relevanter Ausgangspunkt für die Untersuchung schul- und unterrichtsbeding-
ter Einflussfaktoren auf Bildungserfolg ist die Analyse von Zusammenhängen zwischen einem sprachlichen und einem sachlichen Verständnis der zu vermittelnden
Unterrichtsinhalte. Diese Analyse kann die Unterscheidung zwischen Alltags- und
Bildungssprache aufgreifen, die auf Jim Cummins' Konzept von Basic Interperso-
nal Communication Skills (BICS) und Cognitive Academic Language Proficiency
(CALP) zurückgeht (1979, 2000). Cummins zeigt, dass die Beherrschung beider
Register für Bildungserfolg notwendig ist; dass aber mit höherem ‚Bildungsalter' –
also im Verlaufe einer Schulkarriere – die Anforderung der Beherrschung von
‚CALP' wächst. In Deutschland ist Forschung, die hieran anschließt, noch am An-

fang. Seit mehr als 30 Jahren wird aber im englischsprachigen Raum schon untersucht, welche speziellen sprachlichen Fähigkeiten mit Schulerfolg in Verbindung stehen, und zwar insbesondere im Hinblick auf Lernende, für die die Unterrichtssprache eine Zweitsprache ist.

Aus der internationalen Forschung liegen Studien vor, die darauf hinweisen, dass Kompetenzen im sprachlichen Register „Cognitive academic language" zu höheren Schulleistungen führen als das Verfügen über allgemeine, zur Alltagsbewältigung hinreichende sprachliche Fähigkeiten (Collier / Thomas 1995, Krashen 2003, Cummins 2000). Ein adäquates Sprachbeschreibungssystem für die Identifizierung von Merkmalen des jeweiligen Sprachgebrauchs ist die Functional Grammar von Halliday u.a. (Halliday 1994). Eingebettet in dieses System, wurden in Bezug auf die englische Sprache die morphosyntaktischen, lexikalischen und diskursiven Merkmale identifiziert, die für das „akademische" Register charakteristisch sind (Schleppegrell 2004, Stergiani 2010).

Zur Bezeichnung der bildungsrelevanten sprachlichen Kompetenzen wurde für den deutschen Sprachraum der Begriff der bildungssprachlichen Kompetenzen eingeführt, wobei eine Definition von Jürgen Habermas aufgegriffen wurde (vgl. Habermas 1977, Gogolin 2006, Gogolin / Roth 2007, Gogolin / Lange 2010, Gogolin 2010). Sie besagt, dass mit Bildungssprache dasjenige sprachliche Register gekennzeichnet ist, das benötigt wird, um sich mit den Mitteln der Schulbildung ein Orientierungswissen zu verschaffen.

Einschlägige Untersuchungen zeigen, dass mehrsprachige Schülerinnen und Schüler auf Alltagskommunikation ausgerichtete Kompetenzen relativ schnell erwerben; Untersuchungen weisen auf einen Zeitraum von ca. zwei Jahren hin (Cummins 2000 für die englischsprachige Forschung und Duarte 2011 für ein Fallbeispiel aus dem deutschsprachigen Raum). Hingegen benötigen sie für den hinreichenden Aufbau bildungssprachlicher Fähigkeiten deutlich länger. Die Ergebnisse der Studien sind nicht einheitlich; sie weisen auf Zeitspannen von vier bis acht Jahren hin, je nach Kontextbedingungen der sprachlichen Entwicklung (August / Shanahan 2006).

Die Konzepte von BICS und CALP wurden auch für das Erlernen von fachbezogenen Inhalten erforscht. In Studien zu Mathematik, Kognition und Sprache kommt Caledon-Pattichis (2004) zu dem Ergebnis, dass der Erwerb von Sprache und Inhalt nicht automatisch und implizit passiert; sie problematisiert die Schwierigkeit der Zweitsprachlernenden wie folgt: „[…] if migrant students have CALP for mathematics in their first language, mathematical concepts will transfer to their second language, with changes in the lexical items (vocabulary) attached to these concepts. […] if migrant students do not have CALP in their first language, they will have considerable difficulty developing CALP in their second language more frequently when referring to mathematical terms in problem solving" (Caledon-Pattichis 2004, S. 206).

Für Mathematiklernen sind diese Unterscheidungen insbesondere im Bereich des Verständnisses von Textaufgaben bedeutsam, in denen mathematische Sachverhalte in eine sprachliche Darbietung eingebettet sind, in der in der Regel – und im Laufe des Bildungsgangs zunehmend – die bildungssprachlichen Merkmale eine besondere Rolle spielen. Wir gehen darauf im folgenden Kapitel ein.

3 Bildungssprache und ihre Rolle beim Verständnis der Texte mathematischer Aufgaben

Im Folgenden wird der Stand der Diskussion zum Textverständnis mathematischer Aufgaben dargestellt, wobei wir uns auf die Identifikation derjenigen sprachlichen Fähigkeiten konzentrieren, die sich, holistisch betrachtet, auf der Ebene der Lese- oder Verstehensfähigkeiten äußern. Textverständnis spielt im schulischen Kontext eine besondere Rolle; es ermöglicht erst den Zugang zu verbal dargebotenem Wissen. In einschlägigen Untersuchungen ist man lange davon ausgegangen, dass Textverständnis hauptsächlich für die „sprachlichen" Schulfächer relevant sei. Jüngere Studien weisen jedoch auf seine Bedeutung auch für Leistungen in den sogenannten nichtsprachlichen Unterrichtsfächern hin – wie den Mathematikunterricht (Gellert 2008).

Mathematikunterricht ist neben dem Fach Deutsch ein wichtiges Kernfach in der Schule, das von der Grundschule bis zu jeglichem Schulabschluss verbindlich unterrichtet wird und als schulisches Selektionsfach schlechthin gilt. In einem zeitgemäßen Mathematikunterricht steht im Anschluss an die von den PISA-Studien angestoßene Literacy-Diskussion die Vermittlung funktionaler Mathematik im Vordergrund, die auf die Lösung außermathematischer Probleme abzielt. Das Verstehen von Texten ist damit eine zentrale Voraussetzung für eine erfolgreiche Teilhabe am Mathematikunterricht. In vorliegenden Standards für den Mathematikunterricht in der Grundschule (Walther / Granzer / van den Heuvel-Panhuizen / Köller 2008) und Sekundarstufe I (Blum / Drüke-Noe / Hartung / Köller 2006) wird betont, dass sprachliches Verstehen zu den Kompetenzen gehört, die bereichsübergreifend relevant sind und daher in jeglichem Mathematikunterricht eine Rolle spielen sollen. Hierzu wurden folgende Formulierungen gefunden:

Die Kompetenz „Mathematisch kommunizieren" soll das Verstehen von Texten oder mündlichen Äußerungen zur Mathematik sowie das fachsprachlich adäquate schriftliche oder mündliche Präsentieren von Lösungen umfassen. Bei der Kompetenz „Mathematisch argumentieren" gehe es um mathematikspezifische Formen der

Argumentation. Die Kompetenz „Mathematisch modellieren" bezieht sich auf das Verstehen einer realitätsbezogenen Situation mittels mathematischer Mittel, auf ihre Strukturierung und Lösung sowie auf das Erkennen von Mathematik in der Realität. Dabei spielt im Modellierungsprozess das Verstehen der Problemsituation, die in der Regel textförmig dargestellt ist, eine zentrale Rolle (s. für Details Blum et al. 2006). Die Bildungsstandards für die Grundschule stellen bei der allgemeinen Kompetenz Modellieren das Verständnis von Sachtexten und anderen Darstellungen der Lebenswirklichkeit in den Vordergrund; zudem geht es um die Übersetzung von Sachproblemen in die Sprache der Mathematik, ihre innermathematische Bearbeitung und Lösung sowie die Formulierung von Sachaufgaben zu mathematischen Darstellungen (Walther et al. 2008).

In allen diesen Ausführungen wird deutlich, dass die kompetente Verwendung von Sprache (sowohl von allgemeiner Bildungssprache als auch von mathematikspezifischer Fachsprache als ein Element der Bildungssprache) sowie das Verstehen entsprechender Texte und der kompetente produktive Umgang damit zentrale Voraussetzungen für einen mathematischen Kompetenzerwerb sind. Was aber besagt die Forschung über die Realisierung dieses Anspruchs? Im nächsten Abschnitt werden einschlägige Ergebnisse empirischer Studien zu diesen Aspekten thematisiert.

4 Ergebnisse empirischer Studien zu Bildungssprache und Textverständnis mathematischer Aufgaben

Bei der Vermittlung entsprechender sprachlicher Kompetenzen treten Probleme auf – nicht nur bei Kindern und Jugendlichen mit Migrationshintergrund, sondern auch bei solchen ohne Migrationshintergrund. Empirische Untersuchungen weisen jedoch darauf hin, dass Kinder und Jugendliche mit Migrationshintergrund, die in der Regel mehrsprachig aufwachsen, besondere Probleme beim Verstehen außermathematischer Kontexte haben, wie sie in Textaufgaben vorkommen. So treten sowohl syntaktische Probleme auf, ausgelöst durch Spezifika der mathematischen Fachsprache, als auch semantische Probleme, die auf Spezifika geschriebenen Texts basieren (wie Substantivierungen oder die Verwendung von Konnektoren, so Ergebnisse eigener Studien, s. Kaiser / Schwarz 2009), hierauf kommen wir in Kapitel 5 zurück. Die Studie von Heinze, Herwartz-Emden und Reiss (2007) zeigt auf, dass sich zu Beginn der Grundschulzeit Leistungsunterschiede zwischen Kindern mit und ohne Migrationshintergrund bei Kontrolle der kognitiven Grundfähigkeiten u.a. in zwei Bereichen zeigen, für die ein spezielles mathematisches Verständnis benötigt wird. Die Studie stellt Unterschiede bei Aufgaben aus dem Bereich „Zahlenraum" fest, die eine mentale Repräsentation der Anordnung der Zahlen verlangen, und bei Aufgaben aus dem Bereich „Sachrechnen", in denen Sachsituationen in ein mathematisches Modell überführt werden müssen. Diese Unterschiede verschwinden, wenn der allgemeine Sprachstand kontrolliert wird. Heinze et al. (2007) interpretieren dies als Hinweis auf den Einfluss der Sprache – gemeint ist hier: des Deutschen – beim Aufbau mentaler Repräsentationen, oder allgemeiner auf den Erwerb mathematischer Kenntnisse im Deutschen. Zu ähnlichen Ergebnissen kommt Schmitman (2008), die bei Kindern mit und ohne Migrationshintergrund ein Jahr vor der Einschulung große Leistungsdifferenzen feststellt, insbesondere beim Zählen, bei Zahldarstellungen und Begrifflichkeiten im geometrischen Bereich. Sie weist auf einen engen Zusammenhang zwischen der Zählkompetenz der Kinder in der Zweitsprache und ihren sprachlichen Fähigkeiten in dieser Sprache hin.

Die Ergebnisse dieser Studien aus dem deutschsprachigen Raum werden gestützt durch internationale Forschungsergebnisse, die auf den hohen Stellenwert sprachlichen Verständnisses von Aufgaben – auch zu verstehen als mathematische Probleme – hinweisen. So stellt u.a. Bernardo (1999, 2005) in seinen Untersuchungen an bilingualen philippinisch-englischen Schulkindern höhere Lösungshäufigkeiten bei Textaufgaben fest, die in der ersten Sprache der Kinder gestellt wurden. Auch die Veränderung des Aufgabentexts im Hinblick auf eine Verdeutlichung der Beziehungen zwischen bekannten und unbekannten Größen – sogenanntes „re-wording" – führte zu besseren Ergebnissen.

Insgesamt gibt es zu dem Bereich der Hindernisse, die Lernende bei Textaufgaben besitzen (sogenannte „word problems"), bereits seit Jahrzehnten eine Fülle umfangreicher Studien, die insbesondere aus dem Bereich der psychologisch orientierten Problemlösediskussion stammen. Ausgangspunkt dieser Studien sind die bemerkenswert schlechten Leistungen von ein- und mehrsprachigen Kindern und Jugendlichen bei Textaufgaben. So ist bekannt, dass Textaufgaben im Vergleich zu isomorphen mathematischen Aufgaben in numerischer Form um bis zu 30 % schlechter gelöst werden (Carpenter et al. 1980, Kintsch 1987, für einen Überblick über die einschlägige Diskussion s. Verschaffel / Greer / De Corte 2000). Viele Erklärungsansätze wurden diskutiert, etwa Probleme aufgrund eines beschränkten sprachlichen Wissens oder aufgrund der Unfähigkeit, komplexe Sprache zu verarbeiten; Schwierigkeiten mit der begrifflichen Dichte und ungewöhnlichen Textstilen. Auch die Notwendigkeit, eine textlich gegebene Problemsituation in einen mathematischen Zusammenhang zu bringen, wird betont. Ansätze aus der klassischen Problemlösepsychologie wie auch aus der (Text-)Verstehens- und Wissenspsychologie, die von der mathematikdidaktischen Diskussion nicht immer genügend rezipiert wurden, können hier entscheidende Hinweise geben.

Es ist insbesondere davon auszugehen, dass nicht ein isoliertes (sprachliches) Detail – etwa: die Beherrschung von Terminologie – zur Erklärung hinreicht. Reusser (1997) weist in seinem Überblick über die einschlägige Diskussion darauf hin, dass keine der linguistischen und mathematischen Strukturvariablen wie lexikalisch-syntaktische Komplexität des Texts, Art und Anzahl der zur Lösung erforderlichen mathematischen Operationen, insbesondere auch nicht die viel diskutierten im Text enthaltenen Schlüsselwörter – sogenannten „verbal cues" – (u.a. die wohlbekannten Arbeiten von Nesher / Teubal 1975) oder die semantische und kontextuelle Einbettung von Aufgaben (u.a. Reusser 1988) alleine die Schwierigkeiten von Kindern und Jugendlichen mit Textaufgaben zu erklären vermag.

Neuere, auf Verstehen mathematischer Textaufgaben gerichtete Ansätze verweisen darauf, dass die Lösung nicht auf kurzschlüssigen, signalwortindizierten Mathematisierungen beruht. Vielmehr sei vor dem sogenannten Abruf arithmetischer und algebraischer Operationen die Konstruktion einer zwischen Problemtext und mathematischer Verknüpfungsstruktur liegenden kognitiven Repräsentation des Aufgabeninhalts erforderlich.

Basierend auf umfassenden Untersuchungen zu Lösungshäufigkeiten und Schwierigkeiten bei Standardtypen von arithmetischen Textaufgaben (Carpenter et al. 1980, Riley / Greeno / Heller 1983, Riley / Greeno 1988, Stern 1992) unterscheidet Reusser (1997) fünf tendenziell unterschiedliche Erklärungsansätze:

– stärker entwicklungspsychologisch orientierte Ansätze (Riley et al. 1983, Briars / Larkin 1984);)
– auf logisch-mathematischen Erklärungshypothesen beruhende Modelle;
– sprachverstehens- und weltwissensorientierte Modelle;
– linguistisch-semantische Ansätze (Kintsch und Greeno 1985);
– linguistisch-handlungsorientierte Ansätze (Reusser 1988).

Vertreter der logisch-mathematischen Erklärungshypothese beschreiben das Lösen mathematischer Textaufgaben als ein In-Beziehung-Setzen verbaler Aussagen zu im Gedächtnis gespeicherten Problemschemata, wobei aus dem logisch-mathematischen Wissen das zur Aufgabe passende Problemmodell mit den zur Aufgabenlösung nötigen Strategien abgerufen wird.

Beim sprachverstehens- und weltwissensorientierten Ansatz wird angenommen, dass beim Lösen von Textaufgaben zu im Text enthaltenen Informationen eine mentale Repräsentation konstruiert wird, wobei in der Lösungsphase dieses episodische Situationsmodell mit mathematischen Operationen so in Beziehung gesetzt werde, dass eine Problemlösung ermöglicht wird.

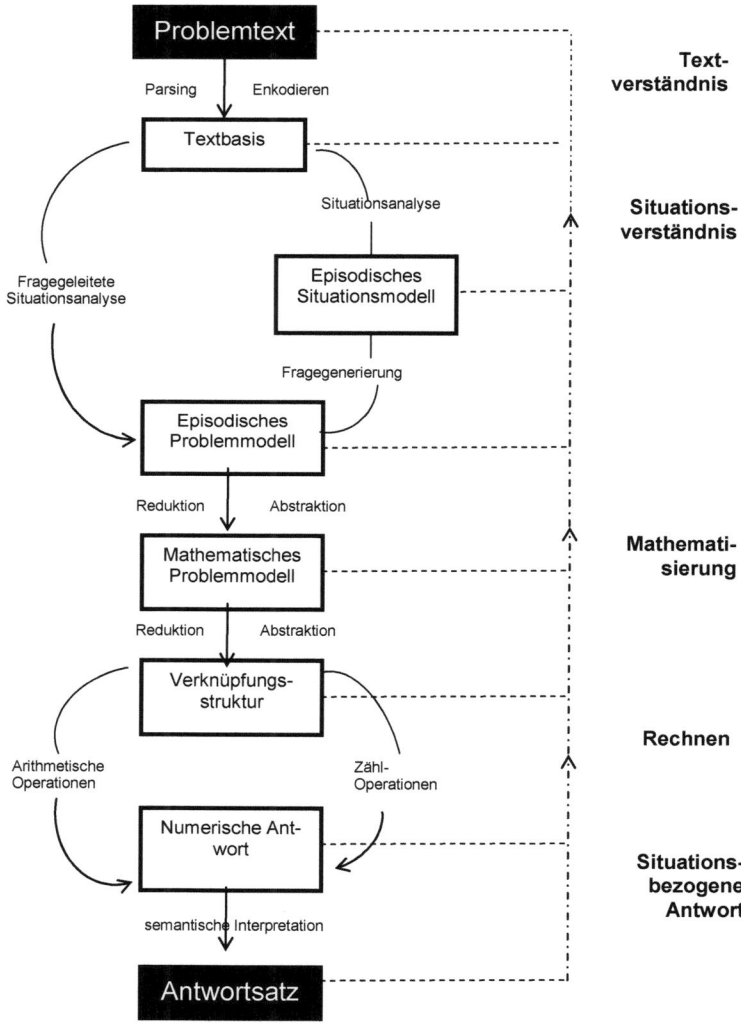

Abb. 1: Verstehensebenen bzw. Stufen der Mathematisierung von Textaufgaben
(Reusser 1997, S. 151).

Reusser (1988, 1997) kritisiert die fehlende Berücksichtigung der in einer Textaufgabe beschriebenen Handlungen und Ereignisse und stellt in seinem im Anschluss an Kintsch und Greeno (1985) entwickelten linguistisch-handlungstheoretischen Modell das sprachlich vermittelte Verständnis der in den Aufgabenkontexten beschriebenen Handlungssituationen in den Vordergrund.

Damit wird im Unterschied zu Kintsch und Greeno (1985) die Textbasis nicht direkt in ein abstraktes Problemmodell überführt, sondern es wird eine zwischen Text und mathematischer Struktur vermittelnde Verständnisebene angenommen.

Der Kern der sprachlich-sachlichen und mathematischen Verstehensarbeit besteht nach diesem Ansatz im „planvoll-zielgerichteten (strategischen) Aufbau einer die episodisch-sachliche Gesamtsituation handlungsnah repräsentierenden Situationsvorstellung (episodisches Situations- oder Problemmodell) und deren schrittweise mathematisierender Reduktion auf ihr abstraktes, operativ-arithmetisches Gerüst (mathematisches Problemmodell→ Gleichung→ numerisches Ergebnis)" (Reusser 1997, S. 151f.).

Reusser entwickelt die in Abb. 1 schematisierten Verstehensebenen bzw. Stufen der Mathematisierung von Textaufgaben, die Hinweise für mögliche Probleme beim Textverstehen (durchaus auch von mehrsprachigen Kindern) liefern können. Die Phasen in diesem Ansatz (s. auch Reusser 1990) lassen sich unter Bezug auf Barwanietz (2005) wie folgt beschreiben (s. auch Schneeberger 2009): Durch Anwendung sprachlichen Wissens, das sogenannte Enkodieren, wird eine Textbasis rekonstruiert, die eine mentale Repräsentation des im Text beschriebenen Inhalts ist. Durch die Anwendung von Verständnisstrategien wird unter Bezug auf Alltagswissen und Alltagserfahrung eine mentale Repräsentation der im Text beschriebenen Situation konstruiert, das sogenannte episodische Situationsmodell. Das episodische Situationsmodell repräsentiert Informationen über die zeitliche und funktionale Struktur der in der Problembeschreibung geschilderten Gegebenheiten und Handlungen.

Das an Informationen reichhaltige episodische Situationsmodell wird durch erste Abstraktionen in ein episodisches Problemmodell überführt, das auf die gegebene Problemsituation unter spezifischen Fragestellungen fokussiert. Durch Reduktion der Komplexität und Abstraktion von konkreten Ereignissen und Personen wird ein mathematisches Problemmodell erzeugt, womit die Phase der Mathematisierung beginnt, also der Übersetzung von der Realität in die Mathematik. Das mathematische Problemmodell wird durch weitere Reduktion der Komplexität und Abstraktion in die Sprache der Mathematik, die Strukturen des mathematischen Problemmodells werden in eine mathematische Verknüpfungsstruktur übersetzt. Durch Anwendung von arithmetisch-algebraischen Operationen wird in der innermathematischen Phase eine numerische Antwort entwickelt, die durch eine inhalts-

bezogene, semantische Interpretation in eine auf die ursprüngliche Situation bezogene Antwort überführt wird.

Diese Beschreibung macht deutlich, dass die Verfügbarkeit mathematischen
Wissens eine notwendige, aber keine hinreichende Bedingung für das Verstehen
und Bearbeiten von Textaufgaben darstellt (Reusser 1990) und dass sowohl all-
tagsbezogenes Wissen als auch eine geeignete semantische Interpretation der im
Problemtext gegebenen Beschreibungen beim Aufbau der Textbasis und des episodischen Situationsmodells sowie des episodischen Problemmodells eine wichtige
Rolle für das Verstehen mathematischer Textaufgaben spielen.

Ergebnisse empirischer Studien (Gogolin et al. 2004, Kaiser / Schwarz 2009),
weisen darauf hin, dass Jugendliche mit Migrationshintergrund, die zumeist mehrsprachig sind, genau bei der Konstruktion der mentalen Repräsentation des im Text
beschriebenen Inhalts, insbesondere beim Verständnis und der korrekten Repräsentation der in der Zweitsprache gegebenen zeitlichen und funktionalen Struktur der
im Aufgabentext geschilderten Gegebenheiten und Handlungen, Schwierigkeiten
zu überwinden haben. Die untersuchten mehrsprachigen Jugendlichen griffen in
diesen Phasen hauptsächlich auf Inhaltswörter, etwa Substantive zurück und ver-
nachlässigten den Strukturwortschatz. Die Vernachlässigung des Strukturwortschatzes zeigte sich zum Beispiel darin, dass die Bedeutung präpositionaler Konstruktionen nicht erkannt bzw. falsch gedeutet wurde. Die Bedeutung von Präpositionen, die aufgrund der relationalen Struktur der Mathematik in mathematischen
Beschreibungen einen hohen Stellenwert haben, für eine zielführende Lösung wurde häufig nicht erkannt. Ferner wurden Komposita, deren Verständnis Probleme
bereitet, zerlegt und anschließend entweder mit der Bedeutung eines Teils des
Kompositums weitergearbeitet, oder es werden neue Wortbedeutungen geschaffen.
Bei der Spezifik der Bildung von Komposita im Deutschen ist die Strategie der
Zerlegung hoch risikoreich, da die Bedeutung der Teile für das Ganze einer Fülle
unterschiedlicher Regeln folgt und die semantische Erfassung eines Teils keineswegs auf die Spur der Gesamtbedeutung führen muss. Phänomene wie diese scheinen charakteristisch für das Zweitsprachverstehen von Mehrsprachigen, worauf
z.B. Rösch (2003) hinweist.

In bisherigen Studien aus mathematikdidaktischer Perspektive wurden drei unterschiedliche Ursachen für die Schwierigkeiten von zweisprachigen Jugendlichen
bei der Erschließung mathematischer Texte rekonstruiert:

1. Schwierigkeiten beim Herausbilden von theoretischen Begriffen, die in der Ma-
    thematik bedeutend sind (Dörfler 1988);
2. fehlende mentale Vorstellung von theoretischen Konstrukten (wie z.B. „Mee-
    reshöhe");

3. Schwierigkeiten mit implizit gegebenen Informationen.

Hiermit ist jedoch nicht geklärt, welche sprachlichen Merkmale der Texte für das Entstehen dieser Ursachen verantwortlich sind. Ein Erklärungsansatz aus der Mathematikdidaktik greift ebenfalls auf das Konzept der funktionalen Sprachbetrachtung von Halliday (1989) zurück. Im Anschluss hieran betont Pimm (1987), dass Mathematik ein eigener Sprachstil sei. Dieser könne nicht losgelöst vom Kontext bzw. der Funktion des Sprachgebrauchs erlernt werden. Demnach ist zur Beherrschung von Mathematik nicht nur eine fachliche mathematische Kompetenz von Bedeutung, sondern auch eine mathematikspezifische kommunikative Kompetenz (vgl. auch Schütte 2009). Auch diskurstheoretisch argumentierende Ansätze weisen darauf hin, dass Mathematik als Fachsprache durch gewisse Besonderheiten gekennzeichnet sei, die Lernenden Probleme bereiten (so z.B. Maier / Schweiger 1999). Sie konzentrieren sich aber auf die Ebene des Wortschatzes und betonen seine Bedeutung beim Mathematiklernen, da viele Fachausdrücke nicht in der Alltagssprache vorkommen (wie z.B. Hypotenuse oder Logarithmus). Schwierigkeiten bereiten aber auch Termini, die ebenfalls in der Alltagssprache vorkommen (Dreieck) oder solche, die zwar in der Alltagssprache vorkommen, dort aber mit einer anderen Bedeutung versehen sind (wie z.B. Produkt).

Die Fachsprache der Mathematik besitzt darüber hinaus syntaktische Besonderheiten, die sie von der Alltagssprache unterscheidet. Sie finden in Definitionen, Merksätzen und spezifischen Textkonstruktionen Verwendung. Bedeutend dabei sind Nominalisierungen („Die Messung der Länge …") oder die Aneinanderreihung von Nomen als sprachliche Verdichtung. Texte mit solchen Merkmalen sind für Schülerinnen und Schüler, für die die Unterrichtssprache die Zweitsprache ist, besonders schwer zu entschlüsseln, wie Rösch (2005) feststellt.

Mathematische Texte weisen also eine Fülle von sprachlichen Besonderheiten auf; welche dieser Besonderheiten aber tatsächlich Verstehensschwierigkeiten verursachen, ist nur ansatzweise untersucht. Wenig systematisch sind die bislang vorliegenden Ergebnisse zur Frage danach, ob die Textverstehensschwierigkeiten von Schülerinnen und Schülern mit Migrationshintergrund, die in Formen von Zweisprachigkeit leben, systematische Unterschiede zu denen einsprachig lebender Schüler aufweisen.

5   Ein Beispiel: Salzbergwerk und Meereshöhe

Eine Illustration von Verstehensschwierigkeiten, wie sie bei der Erschließung mathematischer Textaufgaben vorkommen, wird im Folgenden durch ein Beispiel aus einer eigenen Studie geliefert (für Details vgl. Kaiser / Schwarz 2009). Die Studie untersuchte unter besonderer Berücksichtigung der Erstsprache von Schülerinnen und Schülern mit Migrationshintergrund, in welcher Weise die differenten sprachlichen Voraussetzungen die Verarbeitung mathematischen Lehrstoffs beeinflussen.[1] Der Fokus dieser Untersuchung lag auf der Erhebung des fachbezogenen Sprachstands und der Auswertung von Lese- und Verstehensmustern am Beispiel von Textaufgaben. Die Auswertung erfolgte daher unter Bezug auf Auffassungen vom Modellierungskreislauf, wie er aktuell in der Mathematikdidaktik weitverbreitet ist und sich auch in den Bildungsstandards wiederfindet (Blum et al. 2006), wobei insbesondere die Vorstellungen der Lernenden von der realen Situation und ihre Übersetzung ins mathematische Modell untersucht wurden.

Der Datenkorpus der Untersuchung bezieht sich auf Sprachproben von 20 Jugendlichen mit russischem Sprachhintergrund, die die Klasse 7 eines Hamburger Gymnasiums bzw. einer Hamburger Gesamtschule besuchten und damit das gesamte schulische Leistungsspektrum abdeckten. Die Jugendlichen besuchten mit unterschiedlicher Zeitdauer deutsche Schulen, einige waren hier bereits eingeschult worden, andere besuchten diese erst seit einem oder zwei Jahren. Die Sprachproben beinhalten Paraphrasen einer mathematischen Textaufgabe sowie das Besprechen des Lösungsvorgehens. Bei der Vorlage handelt es sich um eine Textaufgabe aus einem weitverbreiteten Mathematikschulbuch (Mathe live 7 2000, S. 19):

> Im Salzbergwerk Bad Friedrichshall wird Steinsalz abgebaut. Das Salz lagert 40 m unter Meereshöhe, während Bad Friedrichshall 155 m über Meereshöhe liegt. Welche Strecke legt der Förderkorb bis zur Erdoberfläche zurück?

Dieser Aufgabentext wurde zur Elizitierung ausgewählt, weil er viele Charakteristika der Bildungssprache aufweist: zahlreiche Komposita, die Inhaltsinformationen enthalten, welche teilweise für die Lösung nötig sind, teilweise nicht; der Strukturwortschatz in Form von Präpositionen hat eine zentrale Funktion; bedeutend ist u.a., dass die Konjunktion „während" nicht temporal (wie geläufig), sondern konfrontativ verwendet wird. Der Sachkontext der Aufgabe entstammt nicht der Alltagswelt der Kinder; er ist zudem für die mathematische Aufgabenstellung vollkommen irrelevant.

Das durch die Sprachproben gewonnene Datenmaterial wurde in qualitativen Fallstudien mit dem Ziel ausgewertet, Muster als theoretische Beschreibungen zu entwickeln, in denen exemplarisch Umgangsweisen mit solchen – als realitätsbezogen bezeichneten – Aufgaben deutlich werden.

---

1 Diese Studie fand im Rahmen des DFG-Projekts von Gogolin, Kaiser und Roth „Mathematiklernen im Kontext sprachlich-kultureller Diversität" (Laufzeit: 2002-2004) statt. Die Detailauswertungen wurden von Inga Schwarz im Rahmen ihres Dissertationsprojekts durchgeführt.

In allen untersuchten Fällen konnten die beiden bereits erwähnten Phänomene rekonstruiert werden, die eine zentrale Stellung bei der Auseinandersetzung der russischsprachigen Schülerinnen und Schüler mit der mathematischen Textaufgabe einnehmen: das *Entwickeln des Aufgabenverständnisses über Substantive* und die *Vernachlässigung des Strukturwortschatzes.*

Dass zentrale Begriffe der verwendeten Textaufgabe den Schülerinnen und Schülern Schwierigkeiten bereiten bzw. nicht bekannt sind, zeigen folgende Beispiele aus den Interviews. Dabei sind die Transkriptauszüge sprachformal um der Lesbarkeit willen geglättet und gekürzt.

Interpretation von „Salzbergwerk":

D: (4 Sek.) in einem Berg wird Salz abgebaut

I: hm [bestätigend]...

D: und und dies/ dieses Berg ist hundertfünfundfünfzig Meter über dem/ der Mee-reshöhe

Verständnis von „Meereshöhe"

I: hm (4 Sek.) [...] Meereshöhe – was kannst du dir darunter vorstellen...

D: ist eine Linie [lacht] so na ja

I: ja

D: das Wasser bleibt ja stehen $ sie hat ja keine – Hügel $

I: $ aha $

D: Meereshöhe – na wie hoch das Wasser ist

Es wird deutlich, dass insbesondere Komposita bei der Erschließung der Wortbedeutungen Schwierigkeiten bereiten. Eine Analyse der Verstehensmuster zeigt eine durchgehende Art und Weise, mit solchen Verständnisschwierigkeiten umzugehen: Die Probanden zerlegen die Komposita in ihre Bestandteile und verwenden die Einzelbedeutungen für die weitere Auseinandersetzung mit der Textaufgabe. Dieses Muster wird im Folgenden eingehender dargestellt. Es wurde hauptsächlich in Bezug auf die Begriffe „Meereshöhe" und „Erdoberfläche" aktiviert. In keinem der Fälle wurde das ebenfalls zusammengesetzte Substantiv „Förderkorb" durch diese Vorgehensweise erschlossen. Wir vermuten, dass das Muster der Kompositazerlegung nur dann angewendet wird, wenn die Bedeutungen der Einzelteile der zusammengesetzten Wörter den Erschließenden bekannt sind, und wenn diese Einzelbedeutungen im Kontext der Textaufgabe aus der Sicht der Probanden relevant sind bzw. sie bei der Aufgabenlösung weiterführen. Das Muster konnte in drei Ausprägungen beobachtet werden:

1. Verwendung von lediglich dem ersten Teil des Kompositums in der weiteren Bearbeitung;
2. Reduktion des Kompositums auf den bekannten Teil;
3. Schaffung einer neuen Wortbedeutung, indem die Teilbedeutungen des Kompositums wörtlich genommen werden.

Eine Analyse der Sprachproben mit dem Fokus auf funktionale Aspekte des Mustergebrauchs ergibt, dass dieser den mehrsprachigen Schülerinnen und Schülern einen aktiven Gebrauch der Komposita erleichtert bzw. überhaupt ermöglicht. Dies gilt sowohl für das Leseverstehen als auch für die Paraphrase, also die Wiedergabe der Aufgabe mit eigenen Worten. Das Weglassen von Teilbedeutungen sorgte außerdem dafür, dass den Probanden überhaupt Begriffe zur Verfügung standen.

Auf der textlichen Ebene ermöglichte die Anwendung des Musters die Konstruktion eines subjektiv sinnvollen Sachkontextes. In einigen Fällen reichte dieser Kontext aus, um auf dessen Grundlage eine Mathematisierung vorzunehmen, in anderen Fällen bedurfte es jedoch des „episodischen Erzählens" (Malle 1993), d.h. einer Erweiterung des gegebenen Sachkontextes, damit eine Mathematisierung erfolgen konnte.

Wie erwähnt, spielt als weiteres Muster bei der Bearbeitung der Textaufgabe in allen untersuchten Sprachproben die Vernachlässigung des Strukturwortschatzes eine Rolle, hier in erster Linie die Präpositionen „unter" und „über" aus dem Aufgabentext.

Allen untersuchten Fällen gemeinsam ist, dass die Bedeutung der Präpositionen für eine zielführende Lösung nicht in ihrer Tragweite erkannt wurde. Die Ausdifferenzierungen im Auftreten dieses Musters in den Sprachproben manifestieren sich unterschiedlich in Bezug auf die Phase im Modellierungskreislauf, in der es auftritt, und die Intensität seiner Auswirkung auf das Verständnis der gesamten Textaufgabe. Je nachdem, ob die Bedeutung der Präpositionen bereits in der mentalen Situationsrepräsentation berücksichtigt wurde oder nicht, ist ein nicht zielführendes Realmodell oder eine Mathematisierung, der die entscheidenden mathematischen Bedeutungskomponenten der Aufgabe („über" und „unter") fehlen, die Folge. Die rekonstruierten Muster beeinflussen sich zum Teil gegenseitig: So bedingt in einigen Fällen der Zugriff auf die Aufgabe über Substantive eine Nicht-Beachtung der strukturtragenden Elemente des Textes. In diesem Fall ist es für ein zielführendes Lösungsvorgehen entscheidend, ob die Lernenden die Fachbegriffe kennen: Ist es der Fall, wirkt sich die Vernachlässigung des Strukturwortschatzes nicht nachteilig auf den Lösungserfolg aus. Fehlt diese Kenntnis allerdings, können die Probanden die Gesamtbedeutung des Textes aus dem Kontext, mit Hilfe von Präpositionen, nicht erschließen.

Diese Ergebnisse wurden anhand ausgewählter Aufgaben aus einem Lehrwerk in einer kleinen Gruppe von Probanden erzielt, die zweisprachig Deutsch und Russisch sind. Sie sind vielversprechend, aber sie bedürfen der systematischen Überprüfung, um weiterreichende Aussagen mit Blick auf Anforderungen des Mathematikunterrichts treffen zu können.

6   Ausblick

Es liegen mithin ausreichend Befunde vor, die die Bedeutung von sprachlichen Fähigkeiten für mathematisches Lernen herausstellen. Offen ist aber die Frage nach systematischen Zusammenhängen zwischen der sprachlichen Gestaltung von Mathematikaufgaben, den sprachlichen Bildungsvoraussetzungen von mehrsprachigen Kindern und Jugendlichen und den Chancen, einen Bildungsgang erfolgreich zu durchlaufen.

Das Konzept der Bildungssprache liefert wichtige Anhaltspunkte, um den Zusammenhang zwischen dem Verstehen und dem Lösen von mathematischen Aufgaben bei Lernenden mit Migrationshintergrund zu erklären. Weitere interdisziplinäre Untersuchungen aus erziehungs- und sprachwissenschaftlicher sowie fachdidaktischer Perspektive sind aber nötig, um Verstehens- und Verarbeitungsprozesse zu mathematischen Aufgaben von Jugendlichen mit Migrationshintergrund, für die die Unterrichtssprache die Zweitsprache ist, genauer zu untersuchen und die Frage zu beantworten, ob es systematische Differenzen zwischen diesen und einsprachigen Lernenden gibt.

Dabei erscheinen nach dem Stand der Forschung einerseits sprachimmanente Hürden für das Lösen der Aufgaben als bedeutsam. Andererseits müssen Schwierigkeiten in den Blick genommen werden, die durch sprachliche Strategien bei der Texterschließung entstehen. Geplante eigene Untersuchungen sollen in diese Richtung gehen und Grundlagen dafür bereitstellen, mathematische Aufgaben so zu formulieren bzw. das Umgehen mit solchen Aufgaben im Unterricht so zu fördern, dass keine unbeabsichtigten sprachlichen Hürden dem mathematischen Verstehen und Lösen im engeren Sinne im Wege stehen.

Dies sollte einen bedeutenden Beitrag dazu leisten, die Chancen auf Bildungserfolg von Jugendlichen mit (und ggf. auch ohne) Migrationshintergrund in einem für den weiteren Bildungserfolg zentralen schulischen Fach zu erhöhen.

Literatur

August, Diane / Shanahan, Timothy (2006) (Hrsg.): Developing literacy in second-language learners. Report of the national literacy panel on language-minority children and youth, Lawrence Erlbaum Associates, New Jersey.

Autorengruppe Bildungsberichterstattung (2010): Bildung in Deutschland 2010. Ein indikatorengestützter Bericht mit einer Analyse zu Perspektiven des Bildungswesens im demografischen Wandel, Bertelsmann Verlag, Bielefeld.

Barwanietz, Tobias (2005): Die Förderung der Modellierungsfähigkeit im Mathematikunterricht der Grundschule – Der Einfluss alltagsnaher und abstrakt-symbolischer Handlungsorientierung auf die mathematische Modellierungsfähigkeit und die Lernmotivation von Grundschulkindern, Unveröffentlichte Dissertation, Universität Regensburg.

Bernardo, Allan (1999): Overcoming obstacles to understanding and solving word problems in Mathematics, in: Educational Psychology, 19(2), 149–163.

Bernardo, Allan (2005): Language and modeling word problems in Mathematics among bilinguals, in: The Journal of Psychology, 139(5), 413–425.

Blum, Werner / Drüke-Noe, Christina / Hartung, Ralf / Köller, Olaf (2006) (Hrsg.): Bildungsstandards Mathematik: konkret. Sekundarstufe I. Aufgabenbeispiele, Unterrichtsanregungen, Fortbildungsideen, Cornelsen, Berlin.

Bos, Wilfried / Hornberg, Sabine / Arnold, Karl-Heinz / Faust, Gabriele / Fried, Lilian / Lankes, Eva-Maria / Schwippert, Knut / Valtin, Renate (2007) (Hrsg.): IGLU 2006. Lesekompetenzen von Grundschulkindern in Deutschland im internationalen Vergleich, Waxmann, Münster u.a.

Briars, Diane J. / Larkin, Jill H. (1984): An integrated model of skill in solving elementary word problems, in: Cognition and Instruction I, 245–296.

Caledon-Pattichis, Sylvia (2004): Alternative secondary mathematics programs for migrant students: cultural and linguistic considerations, in: Scholars in the field: the challenges of migrant education, Education Resource Information Center report (ERIC), 197–210.

Carpenter, Thomas P. / Kepner, Henry / Corbitt, Mary K. / Lindquist, Mary M. / Reys, Robert E. (1980): Results and implications of the second NAEP Mathematics assessments: Elementary school, in: Arithmetic Teacher, 27, 10–12, 44–47.

Collier, Virginia / Thomas, Wayne (1995): Language minority student achievement and program effectiveness. Research summary on ongoing study, George Mason University, Fairfax.

Cummins, James (1979): Linguistic interdependence and the educational development of bilingual children, in: Review of Educational Research, 49/79, 222–251.

Cummins, James (2000): Language, power, and pedagogy: Bilingual children in the crossfire, Multilingual Matters, Clevedon, England.

Diefenbach, Heike (2005): Determinanten des Bildungserfolgs unter besonderer Berücksichtigung intergenerationaler Bildungstransmission, in: Diehl, Claudia / Haug, Sonja (Hrsg.): Bildung als Privileg, VS Verlag für Sozialwissenschaften, Wiesbaden, 133–157.

Diefenbach, Heike (2010): Kinder und Jugendliche von Migrantenfamilien im deutschen Bildungssystem. Erklärungen und empirische Befunde, VS Verlag für Sozialwissenschaften, Wiesbaden.

Dörfler, Willibald. (1988): Begriff als Tätigkeitsstruktur – Zur Unterscheidung von empirischem und theoretischem Begriff, in: Bender, Peter (Hrsg.): Mathematikdidaktik: Theorie und Praxis, Cornelsen, Berlin, 29–36.

Duarte, Joana (2011): Bilingual language proficiency. A comparative study, Waxmann, Münster u.a.

Fuchs, Marek / Sixt, Michaela (2007): Zur Nachhaltigkeit von Bildungsaufstiegen. Soziale Vererbung von Bildungserfolgen über mehrere Generationen, in: Kölner Zeitschrift für Soziologie und Sozialpsychologie, 1, 1–29.

Gellert, Uwe (2008): Mathematikspezifische schulische Bildungssprache im Schuleingangsalter, in: Ramseger, Jörg / Wagener, Matthea (Hrsg.): Chancenungleichheit in der Grundschule. Ursachen und Wege aus der Krise, VS Verlag für Sozialwissenschaften, Wiesbaden, 207–210.

Gogolin, Ingrid (2004): Lebensweltliche Mehrsprachigkeit, in: Bausch, Karl-Richard / Königs, Frank G. / Krumm, Hans-Jürgen (Hrsg.): Mehrsprachigkeit im Fokus, Gunther Narr Verlag, Tübingen, 55–61.

Gogolin, Ingrid (2006): Bilingualität und die Bildungssprache der Schule, in: Mecheril, Paul / Quehl, Thomas (Hrsg.): Die Macht der Sprachen. Englische Perspektiven auf die mehrsprachige Schule, Waxmann, Münster u.a., 79–85.

Gogolin Ingrid (2010): Was ist Bildungssprache?, in: Grundschule Deutsch, 4, 4–5.

Gogolin, Ingrid / Kaiser, Georg / Roth, Hans-Joachim / Deseniss, Astrid / Hawighorst, Britta / Schwarz, Inga (2004): Mathematiklernen im Kontext sprachlich-kultureller Diversität. Abschlussbericht. Verfügbar unter http://www.erzwiss.uni-hamburg.de/personal/gogolin/mathe/Bericht-Mathe.pdf (Zugriff 06.04.2011).

Gogolin, Ingrid / Lange, Imke (2010): Bildungssprache und durchgängige Sprachbildung, in: Fürstenau, Sara / Gomolla, Mechtild (Hrsg.): Migration und schulischer Wandel: Mehrsprachigkeit, VS Verlag für Sozialwissenschaften, Wiesbaden, 107–127.

Gogolin, Ingrid / Roth, Hans-Joachim (2007): Bilinguale Grundschule: Ein Beitrag zur Förderung der Mehrsprachigkeit, in: Anstatt, Tanja (Hrsg.): Mehrsprachigkeit bei Kindern und Erwachsenen. Erwerb, Formen, Förderung, Narr Francke Attempo Verlag, Tübingen, 31–45.

Habermas, Jürgen (1977): Umgangssprache, Wissenschaftssprache, Bildungssprache, Jahrbuch 1977, Max-Planck-Gesellschaft, Vandenhoeck & Ruprecht, Göttingen, 36–51.

Halliday, Michael A. K. (1989): Spoken and Written Language, Oxford University Press, Oxford.

Halliday, Michael A. K. (1994): An introduction to Functional Grammar, Edward Arnold, London.

Heinze, Aiso / Herwartz-Emden, Leonie / Reiss, Kristina (2007): Mathematikkenntnisse und sprachliche Kompetenz bei Kindern mit Migrationshintergrund zu Beginn der Grundschulzeit, in: Zeitschrift für Pädagogik, 53(4), 562–581.

Kaiser, Gabriele / Schwarz, Inga (2009): Können Migranten wirklich nicht rechnen? Zusammenhänge zwischen mathematischer und allgemeiner Sprachkompetenz, in: Friedrich-Jahresheft Migration, 68–69.

Kintsch, Walter (1987): Understanding word problems: linguistic factors in problem solving, in: Nagano, Makoto (Hrsg.): Language and artificial intelligence, North Holland, Amsterdam, 197–208.

Kintsch, Walter / Greeno, James (1985): Understanding and solving word arithmetic problems, in: Psychological Review, 92, 109–129.

Krashen, Stephen (2003): Explorations in language acquisition and use, Heinemann, Portsmouth.

Maier, Hermann / Schweiger, Fritz (1999) (Hrsg.): Mathematik und Sprache: Zum Verstehen und Verwenden von Fachsprache im Mathematikunterricht, oebv & hpt Verlagsgesellschaft, Wien.

Malle, Günther (1993): Didaktische Probleme der elementaren Algebra, Vieweg, Braunschweig.

Müller, Andrea / Stanat, Petra (2006): Schulischer Erfolg von Schülerinnen und Schülern mit Migrationshintergrund: Analysen zur Situation von Zuwanderern aus der ehemaligen Sowjetunion und aus der Türkei, in: Baumert, Stanat / Watermann (Hrsg.): Herkunftsbedingte Disparitäten im Bildungswesen. Vertiefte Analysen im Rahmen von PISA 2000, VS Verlag, Wiesbaden, 221–255.

Nesher, Perla / Teubal, Eva (1975): Verbal cues as an interfering factor in verbal problem solving, in: Educational Studies in Mathematics, 6, 41–51.

Pimm, David (1987): Speaking Mathematically, Routledge and Kegan Paul, London.

PISA-Konsortium Deutschland (2007) (Hrsg.): PISA 2006: Die Ergebnisse der dritten internationalen Vergleichsstudie, Waxmann, Münster u.a.

Reusser, Kurt (1988): Problem solving beyond the logic of things: contextual effects on understanding and solving word problems, in: Instructional Science, 17, 309–338.

Reusser, Kurt (1990): From text to situation to equation: Cognitive simulation of understanding and solving mathematical word problems, in: Mandl, Heinz / De Corte, Erik / Bennett, Neville S. / Friedrich, Helmut F. (Hrsg.): Learning and instruction in an international context, Pergamon, New York, 477–498.

Reusser, Kurt (1997): Erwerb mathematischer Kompetenzen: Literaturüberblick, in: Weinert, Franz / Helmke, Andreas (Hrsg.): Entwicklung im Grundschulalter, Beltz / Psychologie Verlags Union, Weinheim, 141–155.

Riley, Mary S. / Greeno, James G. (1988): Developmental analysis of understanding language about quantities and of solving problems, in: Cognition and Instruction, 5(1), 49–101.

Riley, Mary S. / Greeno, James G. / Heller, Kurt A. (1983): Development of children's problem solving ability in arithmetic, in: Ginsburg, Herbert (Hrsg.): The Development of Mathematical Thinking, Academic Press, New York., 153–196.

Rösch, Heidi (2003) (Hrsg.): Deutsch als Zweitsprache. Grundlagen, Übungsideen, Kopiervorlagen zur Sprachförderung, Schroedel, Hannover.

Rösch, Heidi (2005) (Hrsg.): Deutsch als Zweitsprache. Sprachförderung in der Sekundarstufe I: Grundlagen – Übungsideen – Kopiervorlagen, Schroedel, Braunschweig.

Sachverständigenrat deutscher Stiftungen für Integration und Migration (2010) (Hrsg.): Einwanderungsgesellschaft 2010. Jahresgutachten 2010 mit Integrationsbarometer, Sachverständigenrat deutscher Stiftungen für Integration und Migration, Berlin.

Schleppegrell, Mary J. (2004): The language of schooling: A functional linguistics perspective, Lawrence Erlbaum Associates, Mahwah, New Jersey.

Schmitman gen. Pothmann, Angela (2008): Mathematiklernen und Migrationshintergrund. Quantitative Analysen zu frühen mathematischen und (mehr)sprachlichen Kompetenzen, Unveröffentlichte Dissertation, Carl von Ossietzky Universität, Oldenburg.

Schneeberger, Martin (2009): Verstehen und Lösen von mathematischen Textaufgaben im Dialog. Der Erwerb von Mathematisierungskompetenz als Initiation in eine spezielle Diskurspraxis, Waxmann, Münster u.a.

Schründer-Lenzen, Agi (2008): Erklärungskonzepte migrationsbedingter Disparitäten der Bildungsbeteiligung, in: Ramseger, Jörg / Wagener, Matthea (Hrsg.): Chancenungleichheit in der Grundschule: Ursachen und Wege aus der Krise, VS Verlag für Sozialwissenschaften, Wiesbaden, 107–116.

Schütte, Marcus (2009): Sprache und Interaktion im Mathematikunterricht der Grundschule. Zur Problematik einer Impliziten Pädagogik für schulisches Lernen im Kontextsprachlich-kultureller Pluralität, Waxmann, Münster u.a.

Stanat, Petra / Christensen, Gayle (2006): Where Immigrant Students Succeed: A Comparative Review of Performance and Engagement in PISA 2003, Organisation for Economic Co-operation and Development, Paris.

Stergiani, Kostopoulou (2010): The academic language demands of the Irish post-primary curriculum and English language support for immigrant students, Trinity College, Dublin, Ireland.

Stern, Elsbeth (1992): Warum werden Kapitänsaufgaben „gelöst"? Das Verstehen von Textaufgaben aus psychologischer Sicht, in: Der Mathematikunterricht, 4, 7–29.

Verschaffel, Lieven / Greer, Brian / De Corte, Eric (2000): Making Sense of Word Problems, Swets & Zeitlinger, Lisse.

Walther, Gerd / Granzer, Dietlinde / van den Heuvel-Panhuizen, Marja / Köller, Olaf (2008) (Hrsg.): Bildungsstandards für die Grundschule: Mathematik konkret, Cornelsen, Berlin.

Yan, Wenfan / Lin, Qiuyun (2005): Parent involvement and mathematics achievement: Contrast across racial and ethnic groups, in: Journal of Educational Research, 99, 116–127.

Sach- und Textaufgaben im Mathematikunterricht als Herausforderung für mehrsprachige Kinder

Heidi Rösch & Jennifer Paetsch

Zusammenfassung: Ausgehend von der sprachlichen Heterogenität, die mittlerweile in deutschen Schulen zur Regel geworden ist und verschiedene Formen von Mehrsprachigkeit beinhaltet, werden die Herausforderungen für das Deutsche als Bildungssprache beschrieben und die in der Praxis ermittelten Stolpersteine für Kinder mit Deutsch als Zweitsprache benannt, die für jeden Fachunterricht relevant sind. Anschließend wird die Rolle der Sprache im Mathematikunterricht beleuchtet und unter dem Aspekt der Mehrsprachigkeit konkretisiert. Anhand empirischer Ergebnisse wird aufgezeigt, dass eine nicht ausreichende sprachliche Kompetenz von Kindern nichtdeutscher Herkunftssprache den Erwerb mathematischer Kompetenzen beeinträchtigt. Im Zentrum steht die besondere Herausforderung, die Sach- und Textaufgaben durch ihre kontextreduzierte und abstrakte Form des Sprachgebrauchs darstellen. Diese wird zunächst entlang des Forschungsstands referiert und anschließend anhand konkreter Beispiele exemplifiziert. Abschließend wird ein grober Orientierungsrahmen für den Unterricht skizziert.

1   Sprachliche Heterogenität als Unterrichtsbedingung

Der Begriff sprachliche Heterogenität verweist auf die verschiedenen Facetten von Spracherwerbsbiografien von Kindern und Jugendlichen in deutschen Schulen: Neben einsprachig deutsch sozialisierten Kindern besuchen zwei- oder mehrsprachig sozialisierte Kinder die Schule. All diese Kinder bringen unterschiedlich weit entwickelte Sprachkompetenzen mit und sind auch unterschiedlich erfolgreich in ihrer weiteren Entfaltung. Im Unterschied zu Einsprachigen muss bei Mehrsprachigen die Sprachkompetenz differenziert nach Sprachen und in Abhängigkeit von der Form der Mehrsprachigkeit betrachtet werden: Zu unterscheiden ist doppelter Erstspracherwerb, bei dem die Kinder zwei und mehr Sprachen von Geburt an erlernen, und Zweitspracherwerb, bei dem ab dem Kindergartenalter oder einem späteren Zeitpunkt bis hin zum Erwachsenenalter eine Zweitsprache erworben wird. Bei der zuletzt genannten Personengruppe hängt der erreichte Stand in DaZ (Deutsch als Zweitsprache) u.a. von den Kontaktjahren mit der deutschen Sprache, von der Qualität und Intensität des Inputs und der Interaktion mit Sprecherinnen und Sprechern der Zielsprache ab.

Beide Formen, sowohl doppelter Erstspracherwerb als auch der später einsetzende Zweitspracherwerb, können dazu führen, dass Kinder und Jugendliche je nach Sozialisations- und Bildungsbedingungen eine parallele oder funktionale Mehrsprachigkeit ausbilden. Funktionale Mehrsprachigkeit bedeutet, dass bestimmte Sprachdomänen funktional in nur einer der beiden Sprachen ausgebildet werden (vgl. Oksaar 2003). Diese Form der Mehrsprachigkeit ist in Einwanderungsgesellschaften, die auf eine systematische Entfaltung der mitgebrachten Sprachen in Bildungskontexten verzichten, weit verbreitet. Denn schulische Mehrsprachigkeitsprogramme befassen sich in aller Regel mit prospektiver, durch Bildungsangebote zu entwickelnder Mehrsprachigkeit und vernachlässigen dabei die bereits vorhandene retrospektive Mehrsprachigkeit, die vor allem Kinder mit Migrationshintergrund mitbringen (vgl. Hu 2003).

Das ist der Grund, warum Kinder mit Migrationshintergrund oft nicht mehrsprachig im engeren Sinn sind, sondern über eine „Quersprachigkeit" (List / List 2001) verfügen; mit einem „fruchtbaren Potential, die symbolischen Dienste unterschiedlicher Medien und Register zu erkennen, zwischen ihnen zu unterscheiden, sie womöglich selbst zu mischen oder abwechselnd zu benutzen und quer durch sie hindurch zu handeln" (List / List 2001, S. 133). Dabei erscheint das Deutsche als „Hybridsprache" (Riemer 2004), die durch Mischungen, Übernahmen aus anderen Sprachen, Neuschöpfungen etc. gekennzeichnet ist und sich außerdem deutlich von der schulisch geforderten Bildungssprache unterscheidet.

1.1   Herausforderung Bildungssprache

Der Begriff Bildungssprache (vgl. Fürstenau 2007) verweist auf eine nicht genau zu definierende, in Bildungskontexten gebrauchte, akademische Sprache, die sich ähnlich wie das Gegensatzpaar Mündlichkeit und Schriftlichkeit (vgl. Koch / Österreicher 1985) nur durch vage Vergleiche von der Alltags- bzw. einer basalen, einfachen Sprache abgrenzen lassen. Im Wesentlichen geht es um einen differenzierteren Wortschatz, komplexere Sätze, anspruchsvollere Texte und durch raumzeitliche Distanz geprägte Kommunikationssituationen, in denen sprachliche Mittel und Strukturen verwendet werden, mit denen komplexe und abstrakte Inhalte unabhängig von der konkreten Interaktionssituation ausgedrückt werden können. Die Fähigkeit sich in solchen Kommunikationssituationen bewegen zu können beschreibt Cummins in seinem Konzept als „academic language proficiency", als Fähigkeit, komplexe Inhalte sprachlich explizit zu verhandeln (vgl. Cummins 2000). Bildungssprache kommt in schulspezifischen Sprachhandlungen wie Beschreiben, Erklären, Nacherzählen, Zusammenfassen, Argumentieren, Beurteilen oder Erörtern zur Anwendung, ist aber nicht an fachliche Inhalte gebunden. Es ist durchaus möglich, über Alltagserfahrungen bildungssprachlich und über fachliche Themen alltagssprachlich zu kommunizieren.

Genau wie mit dem Begriff Fachsprache ist mit Bildungssprache ein bestimmtes Register gemeint, das nicht auf Lexik beschränkt ist, sondern elaborierte Sprachmittel zur Konstruktion von über die konkrete Situation hinausgehender Bedeutung einschließt. Im Falle der Fachsprache handelt es sich dabei um den terminologisch normierten Fachwortschatz, den differenzierten Gebrauch von komplexen Wörtern wie Komposita sowie Prä- bzw. Suffixbildungen und des Nominalstils. Hinzu kommen unpersönliche Konstruktionen durch Passiv, Reflexiv- und Infinitivkonstruktionen und eine Deverbalisierung, d.h. eine Verlegung der Information vom verbalen in den nominalen Bereich. In fachspezifischen Textsorten wie Versuchsprotokollen in naturwissenschaftlichen Fächern, Text- und Sachaufgaben im Mathematikunterricht oder produktiven Aufgaben im Deutschunterricht werden Denk- und Mitteilungsstrukturen des Faches deutlich, die es im jeweiligen Fachunterricht zu vermitteln gilt.

In sprachlich heterogenen Lerngruppen ist zusätzlich zu klären, ob und in welchen Sprachen die Lernenden bildungs- und fachsprachliche Elemente mitbringen und in welchen Sprachen sie entwickelt werden (sollen). Dabei geht man heute davon aus, dass diese elaborierten Sprachkompetenzen nicht zwingend in der Erstsprache ausgebildet werden müssen, sondern es durchaus möglich, sie nur in der Zweitsprache zu erwerben und sie von der einen in die andere Sprache, also auch von der Zweit- auf die Erstsprache, zu übertragen. Allerdings ist es schwieriger elaborierte Sprachkompetenzen in der Zweitsprache zu vermitteln, vor allem in einem frühen Stadium des Zweitspracherwerbs oder wenn dieser von Fossilierung geprägt ist. DaZ-Kinder und -Jugendliche zeigen häufig bereits auf basaler Ebene Schwierigkeiten, sodass eine bildungssprachlich orientierte Bildung durchaus auch diese im Blick haben muss.

1.2 DaZ-Stolpersteine

Die DaZ-Stolpersteine sind bereits häufig beschrieben worden (vgl. z.B. Rösch 2003, 2005); sie betreffen Sprachrezeption und -produktion, wenn auch in unterschiedlicher Weise. Im Fokus steht nicht nur der Inhalts-, sondern auch der Strukturwortschatz, d.h. Pronomen und andere Proformen, Präpositionen, Konjunktionen, Adverbien und attributive Ergänzungen.

Oft zeigen sich Unsicherheiten beim Verstehen und im Gebrauch von formelhaften Wendungen wie ‚Zeit ist Geld‘ bildhaften Ausdrücken wie ‚Bücher verschlingen‘ oder fachsprachlichen Komposita wie ‚Wetterleuchten‘, Nominalisierungen wie ‚Rechnung‘ oder Teekesselchen wie ‚Tor‘. Im Bereich der Syntax stellt

bereits die Nominalphrase – zumal wenn sie mit Adjektiven kombiniert ist wie in
‚alte Gemäuer' – eine Herausforderung vor allem für die Sprachproduktion dar.
Große Schwierigkeiten bereiten Genus- und Kasusmarkierung sowie die Gestaltung
von Präpositionalphrasen und die Wortstellung im deutschen Satz, vor allem bei
mehrteiligen Verbparadigmen. Oft sind auch Schwierigkeiten mit der Orthografie
syntaktisch determiniert. Im Bereich der Pragmatik stellt der Registergebrauch eine
Hürde dar. Bezogen auf die Textkompetenz sind Satzverknüpfungen, Proformen,
Textsortenmerkmale, Anschlusskommunikation sowie die diskursive Planung und
das benötigte Weltwissen als Problemfelder zu benennen. (vgl. z.b. Schulz / Kersten / Kleissendorf 2009)

Diese Auflistung zeigt, dass alle sprachlichen Bereiche zu Stolpersteinen werden (können). Sie kommen in Lehrmaterialien und der Unterrichtskommunikation
häufig vor und stellen nicht nur für die Lernenden, sondern auch für die Lehrenden
eine große Herausforderung dar. Sind sie DaZ-didaktisch geschult, erkennen sie die
Stolpersteine und haben zwei Möglichkeiten, damit umzugehen:

– Sie können die Stolpersteine aus dem Weg räumen und den Lernenden eine
   vereinfachte Sprache anbieten (defensiver Ansatz).
– Oder sie machen sie zum Lerngegenstand und unterstützen die Lernenden darin,
   die Stolpersteine möglichst selbst zu überwinden (offensiver Ansatz).

Dass längerfristig nur der offensive Ansatz tragfähig ist, liegt auf der Hand. Wie
dieser allerdings zu realisieren ist, ist umstritten. Hier bewegen sich die Konzepte
zwischen externen und internen Organisationsformen, zwischen implizitem und
explizitem Sprachlernen, zwischen sprachsystematischem und fachbezogenem Lernen. Letzteres ist Gegenstand der BeFo-Interventionsstudie, die derzeit mit Berliner
Grundschulkindern durchgeführt wird und bei der je eine Gruppe von 130 Kindern
nicht- deutscher Herkunftssprache einmal in der Woche ein Jahr lang sprachsyste-
matisch bzw. fachbezogen gefördert wird, um empirisch zu prüfen, welcher Ansatz
welche Effekte erbringt (vgl. Rösch / Rotter 2010).

2   Die Rolle der Sprache im Mathematikunterricht

Mathematik als Wissenschaft von Quantität und Raum und ihrer symbolischen
Darstellung (Davis / Hersh 1996, S. 2) impliziert eine geringere Bedeutung sprachlicher Fähigkeiten im Vergleich zu anderen Disziplinen. Ein häufig anzutreffendes
Stereotyp ist z.B. die Behauptung, es gebe sogenannte einseitig mathematisch oder
einseitig sprachlich begabte Menschen. Sprache spielt jedoch eine Schlüsselrolle
im Unterrichten, Lernen, Verstehen und Kommunizieren von Mathematik und die

Anleitung zu mathematischen Denkprozessen findet größtenteils über die Unterrichtssprache statt. Mathematische Inhalte lassen sich ohne Sprache nicht verstehen und vermitteln, sie erhalten durch die Sprache erst ihre Bedeutung (vgl. Ellerton / Clarkson 1996).

> „Jedes Lernen ist eng mit Sprache verbunden. Der Sprache als Mittel des Verstehens und der Verständigung kommt daher eine Schlüsselstellung zu." (Ministerium für Schule und Weiterbildung des Landes Nordrhein-Westfalen 2008, S. 13)

Idealerweise lässt sich Mathematikunterricht als Gespräch auffassen, in dem die individuellen Sprech- und Denkweisen der Schülerinnen und Schüler durch Zuhören und Fragen erweitert werden, so dass sie sich die Inhalte erschließen können. Der Schüler eignet sich hierbei sukzessive mathematische Denkmuster und die sprachlichen Ausdrucksweisen, die zur angemessenen Kommunikation über mathematische Inhalte notwendig sind, an (Gallin / Ruf / Sitta 1985, S. 21f.).

2.1   Sprachliche Herausforderungen im Mathematikunterricht

Die Bedeutung mathematischer Symbole und Zeichen erschließt sich den Lernenden nicht aus ihrer Form allein, stattdessen muss der Zusammenhang zwischen Symbolen, Begriffen und Handlungen erst hergestellt werden. Eine zentrale Aufgabe des Mathematikunterrichtes besteht in der sprachlichen Vermittlung und Anleitung dieses Lernprozesses; unter Verwendung von Visualisierungen und bei Handlungserfahrungen in konkreten Situationen dient die Unterrichtssprache der Aufmerksamkeitsfokussierung, dem Anstoß zur Interpretation, der Kontrolle sowie der generalisierenden Reflexion (Maier / Schweiger 1999, S. 70). In Bereichen, in denen keine anschaulichen Modelle zur Verfügung stehen, kommt der Sprache zusätzlich die Funktion der verbalen Vermittlung der begriffsrelevanten Erfahrungen, verstanden als Impuls zu individueller Wissenskonstruktion, zu. Es ist hier die Aufgabe der Lehrkraft durch eine adäquate sprachliche Darstellung der Begriffsbedeutungen und Wissenselemente die Konstruktion von Wissen bei den Lernenden anzuregen. Die sprachliche Darstellung durch die Lehrkraft wird von den Schülerinnen und Schülern individuell unterschiedlich gedeutet, in Abhängigkeit von Vorwissen und Kontext. Erst durch die selbstständige Sprachverwendung können die Lernenden prüfen, ob ihr aufgebautes begriffliches Wissen von ihnen angemessen reproduziert, rekonstruiert oder transferiert wird (Maier / Schweiger 1999, S. 71). Für eine erfolgreiche Teilnahme an diesem Prozess ist die Beherrschung einer spezifischen Semantik allerdings auch schon eine Voraussetzung, denn die Möglichkeit zum Verständnis einer sprachlichen Erklärung ist nur gegeben, wenn weitgehend bekannte Begriffe verwendet werden. Schülerinnen und

Schüler mit unzureichender Beherrschung der Bildungssprache sind demnach in mehrfacher Hinsicht Schwierigkeiten bei der erfolgreichen Teilhabe am Mathematikunterricht ausgesetzt.

Bereits Schülerinnen und Schüler in der Grundschule sollten in der Lage sein, in angemessener Weise mathematische Inhalte zu kommunizieren. In den Bildungsstandards im Fach Mathematik für den Primarbereich (Jahrgangsstufe 4) (KMK 2004) ist dies in den Kompetenzbereichen „Kommunizieren" und „Argumentieren" festgelegt. Demnach sollen Kinder eigene Vorgehensweisen beschreiben und Lösungswege anderer verstehen und reflektieren sowie mathematische Fachbegriffe und Zeichen sachgerecht verwenden können. Außerdem sollen Kinder die Fähigkeit entwickeln, mathematische Aussagen zu hinterfragen, Zusammenhänge zu erkennen, Vermutungen zu entwickeln sowie Begründungen zu suchen und nachzuvollziehen (KMK 2004, S. 8). Diese Standards verdeutlichen die Bedeutung der Sprache für die erfolgreiche Teilnahme am kompetenzorientierten Mathematikunterricht; ein zeitgemäßer Mathematikunterricht fordert von den Kindern bereits in der Grundschule das Verfügen über sprachliche Mittel zum Argumentieren und Begründen.

Im schulischen Mathematikunterricht werden komplexe sprachliche Mittel eingesetzt (vgl. Abschnitt 1.1 zur Bildungssprache) und dies erfordert elaborierte sprachliche Fähigkeiten zum Verständnis und zur Produktion der dort verwendeten spezifischen Sprachform (Gellert 2008). Mathematik ist eine formale Sprache und das sprachliche Register der Mathematik ist mehr als nur Fachwortschatz, es beinhaltet außerdem spezifische Redewendungen und sprachliche Register des Argumentierens (Pimm 1987, S. 75ff.). Die Fachsprache der Mathematik zeichnet sich dadurch aus, dass deutlich mehr Nomen vorkommen als etwa in Prosatexten. Sie kommen häufig als Nominalisierung (z.B. Gleichung) und Attributierung (z.B. rechtwinkliges Dreieck) vor. Oft sind Fachbegriffe von der Alltagssprache oder benachbarten Disziplinen abzugrenzende Begriffe (z.B. Körper, Zylinder, Kurve), die im Fachkontext mit einer anderen Bedeutung belegt sind. Verben sind seltener und stehen etwa in Arbeitsanweisungen für Vorgänge (z.B. Addiere ...) oder behandeln Zustände wie Handlungen mathematischer Gegenstände (z.B. Die Gerade schneidet den Kreis, 2 teilt 12.).

Konjunktionen, die in der Allgemeinsprache üblich sind, provozieren Fehler, wenn man etwa die Aussagen „Es gibt Dreiecke mit einem rechten Winkel. Es gibt Dreiecke mit einem stumpfen Winkel" mit ‚und' verbindet, denn es gibt eben keine Dreiecke mit einem rechten und einem stumpfen Winkel.

Die mathematische Bildsprache (Grafiken, Skizzen, Diagramme etc.) fordert eine spezifische Lesekompetenz und spezifische Redemittel, die zur Verfügung gestellt und geübt werden müssen. Im Unterschied zur allgemeinsprachlichen Lesegewohnheit, bei der nach wenigen Wörtern Hypothesen über den weiteren Textverlauf gebildet und diese nur noch stichprobenartig überprüft werden, müssen mathematische Texte detailgenau gelesen werden.

Die mathematische Fachsprache ist durch griechische und lateinische Worte geprägt (z.B. addieren > lat. *addere*, hinzufügen; Logarithmus > Kompositum aus griech. *lógos* (Verhältnis, Berechnung) und *arithmós* (Zahl)). Im Anfangsunterricht und in der Sekundarstufe werden viele mathematische Fachausdrücke eingeführt, obwohl der Nutzen der neuen Begriffe den Lernenden häufig nicht verständlich gemacht werden kann. Allein im Bereich der Geometrie werden viele, den Schülerinnen und Schülern fremde Begriffe für die Benennung von Objekten eingeführt (z.B. Parallelogramm, Trapez). Die Fachwörter werden von den Schülerinnen und Schülern häufig ohne Sinnzusammenhang gelernt und demnach auch schnell wieder vergessen (Niederdrenk-Felgner 1997, S. 388). Sprachliche Verständnisschwierigkeiten entstehen nicht nur durch Unkenntnis der Fremdwörter, sondern auch durch die Verwendung von Begriffen, die sowohl im mathematikspezifischen Kontext, als auch im Alltag vorkommen und eine kontextspezifische Bedeutung aufweisen. Es können Bedeutungsinterferenzen zwischen Umgangs- und Fachsprache entstehen, wenn die fachliche von der alltagssprachlichen Bedeutung abweicht (Vollrath 1978, S. 5, Verboom 2008, S. 97). Beispielsweise bezeichnet das Wort „Seite" fachsprachlich den Teil einer geometrischen Figur; alltagsprachlich hingegen kann „Seite" vieles bedeuten, z.B. die Seite eines Buches, aber auch rechts oder links von etwas. Es ergeben sich für den Lernenden Schwierigkeiten in der Verwendung der Begriffe, wenn ihm die Unterschiede (z.B. eingeengte Bedeutung oder andere Bedeutung im Vergleich zur Alltagssprache) nicht bewusst sind (Vollrath 1978, S. 10).

Durch die lebensweltlich orientierten Sachaufgaben im aktuellen Mathematikunterricht wird aber oft auch die Alltagssprache zum Problem, weil diese auf den Schülerinnen und Schülern fremde Erfahrungsbereiche verweisen, wenn etwa in einer Aufgabe anhand deutscher Namen wie Karin, Hans usw. das Geschlechterverhältnis ermittelt werden soll und die Kinder den deutschen Mädchennamen Karin mit dem türkischen Jungennamen Karim verwechseln.

Insgesamt zeigt sich also die erfolgreiche Einführung neuer mathematischer Begriffe und der mit ihnen verbundenen Konzepte als abhängig von verbalen Bedeutungsbeschreibungen. Im Idealfall werden Bedeutungen in Gesprächen durch Zuhören und Fragen ausgehandelt, damit die Lernenden „die Grenzen seiner individuellen Sprech- und Denkmuster in Richtung auf seine Gesprächspartner hin zu überschreiten" vermag (Gallin et al. 1985, S. 21). Schülerinnen und Schüler, die nicht über die für verbale Bedeutungsaushandlungen erforderlichen bildungssprachlichen Fähigkeiten verfügen, sind demnach nicht in der Lage ein Verständnis neuer Begriffe zu erlangen.

2.2 Mehrsprachigkeit und der Erwerb mathematischer Kompetenzen

Ausgehend von der Betrachtung der sprachlichen Herausforderungen im Mathematikunterricht stellt sich die Frage, wie sich die Sprachfähigkeit auf den Erwerb mathematischer Kompetenzen auswirkt. Es ist bisher wenig empirisch untersucht, wie bildungssprachliche Kompetenzen den mathematischen Kompetenzerwerb beeinflussen. Die Schulleistungsstudien der letzten Jahre haben jedoch gezeigt, dass Schülerinnen und Schüler mit Migrationshintergrund im Durchschnitt ein deutlich geringeres mathematisches Kompetenzniveau erreichen als Schülerinnen und Schülern ohne Migrationshintergrund:

> „Jugendliche mit Migrationshintergrund erreichen international und in Deutschland ein geringeres Kompetenzniveau in Mathematik und auch in den anderen getesteten Domänen als Jugendliche ohne Migrationshintergrund. Dieser Abstand entspricht in einigen Staaten und auch in Deutschland der Kompetenzentwicklung von einem bis zu fast zwei Schuljahren." (Ramm / Prenzel / Heidemeier / Walter 2004, S. 271)

Diese Unterschiede bestehen auch nach Kontrolle des sozioökonomischen Status und verringern sich unter Berücksichtigung der Lesekompetenz (z.B. Baumert / Schümer 2001). Dies könnte ein Hinweis darauf sein, dass diese Nachteile auf Unterschiede in der Beherrschung der Instruktionssprache zurückzuführen sind. Inwieweit dies tatsächlich der Fall ist, konnte jedoch bislang nicht bestimmt werden. Diese Leistungsunterschiede sind auch schon in der Grundschulzeit zu beobachten; in der Internationalen Grundschul-Lese-Untersuchung IGLU wurde für Deutschland ein Zusammenhang zwischen mathematischer Kompetenz und dem Migrationsstatus für die Schülerinnen und Schüler der 4. Jahrgangsstufe nachgewiesen. Die Leistungsdifferenz beträgt schätzungsweise die Größenordnung eines Schuljahres (Bos et al. 2003, S. 286).

Allgemein wurde die Entwicklung von sprachlichen und mathematischen Kompetenzen in der Forschung lange getrennt voneinander behandelt. Erst in den letzten Jahren wird ihr Zusammenhang verstärkt untersucht. Die Anzahl belastbarer empirischer Studien ist jedoch klein (z.B. Leutner / Klieme / Meyer / Wirth 2004, Martiniello 2008, Schwenck / Schneider 2003 und Heinze et al. in diesem Band).

Zur Entwicklung konkreter Anhaltspunkte für die Ursachen der Leistungsdifferenzen zwischen Kindern deutscher und nicht-deutscher Herkunftssprache gilt es zunächst zu klären, welche besonderen sprachlichen Anforderungen es zu bewältigen gilt. Im Folgenden werden mathematische Sach- und Textaufgaben auf die zu ihrer Lösung benötigten sprachlichen Kompetenzen hin beleuchtet.

2.3   Sach- und Textaufgaben im Mathematikunterricht

Der Zusammenhang zwischen der Beherrschung von sprachlichen und mathematischen Kompetenzen zeigt sich deutlich bei der Betrachtung von Sach- und Textaufgaben; denn eine mathematische Textaufgabe kann nur erfolgreich bewältigt werden, wenn die wechselseitigen Bezüge innerhalb des Textes richtig verstanden werden (Maier 2006). Das Sachrechnen ist eine Anwendung des Rechnens, es zeigt den Kindern, dass Mathematik auch im Leben vorkommt und sie mathematisches Wissen verwenden können, um Probleme im Alltag zu lösen. Sachrechnen verfolgt unter anderem das Ziel, die mathematische Problemlöse- und Modellierungsfähigkeit zu fördern und somit „Kenntnisse zur Bewältigung von konkreten, lebensnahen Anforderungssituationen zu vermitteln" (Stern 1998, S. 84). Es sollen den Lernenden idealerweise Probleme aus Kontexten gestellt werden, die ihm aus der Alltagswelt bekannt sind, um den Zugang zu den mathematischen Inhalten zu verbessern sowie das Interesse an mathematisch lösbaren Fragestellungen zu steigern (Westermann 2003).

In der didaktischen Literatur werden klassicherweise drei Funktionen des Sachrechnens unterschieden, wobei verschiedene didaktische Zielsetzungen mit derselben Aufgabe verfolgt werden können (Winter 1985, S. 15ff., Franke / Ruwisch 2010, S. 24ff.):

– *Sachrechnen als Lernstoff:* Wissen über Größen aufbauen und Übung im Umgang mit Größen erlangen, z.B. Kenntnisse der Maßsysteme für Längen, Gewichte etc.
– *Sachrechnen als Lernprinzip:* Sachsituationen als Veranschaulichungsmöglichkeit für den Erwerb neuen mathematischen Wissens und als Anwendungs- und Übungsfeld für bereits erworbenes Wissen.
– *Sachrechnen als Lernziel:* Sachsituationen durch mathematisches Modellieren verstehen; lernen mathematische Modelle zu Situationen aufzubauen (d.h. mathematisieren); allgemeine Problemlösefähigkeiten entwickeln.

Sachrechnen als Lernziel ist die umfassendste Funktion des Sachrechnens, die beiden anderen Funktionen sind in ihr enthalten. Im Zentrum steht hierbei die Bildung eines geeigneten mathematischen Modells zu der vorgegebenen Situation. Wie der Modellbildungsprozess tatsächlich abläuft (deskriptive Sichtweise) ist bislang wenig empirisch untersucht (Borromeo Ferri 2006). Als normatives Modell zur Beschreibung der kognitiven Prozesse hat sich ein idealisierter Modellkreislauf etabliert, an dem sich die Prozesse veranschaulichen lassen (Blum / Borromeo Ferri 2009, S. 46). Demnach wird im Modellbildungsprozess in einem ersten Schritt die reale Situation (bzw. ihre mentale Repräsentation) durch Weglassen und Annehmen von Eigenschaften vereinfacht, um anschließend in ein mathematisches Modell übersetzt zu werden: Die Situation wird mathematisiert, d.h. es werden Verfahren gesucht, durch die sich die vereinfachte, reale Situation mathematisch darstellen lässt. Es wird eine mathematische Lösung mittels der Anwendung von z.b. Rechnungen, Termumformungen usw. ermittelt, wieder in die Realität übertragen und dort überprüft. Bei der Prüfung und Interpretation der Ergebnisse in der realen Situation zeigt sich, ob das mathematische Modell in Bezug auf die Problemstellung geeignet oder ob eine Veränderung vorzunehmen ist (vgl. auch Westermann 2003, Walther / Geiser / Langeheine / Lobemeier 2003).

Einem realen Modell kann in der Regel kein mathematisches Modell eindeutig zugeordnet werden; im schulischen Kontext wird jedoch häufig eine bereits kontextreduzierte Problemstellung (Sachrechnen als Übungsfeld, s.o.), mit dem Ziel arithmetische Fähigkeiten an interessanten Aufgaben zu üben, bearbeitet (Winter 1985, S. 30). In der Mathematikdidaktik wird traditionell zwischen den, einen komplexen Sachverhalt widerspiegelnden Sachaufgaben und den kontextreduzierten Textaufgaben unterschieden (Stern 1998, S. 84). Sachaufgaben knüpfen an authentische Situationen an, d.h. es werden in der Regel authentische Zahlen, Fakten und Größen zur Beschreibung der Problemsituation verwendet; solche Aufgaben werden auch als Anwendungsaufgaben bezeichnet (Franke / Ruwisch 2010, S. 31). Textaufgaben bezeichnen hingegen solche Aufgaben, in denen der Sachkontext bzw. das Sachproblem nebensächlich ist und deshalb die Komplexität der Realität nicht berücksichtigt wird. Sie dienen somit eher der Veranschaulichung eines bestimmten mathematischen Konzeptes und der Anwendung eines bestimmten mathematischen Modells (Stern 1998, S. 86, Franke 2003, S. 32ff.). Die Bezeichnungen und Klassifikationen von Aufgaben in der Literatur sind sehr heterogen und an dieser Stelle wird keine ausführliche Typisierung vorgenommen, sondern eine in Bezug auf sprachliche Anforderungen relevante einfache Unterscheidung getroffen. Der Begriff „Sachaufgabe" wird heutzutage häufig auch als Oberbegriff verwendet (Franke 2003, Bongartz / Verboom 2007). Einen Überblick zu traditionellen Einordnungen findet sich bei Franke (2003, S. 32ff.).

Textaufgaben kommen in der Regel mit einem Mindestmaß an Information aus, so wird auf der einen Seite sichergestellt, dass die Schülerinnen und Schüler mit der Situation vertraut sind; auf der anderen Seite sind die behandelten Probleme nicht sehr interessant (Franke 2003, S. 34) und bei sprachlichen Problemen haben die Lernenden hier keine Möglichkeit sich die Bedeutung aus dem Kontext zu erschließen. Eine umfangreiche und komplexe Auseinandersetzung mit realen Phänomenen im Rahmen des Sachrechnens ist sehr zeitaufwendig und kommt deshalb in der Praxis eher selten zur Anwendung (Bongartz / Verboom 2007). Die sprachlichen Anforderungen dieser „realen" Aufgaben sind in der Regel umfangreicher und setzen Alltagswissen (damit verbunden auch kontextgebundenen Wortschatz) voraus.

- Beispiel für eine Textaufgabe (Franke 2003, S. 34): Frau Schneider kauft für 88 € Vorhangstoff. Der Preis für 1 m beträgt 8 €. Wie viel Stoff hat Frau Schneider gekauft?
- Beispiel für eine Sachaufgabe (Schütte 2004, S. 45): *Ein Klassenfrühstück wird geplant. Zunächst muss die Anzahl der Brötchen und Getränke sowie der gewünschten und erforderlichen Lebensmittel und deren Kosten berechnet werden [...].*

In Sach- und Textaufgaben wird die Problemsituation den Lernenden in der Regel in schriftlicher Form präsentiert. Empirische Untersuchungen haben gezeigt, dass solche Aufgaben schlechter gelöst werden als die, zu den Textaufgaben rechnerisch äquivalenten, innermathematischen Aufgaben (ein Überblick findet sich bei Reusser 1997). Die erfolgreiche Bearbeitung der Sach- und Textaufgaben erfordert zusätzlich zu den arithmetischen unter anderem auch sprachliche Kompetenzen, um die Bedeutung der geschilderten Situation zu durchdringen. Anhand des Modellbildungskreislaufes lassen sich die kognitiven Anforderungen des Modellierungsprozesses zur Lösung einer Sach- bzw. Textaufgabe beschreiben (Borromeo Ferri 2006, S. 92, Prediger 2009, S. 6f.), wobei die Rolle der sprachlichen Kompetenzen im Rahmen des Lösungsprozesses bisher nicht systematisch untersucht wurde.

- Ausgangspunkt für das Lösen der Aufgabe ist die im Text beschriebene Situation. Die Lernenden müssen auf Basis ihres Textverständnisses ein adäquates mentales Situationsmodell konstruieren. Einschränkungen im Bereich des Wortschatzes und der Lesekompetenz führen hierbei zu erheblichen Schwierigkeiten, denn zur Lösung der Aufgabe muss sich der Lernende aufgrund der im Text beschriebenen Zusammenhänge die Situation vorstellen können. Die beschriebenen Zusammenhänge sowie die Fragen, die der Text aufwirft, müssen von den Schülerinnen und Schülern erfasst werden.

- Um das Situationsmodell mathematisieren zu können (Bildung eines mathematischen Modells) ist Vorwissen in Form von sog. Grundvorstellungen notwendig (Prediger 2009, S. 11). Mathematische Grundvorstellungen sind Wissenselemente, die es ermöglichen zu entscheiden, welche mathematischen Inhalte oder Verfahren zu einer Situation passen. Mathematische Begriffe sind in der Regel mit mehreren Grundvorstellungen verbunden und im Laufe der Schulzeit entwickelt sich ein Netzwerk von mathematischen Vorstellungen (vom Hofe 2003, S. 6). Da die Einführung neuer Begriffe im Mathematikunterricht an eine sprachliche Vermittlung gebunden ist (vgl. Abschnitt 2.1) sind Schülerinnen und Schüler mit geringen sprachlichen Kompetenzen in der Ausbildung ihrer

Grundvorstellungen besonderen Schwierigkeiten ausgesetzt und je weniger mathematische Begriffe adäquat durch mentale Repräsentationen abgebildet werden können, desto eher müssen sich die Lernenden an Regeln und Merksätzen orientieren, ohne deren Sinn zu verstehen (vom Hofe 2003, S. 7).

- Die innermathematische Verarbeitung erfolgt durch Ausrechnen.

- Das Ergebnis wird interpretiert und validiert, zum einen anhand des mathematischen Modells und zum anderen anhand der mentalen Repräsentation der im Text geschilderten Situation. An dieser Stelle sind ein gewisses Maß an Vorwissen zum beschriebenen Kontext sowie sprachlich-produktive Fähigkeiten zur Darstellung und Interpretation (z.b. Was bedeutet das Ergebnis?) des Ergebnisses notwendig.

- Die Lösung von Sach- und Textaufgaben erfordert also sprachliche und mathematische Verarbeitungsprozesse, die bei der Analyse von Ursachen der Schwierigkeiten von Kindern mit dem Lösen solcher Aufgaben beide berücksichtigt werden müssen. Franke (2003, S. 97) unterscheidet zwischen drei strukturellen, schwierigkeitsbestimmenden Faktoren, die zur Aufgaben- und Fehleranalyse herangezogen werden können:

- *Semantische Struktur:* Kinder benötigen ein gewisses Maß an Vorwissen zum Kontext (Erfahrungen zum Sachverhalt), um den Inhalt der Aufgabe verstehen und interpretieren zu können und um sie in ein entsprechendes Situationsmodell zu überführen. Bedeutungsinterferenzen und in der Aufgabenstellung vorhandene irrelevante Informationen stellen sprachliche Stolpersteine dar. Um die erforderlichen Rechenschritte zu erkennen (mathematisches Modell) sind passende Grundvorstellungen von mathematischen Objekten und Operationen zu aktivieren (mathematisches Vorwissen).

- *Sprachlich-syntaktische Struktur:* Längere Texte und komplexere Satzstrukturen stellen für Kinder sprachliche Hürden dar. Die Reihenfolge der Darbietung der relevanten Informationen, im Text enthaltene Schlüsselwörter sowie die Verwendung von Redewendungen beeinflussen den Schwierigkeitsgrad der Aufgabe.

- *Mathematische Struktur:* Die Schwierigkeit in Bezug auf die mathematische Operation einer Aufgabe wird variiert durch die Anzahl der benötigten Rechenoperationen, durch die Komplexität des anzuwendenden Algorithmus und durch die Größe der Zahlen.

Eine Strategie zur Aufgabenlösung bei bestehenden Verständnisproblemen stellt die unüberlegte Anwendung von Rechenoperationen dar, die aktuell im Unterricht bearbeitet werden. Dabei wird der beschriebene Sachverhalt nicht verstanden und es findet keine Übersetzung des realen Modells in ein mathematisches statt; stattdessen sucht das Kind nach Schlüsselwörtern und wendet eine ihm bekannte Rechenoperation an. Ein beliebtes Vorgehen der Kinder besteht beispielsweise darin, die Rechenoperation so auszuwählen, dass sie besonders gut zu den in der Aufgabe enthaltenen Zahlen passt, wenn z.b. zwei kleine Zahlen vorkommen, wird multipliziert und wenn eine große und eine kleine Zahl vorkommt, wird dividiert (Stern 1998, S. 87). Schülerinnen und Schüler, die sich an solchen Oberflächenmerkmalen orientieren, setzen sich nicht mit dem Inhalt der Sachaufgabe auseinander und üben in erster Linie ihre arithmetischen Fähigkeiten.

Die Expertise zur Vorbereitung des Förderungsprogramms „Steigerung der Effizienz des mathematisch-naturwissenschaftlichen Unterrichts" kommt zu dem Schluss, dass der Mathematikunterricht in Deutschland eine Orientierung an Oberflächenmerkmalen einer Aufgabe zur Lösung derselben, zu begünstigen scheint.

> „Die relativen Leistungsschwächen […] werden insbesondere bei Aufgaben sichtbar, die eine sinnvolle Anwendung und Übertragung des Gelernten auf neue innerfachliche oder außerfachliche Problemstellungen verlangen. Diese Aufgaben prüfen das Verständnis von Sachverhalten und dessen Flexibilität. Insbesondere sind anspruchsvollere Aufgaben, die den durchgenommenen Stoff auf lebenspraktische Situationen beziehen, für die meisten deutschen Schüler unlösbar." (Bund-Länder-Kommission-Projektgruppe 1997, S. 68)

Die Orientierung an Oberflächenmerkmalen würde demnach in dem stattfindenden Mathematikunterricht eine erfolgreiche Strategie für Kinder sein, insbesondere Schülerinnen und Schüler mit sprachlichen Problemen können durch Rückgriff auf diese Lösungsstrategie scheinbar erfolgreich am Unterricht teilnehmen. Es besteht die Gefahr, dass die besonderen Schwierigkeiten von Kindern nichtdeutscher Herkunftssprache mit Sach- und Textaufgaben den Lehrkräften verborgen bleiben und somit keine gezielte Förderung stattfindet, was die Chance auf den Schulerfolg in Mathematik in höheren Jahrgangsstufen für die betroffenen Schülerinnen und Schüler stark vermindert. Im Folgenden werden sprachliche Herausforderungen für Kinder nicht-deutscher Herkunftssprache an einigen Beispielen verdeutlicht.

2.4   Sprachliche Herausforderungen für mehrsprachige Kinder

- Tina und Esther sammeln Fußball-Bilder. Zusammen haben sie 25 Bilder. Tina hat 7 Bilder mehr als Esther. Wie viele Bilder hat Tina? (Aufgabe 1)
- Rolf braucht 6 neue Batterien für sein ferngesteuertes Auto. Eine Packung mit 8 Batterien kostet 4,80 €. Rolfs Schwester kauft ihm die übrigen Batterien ab. Wie viel muss sie ihm bezahlen? (Aufgabe 2)

- Die Klasse 4a plant einen Besuch im Kinder- und Jugendtheater. Der Eintritt
  beträgt für Kinder 3 €, für Erwachsene 6 €. Wie viel Geld müssen sie für 24
  Kinder und 8 Erwachsene an die Theaterkasse überweisen? (Aufgabe 3)
- Die Klasse 4a bezahlt für einen Klassenausflug, bei dem 24 Kinder und 8 Erwachsene teilnehmen, insgesamt 120 €. Ein Erwachsener zahlt doppelt so viel
  wie ein Kind. Was kostet der Klassenausflug für ein Kind? (Aufgabe 4)
- Die Klasse 3a macht einen Klassenausflug. Die Kinder fahren in einem roten
  und einem grünen Kleinbus. Im roten Bus sitzen 12 Kinder. Im grünen Bus sitzen 8 Kinder. Wie viele Kinder sitzen im roten Bus mehr als im grünen? (Aufgabe 5)
- Die Freunde Moritz und Torsten sparen zusammen auf ein ferngesteuertes Auto. Sie haben miteinander 34 € gespart. Moritz hat 19 € gespart. Wie viel hat
  Torsten gespart? (Aufgabe 6)
- Moritz und Torsten unternehmen eine Radtour. Am Vormittag schaffen sie 16
  Kilometer. Am Nachmittag kommen sie zurück und der Tacho zeigt 34 Kilometer an. Wie viele Kilometer haben Moritz und Torsten am Nachmittag mehr als
  am Vormittag geschafft? (Aufgabe 7)[1]

Alle sieben Aufgaben zeigen einen deutlichen Lebensweltbezug, wobei sich die
Hinweise auf Freizeitaktivitäten wie das Sammeln von Fußballbildern, eine Radtour planen oder mit einem ferngesteuerten Auto spielen eher auf ein bildungsnahes
Milieu beziehen und vermutlich eher Jungen als Mädchen ansprechen, auch wenn
es Mädchen sind, die hier die Fußballbilder sammeln. Dass Kinder mit Migrationshintergrund nicht explizit in den Blick genommen werden, zeigen auch die gewählten Namen. Sicher fahren auch Kinder mit Migrationshintergrund Rad, aber ob sie
einen Tacho bzw. den Begriff Tacho kennen, ob sie Radtouren planen, müsste geprüft werden. Gleiches gilt für das Abkaufen übriger Batterien innerhalb einer Familie – ein solches Verhalten scheint mir in Familien türkischer Herkunft eher un-
typisch zu sein. Da Kinder, denen solche Lebensweltbezüge vertraut sind, sicher
einen leichteren Zugang zu der zu lösenden Aufgabe finden als Kinder mit anderen
Erfahrungen, stellen solche, auf bestimmte kulturelle Milieus zugeschnittenen Aufgaben für Kinder anderer Milieus eine größere Herausforderung dar.

Die Sprache ist vor allem im Blick auf Kinder des angesprochenen Milieus alltagssprachlich, denn diese erkennen Abkürzungen wie Tacho, umgangssprachliche

1 Quellen: Granzer, Dietlinde. / Reiss, Kristina / Winkelmann, Henrik / Robitzsch, Alexander / Köller,
  Olaf / Walther, Gerd (2008): Bildungsstandards: Kompetenzen überprüfen. Grundschule Mathema-
  tik, 3. – 4. Schuljahr, Cornelsen, Berlin, S. 38 (Aufgabe 1), S. 58 (Aufgabe 2).
  Schütte, Sybille (2003): Arbeitsheft zu Matheprofis 4, Oldenbourg Schulbuchverlag, München, S. 58
  (Aufgabe 3 und 4).
  Barwanietz, Tobias (2005): Die Förderung der Modellierungsfähigkeit im Mathematikunterricht der
  Grundschule. Dissertation, Universität Regensburg, S. 102 (Aufgabe 5 und 6), S. 103 (Aufgabe 7).

Redewendungen wie die Umkehrung von ‚Kinder zahlen die Hälfte' wieder. Ein weiteres Indiz für Einfachheit, von der alle Kinder profitieren, sind die kurzen Sätze und die Wiederholung von Verben wie ‚sitzen' in Aufgabe 5, ‚sparen' in Aufgabe 6 und ‚schaffen' in Aufgabe 7 – zumal diese auch in der zur Rechnung auffordernden Frage vorkommen. Komplexere Redemittel wie ‚am Klassenausflug teilnehmen', ‚an die Theaterkasse Geld überweisen' oder ‚der Eintritt beträgt' signalisieren bildungssprachliche Ansprüche. Ob diese zu einem Problem für die Kinder werden, hängt von deren Erfahrungshintergrund ab. Insgesamt wird allerdings auf unnötige Informationen verzichtet, die Kinder werden sehr strikt zum Addieren bzw. Subtrahieren aufgefordert. Die W-Fragen am Ende liefern bereits eine Vorlage für die Antwort – sofern Kinder in der Lage sind, aus solchen Fragen Antwortsätze zu konstruieren.

Aufgabe 5 ist klar formuliert, auch wenn der einführende Satz mit dem Hinweis auf den Ausflug eigentlich überflüssig ist. Es hätte gereicht zu sagen: In einem roten Bus sitzen 12 Kinder, in einem grünen Bus sitzen 8 Kinder. Wie viele Kinder sitzen im roten Bus mehr als im grünen? Die Antwort kann wörtlich abgeleitet werden: 4 Kinder sitzen im roten Bus mehr als im grünen. Dabei kann sogar die Wortstellung beibehalten werden. Wenn die Kinder aber formulieren: Im roten Bus sitzen 4 Kinder mehr als im grünen, muss die Verbzweitstellung in Aussagesätzen beherrscht werden.

Oft sind allerdings die formulierten Fragen problematisch. So lautet die Frage in Aufgabe 3: Wie viel Geld müssen sie für 24 Kinder und 8 Erwachsene an die Theaterkasse überweisen? Die erwartete Antwort müsste lauten: Sie müssen 120 € überweisen. Allerdings ist völlig unklar, wer mit *sie* eigentlich gemeint ist. Denn im einleitenden Satz ist von der Klasse 4a und damit einem Subjekt im Singular die Rede und von Eintrittskosten für Kinder und Erwachsene, also Personen im Plural, die aber in einer Präpositionalphrase stehen und damit nicht Subjekte sind. Wer überweist nun die Eintrittskosten: die Klasse 4a? Dann müsste gefragt werden: Wie viel Geld muss sie (die Klasse oder die Klassenlehrerin oder ein Elternvertreter oder …) an die Theaterkasse überweisen? Oder überweisen alle Kinder und alle Erwachsene das Geld – einzeln oder, was wohl eher gemeint ist, gemeinsam? Dann sollte es aber heißen: Wie viel Geld müssen alle 24 Kinder und 8 Erwachsene zusammen überweisen? Die Formulierung ist so indifferent, dass man auch antworten könnte: Jedes Kind überweist 3 € und jeder Erwachsene 6 €. Das kann passieren, wenn Kinder die Frage zu wörtlich nehmen und den lebensweltlichen Kontext nicht wahrnehmen (können). Solche ungenauen Frageformulierung setzen darauf, dass die Kinder aufgrund ihres Weltwissens schon erkennen, wonach gefragt ist. Haben Kinder dieses Weltwissen aber nicht, so kann es zu Verstehensproblemen führen.

Doch woran erkennen die Kinder, welche Rechenoperation sie ausführen müssen? In Aufgabe 1 signalisieren die beiden Namen und vor allem der durch ‚mehr als' angedeutete Vergleich, dass es um eine Subtraktion geht. Aufgabe 5 ist ähnlich aufgebaut, auch hier geht es um ‚mehr als' und damit einen Vergleich zwischen Kindern in einem roten und einem grünen Bus. Schwieriger ist das in Aufgabe 6, in der zwei Freunde zusammen auf ein ferngesteuertes Auto sparen. Es soll ermittelt werden, wer wie viel gespart hat, obwohl es vielleicht viel interessanter wäre, zu erfahren, wie viel sie noch sparen müssen, um das begehrte Auto auch kaufen zu können. Doch es geht um die Sparbeiträge – genauer den Sparbeitrag von Torsten. Um diesen zu errechnen, muss die Differenz zwischen dem ‚miteinander' gesparten und dem von Moritz gesparten Betrag gebildet werden. Der Verstehensprozess wird durch die oben schon genannte mehrfache Verwendung des Verbs ‚sparen' unterstützt. Zusätzlich müssen die Kinder verstehen, dass ‚miteinander' hier bedeutet, dass jeder einen Teil beiträgt und es offensichtlich sehr wichtig ist, wie viel jeder eingebracht hat.

In dieser Aufgabe könnte der Hinweis auf das ferngesteuerte Auto entfallen, denn dies spielt für die Rechnung eigentlich keine Rolle. Ähnlich ist es in Aufgabe 2: Das ferngesteuerte Auto soll Interesse wecken, kann aber auch Verwirrung stiften, wenn das Genannte entweder unbekannt ist oder aber keine Begehrlichkeit weckt. In Aufgabe 2 geht es um eine Packung mit 8 Batterien, von denen Rolf aber nur 6 braucht und den Rest seiner Schwester verkauft. Es heißt: Rolfs Schwester kauft ihm die übrigen Batterien ab. Wie viel muss sie ihm bezahlen? Die Rechnung ist komplizierter als in den anderen Aufgaben, denn sie erfordert einen Dreisatz. Auch sprachlich ist die Aufgabe komplexer formuliert. Es kommen Pronomen (sein, sie, ihm), das Modalverb ‚muss', das trennbare Verb ‚abkaufen' und Adjektive ‚neue', ‚ferngesteuerte' und ‚übrige' vor, die für DaZ-Kinder ein Hindernis darstellen können. Verstehen die Kinder die Pronomen nicht, können sie Zuordnungen nicht vornehmen. Überlesen sie den Hinweis auf abkaufen oder missverstehen sie ihn als kaufen oder verkaufen, wird das Verständnis schwierig. Auch müssen sie die übrigen Batterien als die zu viel gekauften 2 Batterien identifizieren. Hinzu kommt, dass die Aufforderung zum Dreisatz in einer längeren Abhandlung verpackt ist: Rolf braucht 6 Batterien, kauft aber offensichtlich eine Packung mit 8, was nur indirekt formuliert wird (und nicht wirklich einsichtig ist, denn es gibt auch 6-er Packungen). Nun kommt seine Schwester ins Spiel, die ihm die übrigen Batterien abkauft. Erst wenn all diese Angaben verstanden worden sind, kann die Rechenoperation beginnen.

In Aufgabe 4 steckt eine wichtige Information – nämlich die Anzahl der Kinder und Erwachsenen – in einem Relativsatz, dessen Bezug zum Klassenausflug die Kinder erkennen müssen. Ansonsten ist die Formulierung einfach und damit klar verständlich, obwohl die Rechnung anspruchsvoll ist, denn die Kinder müssen schlussfolgern, dass sie die Erwachsenenzahl verdoppeln müssen, weil die ja auch doppelt bezahlen und man so eben 120 € durch 40 teilen muss, um auf den Eintrittspreis für ein Kind zu kommen. In dieser Aufgabe stellt die mathematische Operation die Herausforderung dar. Sie enthält keine kulturellen Fallstricke, keine besonderen sprachlichen Herausforderungen, sondern erscheint als angemessene, auf die mathematische Struktur konzentrierte Aufgaben.

3   Orientierungsrahmen für den Unterricht

Die Gestaltung eines sprachsensiblen Mathematikunterrichts bezieht sich auf den defensiven und offensiven Umgang mit den Herausforderungen, die Sach- und Textaufgaben stellen. Von den drei strukturellen, schwierigkeitsbestimmenden Faktoren von Text- und Sachaufgaben (vgl. Abschnitt 2.3) sind die *semantische Struktur* und die *sprachlich-syntaktische Struktur* relevant, um Hinweise für einen sprachsensiblen Unterricht zu erlangen.

Semantische Struktur
Es hat sich gezeigt, dass die Leistungen der Kinder im Bearbeiten von Sach- und Textaufgaben besser werden, wenn Aufgaben in für sie interessanten Kontexten dargestellt werden. Ob Aufgaben dem Erfahrungsbereich der Kinder entstammen, ist vor dem Hintergrund der Mehrsprachigkeit und der kulturellen Unterschiede der Schülerinnen und Schüler allerdings kritisch zu hinterfragen. Eine kritische Lesart von Aufgaben, die nur bestimmte Milieus ansprechen oder Unklarheiten provozieren, unterstützt eine differenzierte Haltung gegenüber gestellten Aufgaben und vermittelt gleichzeitig Einblick in die Bedeutung von Sprache und Sprachverwendung. Besondere Aufmerksamkeit sollte auf mögliche Bedeutungsinterferenzen gelenkt werden. Der Transfer vorhandener Aufgaben in andere, den Schülerinnen und Schülern bekannte Lebenswelten unterstützt und überprüft den Verstehensprozess und schafft ein höheres Maß an Bereitschaft, sich auf die Aufgaben einzulassen, und fördert unter Umständen die Identifikation und Erkenntnis, dass Mathematik auch für das eigene Leben Relevanz besitzt.

Die Förderung der bereichsspezifischen Lesekompetenz bezogen auf Sach- und Textaufgaben kann durch eine schrittweise Vermittlung von gezielten Texterschließungsstrategien erfolgen. Bearbeitungshilfen zur Texterschließung stellen die Aktivierung des Vorwissens, das mehrmalige Lesen mit verschiedenen Fragestellungen, das Nacherzählen von Sachaufgaben, das Unterstreichen und Markieren von wichtigen Textstellen, das Herausschreiben von Informationen, das Umformulieren der Aufgabe, und das neu Erfinden von Sachrechenaufgaben dar (Bongartz /

Verboom 2007). Auch Sachtexte, in denen die enthaltenen Zahlen und Größen zu erfassen und zu interpretieren sind, können in den Mathematikunterricht integriert werden. Die besondere Form der Texterschließung, die zur mathematischen Modellierung notwendig ist, kann durch die Verwendung von Sachtexten geübt werden (vgl. Franke / Ruwisch 2010, S. 167ff., Franke 2003, S. 177ff.).

Eine systematische Vermittlung von Redemitteln zur (Um-)Formulierung der durchzuführenden und durchgeführten Operationen, einschließlich des Ergebnisses in mündlicher und schriftlicher Form versetzt die Kinder in die Lage, über die in der Aufgabe geschilderte Situation zu kommunizieren. Sinnvoll ist auch die systematische Erweiterung des Wortschatzes und der sprachlichen Strukturen, um mathematische Operationen wie Addieren, Subtrahieren, Dividieren und Multiplizieren in Aufgaben zu verstehen und bezogen auf Lösungswege zu formulieren und die damit verbundenen mathematischen Grundvorstellungen auszubauen. Fachbegriffe sollten immer im Kontext eingeführt und von bekannten Wortfeldern abgegrenzt werden. Zur Festigung dieser Begriffe sind Lernkarteien, Plakate oder Übungen zum Definieren, Umschreiben und Finden von Synonymen sinnvoll. Auch bereits bekannte Fachbegriffe und mit ihnen verbundenen Grundvorstellungen können mit verschiedenen Darstellungsformen immer wieder gefestigt und in verschiedene Kontexte eingebettet werden, indem etwa abgeleitete Adjektive oder Verben auf ihren Ursprung zurückgeführt werden (vgl. Leisen 2010, S. 180ff.).

Sprachlich-syntaktische Struktur
Sach- und Textaufgaben können den jeweiligen Bedingungen angepasst werden, um das Verstehen der Aufgaben zu sichern und diese zu nutzen, um den Einblick in die Funktion von Sprachstrukturen zu erweitern. Dies kann durch Wegstreichen von unnötigen Informationen erfolgen, die die Aussage auf den Kern reduzieren. Komplexe Formulierungen (z.B. Nominalisierungen, Nominal- oder Präpositionalphrasen, komplexe Attribute oder unpersönliche Formen) können durch Umformulieren entlastet werden. Proformen (z.B. Pronomen oder andere Ersatzformen) sollten mit den Wörtern oder Satzgliedern, auf die sie verweisen, verbunden werden. Sehr reduziert gefasste Aussagen können durch Ergänzungen oder das Ausschmücken der Situation verständlicher gestaltet werden.

Alle Texte und damit auch Mathematikaufgaben können zur Umstellprobe genutzt werden, um die Wortstellungsregeln im deutschen Satz zu klären und zu üben. Die Grundlage dafür ist, zusammengehörige Wörter oder Wortgruppen, die ein Satzglied bilden, zu erkennen.

Je nach Aufgabenstellung können trennbare Verben oder Präpositionen eine wichtige Rolle für das Verständnis spielen. Ihre Bedeutung und Funktion im Satz kann durch Gegensatzpaare vermittelt werden. Um Konjunktionen in den Blick zu nehmen, ist es sinnvoll, sie zu eliminieren und z.b. aus Haupt- und Nebensatz zwei gleichrangige Sätze zu bilden, die in der Regel unverbunden nebeneinander gestellt keinen, durch das verbindende Element aber einen zusammenhängenden Sinn ergeben.

Wichtig ist der Umgang mit handlungsanweisenden Verben, die in Mathematikaufgaben häufig im Imperativ vorkommen oder aber in einer Frage versteckt sind. Diese Fragen können mit den Kindern zu Anweisungen umformuliert werden (und umgekehrt), um das implizit Formulierte explizit zu machen.

Sinnvoll sind auch Umformungsübungen, bei denen z.b. Aussagen im Singular in den Plural, unpersönliche in persönliche Formulierungen oder Aussagen über männliche in Aussagen über weibliche Personen umgeformt werden. Auch wenn das nicht immer zu einem besseren Verständnis der konkreten Aufgabe führt, unterstützt ein solches Verfahren den Umgang mit einer Texterschließungsstrategie, die bei Verständnisschwierigkeiten z.b. auch die Pronomen oder die Nomen-Verb-Konkordanz als Semantisierungshilfe heranzuziehen. Formulierungshilfen, Lücken- oder Skeletttexte können als Gerüst fungieren, nicht nur für die Ergebnisformulierung, sondern auch um Rechenprozesse sprachlich zu stützen. Diese können auch in mündlichen Unterrichtsphasen in ritualisierter Weise eingesetzt und auf diese Weise automatisiert werden. Denkbar ist auch Rechengeschichten in andere Darstellungsformen zu übertragen und sie zu verbalisieren, Rollenspiele dazu zu inszenieren oder Skizzen anzufertigen. Anders herum können aber auch eigene Rechengeschichten zu Situationen oder Bildergeschichten geschrieben werden (vgl. Leisen 2010, S. 180f.). Dazu gehört auch semantisch und strukturell sinnvolle Fragen zu stellen und Aufgaben zu formulieren, so dass solche produktiven Übungen zur Festigung von sprachstrukturellen Kompetenzen beitragen.

Häufig geht mit den sprachlichen Problemen der Kinder auch eine geringere vorunterrichtliche Ressource (informelles Können zum Lösen lebensweltlicher Probleme, vgl. Prediger 2009, S. 16) einher, so dass die Lehrkraft vor der Herausforderung steht Anknüpfungspunkte für den Lernprozess zu finden. Es ist daher eine entscheidende Aufgabe in der Grundschulzeit den Umgang mit den sprachlichen Herausforderungen, die Sach- und Textaufgaben stellen, systematisch zu fördern. Es besteht noch großer Bedarf an empirischen Untersuchungen, die die Beziehung zwischen sprachlichen und mathematischen Kompetenzen näher untersuchen; kein Zweifel besteht jedoch an der engen Verknüpfung der beiden Domänen und an den besonderen Schwierigkeiten für Kinder nicht-deutscher Herkunftssprache, die durch einen sprachsensiblen Mathematikunterricht berücksichtigt werden können.

Literatur

Baumert, Jürgen / Schümer, Gundel (2001): Familiäre Lebensverhältnisse, Bildungsbeteiligung und Kompetenzerwerb, in: Baumert, Jürgen / Klieme, Eckhard / Neubrand, Michael / Prenzel, Manfred / Schiefele, Ulrich / Schneider, Wolfgang / Stanat, Petra / Tillmann, Klaus-Jürgen / Weiß, Manfred (Hrsg.) (2001): PISA 2000: Basiskompetenzen von Schülerinnen und Schülern im internationalen Vergleich, Leske + Budrich, Opladen, 159–200.

Blum, Werner / Borromeo Ferri, Rita (2009): Mathematical modelling: can it be taught and learnt?, in: Journal of Mathematical Modelling and Application, 1(1), 45–58.

Bongartz, Thomas / Verboom, Lilo (2007): Fundgrube Sachrechnen, Cornelson Scriptor, Berlin.

Borromeo Ferri, Rita (2006): Theortical and empirical differentiations of phrases in the modelling process, in: ZDM, 38(2), 86–95.

Bos, Wilfried / Lankes, Eva-Maria / Prenzel, Manfred / Schwippert, Knut / Walther, Gerd / Valtin, Renate (2003) (Hrsg.): Erste Ergebnisse aus IGLU. Schülerleistungen am Ende der vierten Jahrgangsstufe im internationalen Vergleich, Waxmann, Münster u.a.

Bund-Länder-Kommission-Projektgruppe (1997): Expertise „Steigerung der Effizienz des mathematisch-naturwissenschaftlichen Unterrichts", verfasst für die Bund-Länder-Kommission-Projektgruppe „Innovationen im Bildungswesen", Heft 60.

Cummins, Jim (2000): Language, power, and pedagogy: bilingual children in the crossfire, Multilingual Matters, Clevedon u.a.

Davis, Philip. J. / Hersh, Reuben (1996): Erfahrung Mathematik, Birkhäuser, Basel.

Ellerton, Nerida F. / Clarkson, Philip C. (1996): Language factors in mathematics teaching and learning, in: Bishop, Alan / Clements, M. A. / Keitel, Christine (Hrsg.): International handbook of mathematics education, Kluwer Academic Publishers, Dordrecht, The Netherlands, 987–1033.

Franke, Marianne (2003): Didaktik des Sachrechnens in der Grundschule, Spektrum Akademischer Verlag, Heidelberg / Berlin.

Franke, Marianne / Ruwisch, Silke (2010): Didaktik des Sachrechnens in der Grundschule, Spektrum Akademischer Verlag, Heidelberg.

Fürstenau, Sara (2007): „Bildungssprache in der Grundschule" Vortrag gemeinsam mit Imke Lange auf der 16. Jahrestagung der DGfE-Kommission „Grundschulforschung und Pädagogik in der Primarstufe" in Berlin (September 2007)

Gallin, Peter / Ruf, Urs / Sitta, Horst (1985): Verbindung von Deutsch und Mathematik – ein Angebot für entdeckendes Lernen, in: mathematiklehren, 9, 17–27.

Gellert, Uwe (2008): Mathematikspezifische schulische Bildungssprache im Schuleingangsalter, in: Ramseger, Jürgen / Wagener, Matthea (Hrsg.): Chancenungleichheit in der Grundschule, VS Verlag für Sozialwissenschaften, Wiesbaden, 207–210.

vom Hofe, Rudolf (2003): Grundbildung durch Grundvorstellungen, in: mathematik lehren, 118, 4–8.

Hu, Adelheid (2003): Schulischer Fremdsprachenunterricht und migrationsbedingte Mehrsprachigkeit, Narr, Tübingen.

Koch, Peter / Österreicher, Wulf (1985): Sprache der Nähe – Sprache der Distanz. Mündlichkeit und Schriftlichkeit im Spannungsfeld von Sprachtheorie und Sprachgeschichte, in: Romanistisches Jahrbuch 36, Walter de Gruyter , Berlin u.a., 15–43.

Kultusministerkonferenz der Länder (2004): Bildungsstandards im Fach Mathematik für den Primarbereich Beschluss vom 15.10.2004.

Leisen, Josef (2010): Handbuch Sprachförderung im Fach: sprachsensibler Fachunterricht, Varus, Bonn.

Leutner, Detlev / Klieme, Eckhard / Meyer, Katja / Wirth, Joachim (2004): Problemlösen, in: Prenzel, Manfred / Baumert, Jürgen / Blum, Werner / Lehmann, Rainer / Leutner, Detlev / Neubrand, Michael / Pekrun, Reinhard / Rost, Jürgen / Schiefele, Ulrich (Hrsg.) (2004): PISA 2003: Der Bildungsstand der Jugendlichen in Deutschland – Ergebnisse des zweiten internationalen Vergleichs, Waxmann, Münster u.a., 147–175.

List, Gudula / List, Günther (Hrsg.) (2001): Quersprachigkeit. Zum transkulturellen Registergebrauch in Laut- und Gebärdensprachen, Stauffenburg, Tübingen.

Maier, Hermann (2006): Mathematikunterricht und Sprache. Kann Sprache mathematisches Verständnis fördern?, in: Grundschule, 4, 15–17.

Maier, Hermann / Schweiger, Fritz (1999): Mathematik und Sprache. Zum Verstehen und Verwenden von Fachsprache im Unterricht, oebv und hpt Verlagsgesellschaft, Wien.

Martiniello, Maria (2008): Language and the performance of English-language learners in math word problems, in: Harvard Educational Review, 78(2), 333–368.

Ministerium für Schule und Weiterbildung des Landes Nordrhein-Westfalen (Hrsg.) (2008): Richtlinien für die Grundschule 2008.

Niederdrenk-Felgner, Cornelia (1997): Mathematik als Fremdsprache, in: Beiträge zum Mathematikunterricht, 1997, 387–390.

Oksaar, Els (2003): Zweitspracherwerb. Wege zur Mehrsprachigkeit und interkulturellen Verständigung, Kohlhammer, Stuttgart.

Pimm, David (1987): Speaking Mathematically. Communication in mathematics classrooms, Routledge & Kegan Paul, London.

Prediger, Susanne (2009): „Aber wie sag ich es mathematisch?" – Empirische Befunde und Konsequenzen zum Lernen von Mathematik als Mittel zur Beschreibung von Welt, in: Höttecke, Dietmar (Hrsg.): Entwicklung naturwissenschaftlichen Denkens zwischen Phänomen und Systematik. Jahrestagung der Gesellschaft für Didaktik der Chemie und Physik in Dresden 2009.

Ramm, Gesa / Prenzel, Manfred / Heidemeier, Heike / Walter, Oliver (2004): Soziokulturelle Herkunft: Migration, in: Prenzel, Manfred/ Baumert, Jürgen/ Blum, Werner / Lehmann, Rainer / Leutner, Detlev / Neubrand, Michael / Pekrun, Reinhard / Rost, Jürgen/ Schiefele, Ulrich (Hrsg.), PISA 2003: Der Bildungsstand der Jugendlichen in Deutschland – Ergebnisse des zweiten internationalen Vergleichs, Waxmann, Münster u.a., 147–175.

Reusser, Kurt (1997): Erwerb mathematischer Kompetenzen: Literaturüberblick, in: Weinert, Franz E. / Helmke, Andreas (Hrsg.): Entwicklung im Grundschulalter, Beltz Psychologie Verlags Union, Weinheim, 141–155.

Riemer, Claudia (2004): Reform der (Fremdsprachen-)Lehrerausbildung und Deutsch als Fremdsprache, in: Bausch, Karl-Richard / Königs, Frank G. / Krumm, Hans-Jürgen (Hrsg.) (2004): Mehrsprachigkeit im Fokus. Beiträge der 24. Frühjahrskonferenz zur Erforschung des Fremdsprachenunterrichts, Narr, Tübingen, 198–205.

Rösch, Heidi (Hrsg.) (2003): Deutsch als Zweitsprache. Sprachförderung in der Grundschule: Grundlagen, Übungsideen, Kopiervorlagen, Schroedel, Hannover.

Rösch, Heidi (Hrsg.) (2005): Mitsprache: Deutsch als Zweitsprache in der Sekundarstufe I. Grundlagen, Übungsideen, Kopiervorlagen, Schroedel, Braunschweig.

Rösch, Heidi / Rotter, Daniela (2010): Formfokussierte Förderung in der Zweitsprache als Grundlage der BeFo-Interventionsstudie, in: Rost-Roth, Martina (Hrsg.): DaZ – Spracherwerb und Sprachförderung Deutsch als Zweitsprache. Beiträge aus dem 5. Workshop Kinder mit Migrationshintergrund, Fillibach, Freiburg, S. 193–212.

Schütte, Sybille (2004): Sachrechnen ist mehr als die Arbeit mit Textaufgaben, in: Sache-Wort-Zahl, 32(61), 43–48.

Schulz, Petra / Kersten, Anja / Kleissendorf, Barbara (2009): Zwischen Spracherwerbsforschung und Bildungspolitik: Sprachdiagnostik in der frühen Kindheit, in: Zeitschrift für Soziologie der Erziehung und Sozialisation, 29, 122–140.

Schwenck, Christina / Schneider, Wolfgang (2003): Der Zusammenhang von Rechnen- und Schriftsprachkompetenz im frühen Grundschulalter, in: Zeitschrift für Pädagogische Psychologie, 17(3), 261–267.

Stern, Elsbeth (1998): Die Entwicklung des mathematischen Verständnisses im Kindesalter, Pabst Publisher, Lengerich.

Verboom, Lilo (2008). Mit dem Rhombus nach Rom. Aufbau einer fachgebundenen Sprache im Mathematikunterricht der Grundschule, in: Bainski, Christiane / Krüger-Potratz, Marianne (Hrsg.): Handbuch Sprachförderung, Neue Deutsche Schule Verlagsgesellschaft, Essen, 95–112.

Vollrath, Hans-Jörg (1978): Lernschwierigkeiten, die sich aus dem umgangssprachlichen Verständnis geometrischer Begriffe ergeben, in: Lorenz, Holger (Hrsg.): Lernschwierigkeiten: Forschung und Praxis, Aulis, Köln, 57–73.

Walther, Gerd / Geiser, Helmut / Langeheine, Rolf / Lobemeier, Kirstin (2003): Mathematische Kompetenzen am Ende der vierten Jahrgangsstufe, in: Bos, Wilfried / Lankes, Eva-Maria / Prenzel, Manfred / Schwippert, Knut / Walther, Gerd / Valtin, Renate (Hrsg.): Erste Ergebnisse aus IGLU, Schülerleistungen am Ende der vierten Jahrgangsstufe im internationalen Vergleich, Waxmann, Münster u.a., 189–226.

Westermann, Bernd (2003): Mathematikdidaktik, Anwendung und Modellbildung, in: Leuders, Timo: Mathematik-Didaktik. Praxishandbuch für die Sekundarstufe I und II, Cornelsen Scriptor, Berlin, 148–162.

Winter, Heinrich (1985): Sachrechnen in der Grundschule, Cornelsen Scriptor, Bielefeld.

Zur Rolle der Sprache
im zweitsprachlichen Mathematikunterricht

Ausgewählte Aspekte aus sprachwissenschaftlicher Sicht

Wilhelm Grießhaber

Zusammenfassung: Zur Erklärung der niedrigeren Mathematikleistungen von Lernenden mit nichtdeutscher Familiensprache werden drei Lernendengruppen gebildet: Lernende im Anfangsunterricht, Seiteneinsteiger und -einsteigerinnen und Lernende mit vollständiger Schulbiografie im deutschen Schulsystem. Zur Ermittlung der Rolle der Sprache in der Vermittlung mathematischen Wissens wird unterschieden zwischen Objekten und den darauf anwendbaren mathematischen (Rechen-)Operationen. In diesem Zusammenhang dient Sprache der Bestimmung der relevanten Objekteigenschaften und der passenden Operationen. Zur Ermittlung von Zweitsprachkenntnissen wird die Profilanalyse vorgestellt und exemplarisch auf Texte und Lernendenäußerungen angewendet. Im Anfangsunterricht beeinträchtigen geringe Deutschkenntnisse die bei deutschsprachigen Schülerinnen und Schülern erfolgreichen Vermittlungsmethoden. Die Rezeption von Textaufgaben erweist sich nicht so sehr auf der lexikalischen Ebene als schwierig als vielmehr durch die nicht gelingende Einbindung der schwierigen Wörter in den grammatischen Zusammenhang des Textes. In dem exemplarisch untersuchten Beispiel scheint auch das mathematische Wissen bei den Lehrenden und Lernenden ungenügend entwickelt zu sein. Insgesamt sollte formalen grammatischen Aspekten zur Rezeption schriftlicher Informationen mehr Aufmerksamkeit gewidmet werden.

1 Problemaufriss

Mathematik gilt allgemein als abstrakt. Besonders auffällig sind Formeln und Symbole, mit denen hochkomplexe Wissensbestände und Operationen ökonomisch bearbeitet werden können. Angesichts dieser sprachlich sehr reduzierten oder weitgehend nonverbalen Verständigungsmittel scheint der Sprache eine nachgeordnete Rolle zuzukommen. Dies könnte für Schülerinnen und Schüler mit nichtdeutscher Familiensprache eine Erleichterung darstellen, da weniger gute Deutschkenntnisse durch nichtsprachlich-kognitive Kompetenzen ausgeglichen werden könnten. Gegen solche Erwartungen zeigte schon die erste PISA-Studie (Deutsches PISA-Konsortium 2002), dass geringe Deutschkenntnisse mit geringen mathematischen und naturwissenschaftlichen Kenntnissen einhergehen. Klärungsbedürftig sind die inneren Zusammenhänge zwischen geringen Sprach- und Fachkenntnissen. Dazu sollen einige Unterscheidungen eingeführt und im Folgenden beleuchtet werden.

Geringere Leistungen beim Lösen von Textaufgaben im Vergleich zu mathematisch-symbolischen bestätigen einen sprachlichen Einfluss. Dagegen stellt von Kügelgen (1994, S. 238) trotz sprachlicher Defizite und grammatischer Abweichungen in produktiven mündlichen Äußerungen von Lernenden kein Scheitern der Wissensvermittlung fest. Zur Erklärung verweist er darauf, dass zwar im Gespräch Bezüge zwischen Objekten des Wissens- und Wahrnehmungsraums auch ohne korrekte Verwendung von Anaphern oder Deiktika hergestellt werden können, dies aber nicht gleichermaßen auf die schriftbasierte Wissensvermittlung zutrifft. Seine Studie verweist indirekt auf eine weitere Dimension. Die von ihm untersuchten vierzehn Schülerinnen und Schüler haben als Seiteneinsteigende schon vor ihrer Übersiedlung nach Deutschland einen Schulabschluss in ihrem Heimatland erworben und verfügen bereits über erstsprachlich entwickeltes mathematisches Wissen (von Kügelgen 1994, S. 313ff.), auch wenn L1 (d.h. auf der Erstsprache) basierende Konzepte, z.b. Algorithmen von Rechenoperationen, von deutschen differieren. Ihnen kann die gewöhnungsbedürftige Systematik deutscher Zahlwörter (*einhundertdreiundzwanzig* statt *einhundertzwanzigdrei* (vgl. Lörcher 1981, S. 244 oder Schroeder 2000 zu interkulturellen Aspekten) Probleme bereiten. Diesen Lernenden fehlen vor allem Kenntnisse der deutschen Sprache und Erfahrungen mit deutschen kulturellen Konzepten. Von Kügelgens Einschätzung der Rolle der L2 (also der Zweitsprache) im Mathematikunterricht kann deshalb nicht ohne Weiteres auf in Deutschland aufgewachsene Lernende übertragen werden, die das deutsche Schulsystem durchlaufen. Sie verfügen noch nicht über erstsprachlich basierte Fachkenntnisse. In der Schule müssen sowohl schulrelevante Deutschkenntnisse als auch Fachkenntnisse aufgebaut werden.

Im Beitrag werden folgende Aspekte behandelt: Mathematisches Handeln, die Profilanalyse als Instrument zur Sprachanalyse, die Lernendenäußerungen im mathematischen Anfangsunterricht sowie die Sprache in Lehrwerken und die Rezeption von Textaufgaben.

2   Mathematisches Handeln

2.1   Mathematik: Fachsprache und Operationen

Die Vermittlung mathematischen Wissens ist in besonderer Weise mit der Vermittlung und dem Erwerb mathematischer Begriffe verbunden. Mit sprachwissenschaftlich-strukturalistischen Methoden lassen sich nach ansteigender Fachspezifik verschiedene Begriffsebenen gewinnen. In Anlehnung an von Kügelgen (1994, S. 28ff.) ergeben sich folgende fünf Ebenen:

(a) *die alltäglich-allgemeinbegriffliche Ebene* mathematischen Wissens im Umgang mit Zahlen usw.,

(b) die *mathematisch-zeichnerische Ebene* mit schematischen Zeichnungen von Objekten,

(c) die *mathematisch-fachbegriffliche Ebene* für mathematische Konzepte, z.b. die spezifische Bezeichnung einer Strecke nach ihrer Funktion als Hypotenuse,

(d) die *algebraisch-symbolische Ebene* mit den Symbolen für Operationen, z.b.$\sum$ für die Aufsummierung von Elementen und

(e) die *algebraisch-numerische Ebene* des Rechnens mit Ziffern.

Diese Ebenen werden nun nicht nacheinander durchlaufen und vermittelt, wie die zunehmende abstrakte Fachlichkeit nahelegen könnte. Schon im ersten Grundschuljahr werden mit *PLUS* + und *MINUS* - erste zentrale algebraische Symbole vermittelt. Genuine mathematische Operationen lassen sich auch schon im Vorschulalter beobachten. Auch empirische Ergebnisse des SCHOLASTIK-Projekts zeigen, dass sich Leistungsunterschiede in der zweiten Klasse mit vorschulischen Erfahrungen verbinden lassen (Stern 1997, S. 159).

Ein Blick auf Rechenoperationen von Fünfjährigen soll zur Klärung des Ineinandergreifens von Sprache und Mathematik beitragen. Die zwei Kinder in Transkriptausschnitt B 1 haben einen Dissens über die Anzahl offener Fenster.

(B 1) Zwei Kinder (K1 und K2, Alter 5;0) einer Vorschuleinrichtung zählen offene Fenster in einem Raum (Daten: Schrabback 1991)
• bedeutet jeweils eine kurze Pause von ca. 1/3 Sekunde

01 K1: Nein. Vier sind auf.
02 K2: Nee, gar kein Fenster auf.
03 K1: Nee, Vier. Eins • • • zwei • • • drei.
04 K2: Hä?
05 K1: Die sind auf. Vier. Die sind so auf, die Fenster.

Zunächst teilt K1 das Ergebnis seiner Zähloperation mit, der K2 mit der Äußerung widerspricht, dass gar kein Fenster offen sei. K1 beharrt auf seiner Aussage und beginnt mit dem Zählen. Vermutlich zeigt er bei der Äußerung eines Zahlworts auf ein Objekt im Wahrnehmungsraum. Dann schreibt er diesen Objekten den Status *Auf-sein* zu, nennt die Anzahl dieser Objekte und bestimmt abschließend das zentrale Merkmal der vier Objekte.

Das Problem der beiden Kinder ist also nicht die Zähloperation, sondern die Bestimmung der Objekte, auf die die Operation des Zählens anzuwenden ist. In allgemeinerer Form lassen sich beim alltäglichen ‚Rechnen' mehrere Teilhandlungen unterscheiden:

– Identifizierung der Objekte
– Bestimmung der für die Objekte geeigneten Operationen
– Anwendung der Operationen auf die Objekte

Über das konkrete Beispiel hinaus lassen sich mathematische Operationen auf die oben genannten abstrakten Schritte zurückführen. Die oben vorgestellten verschiedenen Begriffsebenen sind jeweils mit unterschiedlichen Objekten und darauf anwendbaren Operationen verbunden. Die unterschiedliche Bezeichnung einer *Linie* als *Strecke* oder *Hypotenuse* ergibt sich demnach aus ihrer jeweiligen Funktion. In diesem Sinne repräsentieren Symbole wie z.b. $+$, $-$ oder $\sum$ abstrakte Operationsanweisungen. Die Durchführung der Operationen setzt wie im konkreten Beispiel voraus, dass die Objekte, auf die sie angewendet werden, die für die Operation erforderlichen Eigenschaften aufweisen. Die Vermittlung mathematischen Wissens ist in der Arithmetik demnach auf die Eigenschaften von Objekten und der auf sie anwendbaren Operationen bezogen. Reusser (1997) diskutiert dies als Ineinandergreifen einer sprachlich-sachlichen und einer logisch-mathematischen Repräsentationsebene (bezogen auf Textaufgaben).

Im Kinderdialog in (B 1) zeigt sich die herausragende Stelle der Sprache im mathematischen Handeln. Sie dient der Verständigung über die Eigenschaften von Objekten, im Beispiel über Fenster, und zwar Fenster mit dem Merkmal Offensein, und darauf anwendbare Operationen, im Beispiel das Zählen zur Ermittlung der Elemente der Menge offener Fenster.

2.2   Aufgabenlösen in der Grundschule

Im Folgenden soll nun betrachtet werden, wie nichtdeutschsprachige Schülerinnen und Schüler einer dritten Grundschulklasse im Förderunterricht eine Textaufgabe bearbeiten. In der Aufgabenstellung soll aus unterschiedlich lange dauernden Tätigkeiten die Gesamtzeit eines Klassenausflugs errechnet werden. Die erforderte Operation des Aufsummierens kann nicht unmittelbar ausgeführt werden, da die Objekte, die Zeitangaben, in unterschiedlichen Zeiteinheiten angegeben sind. Vor dem Aufsummieren sind die Zeitangaben also auf eine einheitliche Mengenangabe umzurechnen. Die in der Aufgabenstellung nicht explizit formulierten Teiloperationen sind vom Lernenden als notwendige Zwischenschritte selbst zu erschließen.

> Die Klasse 2b plant einen Ausflug. Für die Fahrt benötigen sie hin und zurück insgesamt 1 h 15 min. Für den Aufstieg auf den Rotberg rechnen die Kinder 2 h 50 min, für eine Pause 55 min. Der Rückweg vom Berg zum Bus ist um 25 min kürzer als der Aufstieg. Wie lange wird der Ausflug der Kinder dauern?

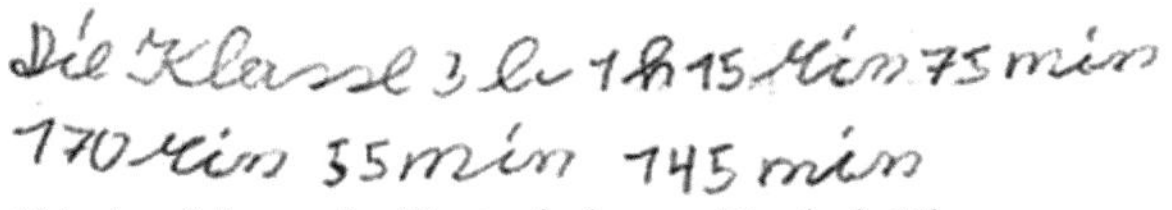

Die Klasse 3 b 1 h 15 Min 75 min
170 Min 35 min 145 min

Abb. 1: Lösung der Textaufgabe von Tarek, 3. Klasse

Im Einzelnen sind folgende Teiloperationen erforderlich: (a) Umrechnung der unterschiedlichen Zeitangaben auf eine zur Aufsummierung geeignete Zeiteinheit, (b) Ermittlung der Zeit für den Abstieg durch Subtraktion einer Zeiteinheit, (c) Addition der Teileinheiten zu einer Gesamtsumme und (d) eventuell Umrechnung der ermittelten Gesamtzeit in Stunden und Minuten. Abb. 1 (aus Heitfeld / Hülsken / Kowalski 2003) zeigt, wie Tarek mit einer Teilwiederholung der Aufgabenstellung beginnt und dann in einer formal nicht gegliederten Folge die Zeitangaben in Minuten für die Teilabschnitte aneinanderreiht. Die korrekt ermittelten Teilbestimmungen fasst er nicht zu einer Gesamtsumme zusammen, realisiert also nur die Schritte (a) und (b). Damit hat er trotz richtiger Teillösungen die Aufgabe insgesamt nicht beantwortet (Schritt c). Es muss offen bleiben, ob er die Aufgabenstellung nicht richtig verstanden hat oder ‚nur'die Bildung der Gesamtsumme ‚vergessen' hat.

Tareks Arbeitsblatt gibt einige Hinweise auf sein Vorgehen. Zunächst wiederholt er zu Beginn seiner Rechnungen den Anfang der Aufgabenstellung. Er verändert die Klassenbezeichnung von *2b* auf *3b*, seine eigene Klassenstufe und identifiziert sich so ein Stück weit mit den Kindern der Aufgabenstellung. Damit scheint er die Aufgabe sozusagen als Gruppenmitglied anzugehen und sich besser in deren Situation hineinzuversetzen. Anschließend notiert er die vorgegebene Zeitangabe für die Fahrt und schreibt dahinter die in Minuten umgerechnete Dauer. Beim Aufstieg notiert er nur die in Minuten umgerechnete Dauer, hat also offensichtlich etwas im Kopf ausgerechnet. Gegenüber seiner linearen Anordnung der Teilsummen wäre eine Listenstruktur zweckmäßiger. Denn so rückt die zu bildende Gesamtsumme formal nicht als neue Zeile in die Liste.

Die unterbliebene Lösung bietet auch einen Ansatz zur Sprachförderung bei Tarek. Er kann noch einmal auf die eigentliche Aufgabe aufmerksam gemacht werden. Daraus kann entwickelt werden, dass er nicht nur einzelne Zeitangaben umrechnen, sondern daraus auch eine Gesamtsumme bilden soll. Mit der so ermittelten Größe kann er dann auch die Frage in der Aufgabenstellung mit einer ausformulierten Assertion beantworten. Dabei wird sich zeigen, dass er die Formulierung der Frage nicht einfach übernehmen und mit der erfragten Zahl beantworten kann, sondern dass er selbständig eine angemessene Formulierung finden muss, z.B. *Der Ausflug der Kinder wird insgesamt 445 Minuten dauern.*

3   Zweitsprache und Zweitspracherwerb

3.1   Stufen des Zweitspracherwerbs

Auch wenn Äußerungen von Lernenden mit Zweitsprache Deutsch (kurz: L2-Lernende) sich mitunter recht chaotisch präsentieren, ist der Erwerbsprozess durch grammatische Strukturen geprägt, die in bestimmten Etappen erworben werden (die folgenden Ausführungen basieren auf Grießhaber 2010, § 8, s. Tab. 1). Dabei handelt es sich um die Stellung finiter Verbteile und um die für das Deutsche charakteristischen Klammerstrukturen. Die Erwerbsreihenfolge entspricht dem mentalen Aufwand beim Erwerb der Strukturen. Die Erwerbsstufen gewähren Einblicke in weitere nicht direkt gemessene Bereiche der Sprachbeherrschung. So korrespondieren z.B. Umfang und Art des erworbenen Wortschatzes mit den Erwerbsstufen. Die Erwerbsstufen eignen sich zur Einschätzung des Sprachstands in den Anfangsetappen sowohl bei der Einschulung als auch für Seiteneinstiege in der Sekundarstufe. Am Ende der Grundschule sollte die Stufe 4 mit der Endstellung des finiten Verbs in untergeordneten Nebensätzen beherrscht werden. Lernende mit Sprachentwicklungsstörungen oder ungünstigen familiären und / oder sozialen Erwerbsbedingungen können sich auch noch in der achten Klasse unter der Stufe 4 befinden. Dann benötigen sie eine über reine Sprachförderung hinausgehende Förderung.

Zur Ermittlung der Stufen werden die Lernendenäußerungen zunächst in kleinste syntaktische Einheiten mit einem finiten Verb als Zentrum zerlegt. Anhand der Bestimmungen in Tabelle 1 wird die syntaktische Struktur der Einheiten ermittelt. Die Verteilung der Strukturen bildet das Profil. Wenn die höchste ermittelte Stufe mindestens drei Mal verwendet wird, haben die Lernenden mit dem Sample diese Stufe erreicht (genauere Informationen in Grießhaber 2010, § 8). Auf diese Art lässt sich recht schnell der Erwerbsstand feststellen. Ein großer Vorteil besteht darin, dass von den vielen Fehlern im Bereich des Genus und der Kasusendungen abgesehen werden kann und dadurch Fortschritte im Erwerbsstand sichtbar werden.

Tab. 1:   Erwerbsstufen des Deutschen

Stufe	Kennzeichen der Erwerbsstufe	Beispiel
6	Insertion eines [Erweiterten Partizipialattributs]	*Sie hat das [EPA] Buch gelesen.*
5	Insertion eines [Nebensatzes]	*Sie hat das Buch, [NS], gelesen.*
4	Nebensätze mit finitem Verb^F in Endstellung:	*..., dass er so schwarz ist^F.*
3	Subjekt* nach finitem Verb^F nach {vorangestellten Adverbialien}	*{Dann} brennt^I die*.*
2	Separierung finiter^F & infiniter^{IF} Verbteile	*Und ich habe^F dann geweint^{IF}.*
1	Finites Verb^F in einfachen Äußerungen	*Ich versteh^F.*
0	Bruchstückhafte Äußerungen, ohne finites Verb	*anziehn Ge/*

Dabei relativieren sich z.b. die von von Kügelgen (1994, S. 235) ermittelten zahlreichen grammatischen Defizite: Deklinationsfehler (43,0 %) machen fast jeden zweiten Fehler aus, gefolgt von Auslassungen und Verwechslungen (Pronomina, Artikel usw., 21,5 %) und von Aussprachefehlern (20,3 %) sowie Verbformen und Satzgliedstellungsfehlern (15,2 %) an letzter Stelle. Wie von Kügelgen feststellt, sind die zahlreichen Fehler der zuerst genannten Kategorie im Unterrichtsgespräch kaum verständnisbehindernd. Allerdings befinden sich Lernende mit vielen Fehlern in diesem Bereich auf unteren Erwerbsstufen, während Lernende höherer Erwerbsstufen nur einen Bruchteil dieser Fehler machen (Grießhaber 2010). Insofern erlaubt die Profilanalyse einen tieferen Einblick in den Lernstand als die direkte Fehleranalyse.

Die Profilanalyse eignet sich auch zur schnellen Ermittlung der grammatischen Komplexität von Unterrichtstexten, so dass schon im Vorfeld mögliche Schwierigkeiten erkannt und Wege zur Behebung entwickelt werden können. Als Beispiel soll die oben vorgestellte Aufgabe analysiert werden:

Satz: Stufe: Minimale Satzeinheit:
a   1   Die Klasse 2b plant einen Ausflug.
b   3   Für die Fahrt benötigen sie hin und zurück insgesamt 1 h 15 min.
c   3   Für den Aufstieg auf den Rotberg rechnen die Kinder 2 h 50 min, für eine Pause 55 min.
d   1   Der Rückweg vom Berg zum Bus ist um 25 min kürzer als der Aufstieg.
e   3   Wie lange wird der Ausflug der Kinder dauern?

Die Sätze a und d haben eine einfache Struktur der Stufe 1. Bei den Sätzen b und c ist jeweils eine Präpositionalphrase vorangestellt, so dass das Subjekt (*sie*, *die Kinder*) dem finiten Verb (*benötigen*, *rechnen*) nachgestellt wird. Beim letzten Satz handelt es sich um einen Fragesatz mit einem Frageausdruck. Auch hier wird das Subjekt (*der Ausflug der Kinder*) dem finiten Verb (*wird*) nachgestellt, so dass der Satz der Stufe 3 entspricht. Der Satz enthält zusätzlich eine Separationsstruktur der Stufe 2 mit dem Finitum (*wird*) an zweiter Position und dem infiniten Verbteil (*dauern*) am Ende. Diese niedrigere Struktur wird nicht eigens ermittelt, da sie schon in der höheren Inversionsstufe enthalten ist.

Realschul- und Gymnasiallehrwerke enthalten dagegen grammatisch komplexere Texte, wie ein Satz aus einem erklärenden Abschnitt des Realschullehrwerks Schnittpunkt 8 (Maroska et al. 2008, S. 99) zeigt:

Stufe: Minimale Satzeinheit:
6   {Beim rechtwinkligen Dreieck} kann der Flächeninhalt aus dem halben Produkt der beiden [am rechten Winkel anliegenden]$_{EPA}$ Seiten berechnet werden.
R   … [die am rechten Winkel anliegen]$_{NS}$ …

Der Satz basiert auf einer Passivkonstruktion mit dem Modalverb *können*. Mit der vorangestellten Präpositionalkonstruktion wird Wissen eingebracht, das anschließend mit weiteren Wissenspartikeln differenziert wird. Soweit entspricht der Satz der Stufe 3. Das eingeschobene erweiterte Partizipialattribut (EPA) (*am rechten Winkel anliegenden*) hebt die syntaktische Struktur auf die für anspruchsvolle Fachtexte typische Stufe 6. Der Einschub lässt sich in einen Relativsatz mit finitem Verb überführen (R). Solche Strukturen erfordern hohe rezeptive Kenntnisse, da die Beziehungen zwischen den Einheiten und Satzgliedern im Zusammenspiel von syntaktischen Strukturen und grammatischen Morphemen realisiert werden. Derart komplexe Sätze werden in einem zum Vergleich herangezogenen Hauptschullehrwerk (Fechner et al. 2008) vermieden. Dessen Verfasserinnen und Verfasser nehmen geringe Deutschkenntnisse der Hauptschülerinnen und -schüler vorweg und reduzieren gleichzeitig auch die Differenziertheit der erklärenden Abschnitte.

3.2 Das Unterrichtsgespräch im Mathematikunterricht

Die mündliche Unterrichtskommunikation im Mathematikunterricht wurde schon früh mit konversationsanalytischen Mitteln untersucht (z.B. Bauersfeld 1978). Als Charakteristikum des Lehrerhandelns wurde das sog. Trichtermuster herausgearbeitet, bei dem die Lehrperson den propositionalen Gehalt der Fragen immer weiter einengt, bis der Lernende schließlich nur noch ein Element zu äußern braucht, z.B. eine Ziffer oder ein Wort. Im Extremfall wird die Lernendenantwort sogar auf die Bejahung oder Verneinung einer Alternative eingeschränkt. Dieser fragendentwickelnde Unterricht, der bis auf Platon und Sokrates zurückgeht (vgl. von Kügelgen 2009), gibt dem Lernenden wenig Gelegenheit zur Entwicklung eigener Hypothesen und zur Verbalisierung komplexer Vorstellungen. Unter funktionalen Aspekten kommen sowohl die Klärung relevanter Eigenschaften von Objekten als auch die Bestimmung von Operationen zu kurz. Diese nach Kobarg, Prenzel und Schwindt (2009, S. 421) im Physikunterricht der Sekundarstufe I dominierende Methode dürfte auch weitgehend für den Mathematikunterricht zutreffen (vgl. auch Chlosta / Schäfer 2008). Für den zweitsprachlichen Mathematikunterricht der Sekundarstufe sind nach von Kügelgen (1994) keine wesentlich anderen Strukturmerkmale anzunehmen. Für L2-Lernende bedeutet dieses kommunikative Muster jedoch eine Reduzierung ihrer Spracherwerbsmöglichkeiten. Aus der Grundschule liegen empirische Befunde vor, dass geringe Deutschkenntnisse zu massiven Beeinträchtigungen des Wissenserwerbs führen können.

3.3 Zweitsprachkenntnisse im Anfangsunterricht Mathematik

In diesem Abschnitt wird betrachtet, wie sich geringe Deutschkenntnisse im mathematischen Anfangsunterricht auswirken. Im Unterschied zu den von von Kügelgen (1994) untersuchten Seiteneinsteigerinnen und -einsteigern führen geringe Zweitsprachkenntnisse im Anfangsunterricht der Grundschule zu deutlichen Vermittlungsproblemen.

Der im Folgenden vorgestellte Unterrichtsausschnitt aus dem Förderprojekt „Deutsch & PC" (dazu Grießhaber 2005) findet in einer kleinen Fördergruppe mit einer Schülerin und vier Schülern statt, deren Deutschkenntnisse gering sind. Der Förderunterricht wird von einer Lehrerin erteilt. Das Ziel des Unterrichts ist die Vermittlung der mathematischen Begriffe *PLUS* / + und *MINUS* / -. In funktionaler Sicht sollen die Lernenden auf Mengen die Operationen der Verringerung oder Vermehrung von Elementen anwenden können. Im Zentrum steht der Prozess der Veränderung und nicht die Betrachtung verschiedener Zustände (schematisch in Abb. 2 dargestellt, s. dazu ausführlich Grießhaber 2005). Dazu arbeitet die Lehrerin mit blauen und roten Würfeln, deren Anzahl sie vermehrt oder verringert (Schritt 1). Die Lernenden beobachten das Geschehen (Schritt 2) und sollen es anschließend mit eigenen Worten beschreiben (Schritt 3). Von den von den Lernenden alltagssprachlich verwendeten Verben *vermehren*, bzw. *verringern* will die Lehrerin sodann zu den mathematischen Begriffen gelangen (Schritte 4 und 5).

Wie der Transkriptausschnitt (B 2) zeigt, erfolgt die Vermittlung kleinschrittig unter Verbalisierung aller Handlungsschritte. Dennoch misslingen den Schülerinnen und Schülern längere Zeit die gewünschten Verbalisierungen:

(a) zunächst führen sie gleich eine Zähloperation durch und nennen eine Zahl, anstatt, wie von der Lehrerin gewünscht, die beobachtete Handlung zu beschreiben (Segmente 03, 21, 44, 45, 47),

(b) sie haben mit der Verbalisierung der beobachteten Handlung Probleme (Segmente 49, 51) und

(c) können die alltagssprachlichen Begriffe *mehr* und *weniger* nicht zuverlässig auf die wahrgenommenen Mengen beziehen,

(d) erst ein anderer Ansatz führt zum Erfolg.

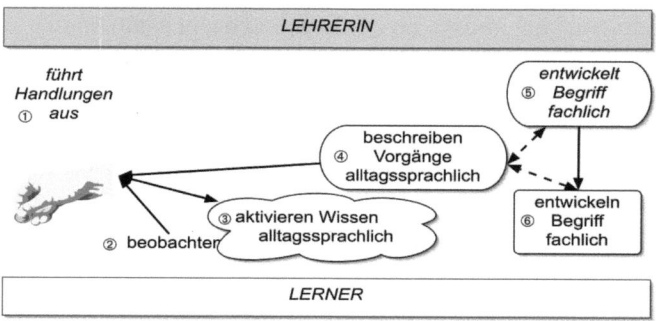

Abb. 2:   *PLUS / MINUS*, 1. Klasse; problematische Handlungen gestrichelt; ‚Deutsch & PC'

(B 2) *PLUS / MINUS*, 1. Klasse Fördergruppe, „Deutsch & PC"
LEHR: Lehrerin; USCH: namentlich nicht identifizierte Kinder;
EDBE und ILYO: L1 Türkisch, KENO: L1 Portugiesisch; … ausgelassene Passagen

01 LEHR   So.
    o-   nimmt alle Würfel weg -o
    o- ((2s)) legt zwei rote Würfel auf den Tisch -o
02   Was hab ich jetzt gemacht?
03 ILYO   Zwei.
….
18 LEHR   • Ich hab dazu gelegt, guck mal.
19   Es waren zwei und ich habe noch drei dazugegeben.
20   Sind das mehr oder weniger geworden?
21 KENO   Fünf.
….
43 LEHR   Jetzt • passt bitte auf, was ich mache.
    o-   nimmt Würfel weg -o
44 ((5s))   Was hab ich gemacht?
45 EDBE   Sechs.
46 USCH   Sechs.
47 LEHR   Nee, was hab ich gemacht?
48 EDBE   Fünf.
49 LEHR   Nee, was hab ich gemacht?
50 USCH   Du hast (   ).
    o-   zeigt das Wegnehmen -o
51 LEHR   Jaa.
52 USCH   (weggenommen).
53 LEHR   Ich hab zwei weggenommen.

Die Schülerinnen und Schüler äußern sich fast nur in sehr kurzen Einwortäußerungen der Stufe 0 (s.o. B 2 Segmente 03, 21, 45, 46 oder 48). Grammatisch vollständige Lernendenäußerungen sind sehr selten. Dies wird auch teilweise durch das Vorgehen der Lehrerin begünstigt, die die Antwortmöglichkeiten der Lernenden wie mit einem Trichter eingrenzt (s.o. Abschnitt 3.2, vgl. von Kügelgen 2009).

Produktionsprobleme zeigen sich im einzigen Versuch zur verbalen Bestimmung der Handlung durch den namentlich nicht identifizierten Schüler USCH (Segmente 50, 51): Der entscheidende Teil der Äußerung, das handlungsbeschreibende Verb, wird zunächst in Segment 50 unverständlich artikuliert und ersatzweise durch eine nonverbale Geste begleitet. Erst danach wird in Segment 52 der zur Vorgängeräußerung passende infinite Verbteil *weggenommen* leise artikuliert. Den Lernenden misslingt die Äußerung einer Separationsstruktur der Stufe 2.

Die alltagssprachliche Beschreibung der Handlung im Perfekt bildet die Grundlage des didaktischen Konzepts der Lehrerin. Wie bei Schachtelaufgaben (Selter / Spiegel 2001, S. 21,121) wird anschaulich eine Veränderung von Mengen durch Hinzutun oder Wegnehmen von Objekten präsentiert (Schritt 1). Diesen Handlungen entsprechen die mathematischen Konzepte *PLUS / MINUS*. Die Verbalisierung der Handlungen im Perfekt misslingt jedoch den Kindern, die sich noch auf der Stufe 0 oder 1 befinden (Schritt 4). Andererseits zeigen die bruchstückhaften Äußerungsfragmente von USCH jedoch die Aktivierung von Wissen (Schritt 3), lediglich die erwartete Verbalisierung des Wissens gelingt nicht.

Damit fehlt der Lehrerin die alltagssprachliche Basis, um von Lernendenäußerungen (... *du hast dazugetan/weggenommen* ...) über Umformulierungen zu *mehr / weniger* und schließlich zu *PLUS / MINUS* zu gelangen. Die Begriffsbildung erfolgt in entscheidendem Maße über sprachliche Umformulierungen. Das in mehreren Hospitationen beobachtete Vorgehen der Lehrkräfte weist Parallelen zur Konzeption von Wagenschein (1978) auf, der ebenfalls an alltagssprachlichen Äußerungen der Schülerinnen und Schüler ansetzt. Den Zweitsprachlernenden fehlen jedoch noch die dafür erforderlichen Deutschkenntnisse. Sie scheitern nicht an der mathematischen Konzeptbildung, sondern an der alltagssprachlichen Verbalisierung von Wahrnehmungen. Das Beispiel zeigt die entscheidende Rolle, die der Sprache bei der Vermittlung mathematischer Konzepte schon in der Grundschule zukommt.

Als die Lehrerin das Misslingen ihres Plans erkennt, verändert sie ihr Vorgehen. Sie verlangt nun von den Lernenden nicht mehr die Verbalisierung einer vergangenen Handlung, sondern nur noch einen Vergleich der Mengen hinsichtlich der Zahl der Objekte im Präsens. In der modifizierten Aufgabenstellung verwendet die Lehrerin die größenverändernden Verben *dazutun / wegnehmen*. Die Lernenden müssen schließlich nur noch entscheiden, ob nach der Handlung mehr oder weniger

Würfel da sind. Doch auch dieser Mengenvergleich wird von den Lernenden zunächst nicht zufriedenstellend bewältigt. Möglicherweise liegt dies an der höheren mentalen Komplexität des Vergleichs von Mengen (Reusser 1997, Stern 1997). Nach längerem Diskurs kann ILYO bestimmen, ob nach einer Mengenveränderung weniger oder mehr Würfel vorhanden sind (Grießhaber 2005). Es wäre deshalb zu prüfen, ob es sich bei diesem Weg bei sehr geringen Deutschkenntnissen um einen allgemein gangbaren handelt.

4 Rezeption schriftlicher Informationen

4.1 Wissensentnahme aus schriftlichen Texten

In diesem Abschnitt wird die Rezeption schriftlicher Texte bei der Vermittlung mathematischen Wissens näher betrachtet. Nach Stern (1997, S. 158) wurden in den Schulen des SCHOLASTIK-Projekts nur sehr selten Textaufgaben im Grundschulunterricht eingesetzt. Zur Sekundarstufe liegen dazu keine systematischen Untersuchungen vor. Oben wurde kurz darauf hingewiesen, dass in den exemplarisch untersuchten Haupt- und Realschullehrwerken Übungen dominieren; das Realschullehrwerk enthält auch knappe wissensvermittelnde Abschnitte, die im Hauptschullehrwerk weitgehend fehlen. Daraus kann als Konzept abgeleitet werden, dass die Wissensvermittlung im engeren Sinne im Unterrichtsgespräch erfolgt, während die Lehrwerke zentrale Definitionen und Formeln sowie Übungen enthalten.

Zur lehrwerkbasierten mathematischen Wissensvermittlung sind keine empirischen Studien bekannt. Zur Effizienz verschiedener Methoden zur Wissensentnahme aus Fachtexten liegen Studien für die Grundschule und die Sekundarstufe vor (Grütz / Pfaff / Belgrad 2007). Grütz et al. (2007) unterscheiden drei Phasen der unterrichtlichen Textarbeit: (a) die Vorbereitung auf die Lektüre, (b) das stille Lesen und (c) die Verarbeitung der den Texten entnommenen Informationen. In den vor- und nachbereitenden Phasen unterscheiden sie jeweils drei verschiedene Methoden, so dass sich für die 3. Phase insgesamt neun Methodenkombinationen ergeben. Diese Abfolgen wurden in 29 Realschulen und 58 Hauptschulen empirisch untersucht. Für die 29 Realschulen führt stilles vorbereitendes Lesen mit anschließendem Unterstreichen von bis zu fünf wichtigen Wörtern zum besten Ergebnis. Auch das nachfolgende Unterrichtsgespräch und das Herausschreiben von maximal fünf Wörtern sind recht erfolgreich. Dagegen sind lautes Vorlesen in der Präphase und Schreiben im Anschluss an das stille Lesen wenig effektiv. In den 58 Hauptschulen sind dagegen Unterrichtsgespräche in der Vor- und Nachbereitung effektiv, während das Schreiben in der Verarbeitungsphase am wenigsten effizient ist. Nichtdeutschsprachige Schülerinnen und Schüler erreichen nur unterdurchschnittliche Werte. Bei ihnen ist das stille vorbereitende Lesen effektiver als das mündliche Unterrichtsgespräch, das jedoch in der Verarbeitungsphase wie bei den deutschsprachigen Schülerinnen und Schülern am effektivsten ist. Für die 4. Grundschulklasse führt wie bei den nichtdeutschsprachigen Lernenden das stille Lesen in der Vorbereitungsphase zu den besten Ergebnissen. In der Verarbeitungsphase bringt das Unterstreichen die besten Resultate. Diese Tendenzen zeigen sich auch bei nichtdeutschsprachigen Schülerinnen und Schülern bei allgemein niedrigerem Leistungsniveau.

Da bei Grütz et al. (2007) Angaben zum allgemeinen Niveau der Deutschkenntnisse, z.B. auf der Basis eines C-Tests fehlen, können die Ergebnisse nicht direkt mit den Deutschkenntnissen in Beziehung gesetzt werden. Doch alle Schülerinnen und Schüler der Grund- und Realschule sowie die nichtdeutschsprachigen Hauptschülerinnen und -schüler erzielen mit stillem Lesen in der Vorbereitungsphase gute Ergebnisse, während deutschsprachige Hauptschülerinnen und -schüler mit einem wissensaktivierenden Unterrichtsgespräch erfolgreich sind. Vor diesem Hintergrund stellt sich die Frage, worin mögliche Vorteile der stillen Textrezeption bestehen könnten. Nach Dehn (1998) bietet das stille Lesen Grundschülerinnen und -schülern genügend Zeit zur Verknüpfung der dem Text entnommenen Informationen, während kleinschrittige Lehrerinterventionen den eigenständigen Prozess der Informationsentnahme und des Wissensaufbaus stören (können). Ähnliche Bedingungen könnten auch bei nichtdeutschsprachigen Hauptschülerinnen und -schülern vorliegen, die mit ihren geringen Deutschkenntnissen ebenfalls mehr Zeit für den textbasierten Wissensaufbau benötigen. Umgekehrt könnten sie mit ihrem anderen Vorwissen und geringeren Sprachkenntnissen vom Unterrichtsgespräch weniger als deutschsprachige Lernende profitieren. Realschülerinnen und -schüler können beim stillen Lesen die Informationsaufnahme dem individuellen Leistungsvermögen anpassen.

Interessant ist die hohe Effektivität des wissensaktivierenden Unterrichtsgesprächs bei Hauptschülerinnen und -schülern. Dieser Befund korreliert mit den Lehrwerken, die Erklärungen dem Unterrichtsgespräch und nicht dem Lehrwerk zuweisen. Dieses methodische Vorgehen ist aber, zumindest mit den untersuchten biologischen Fachtexten, für die nichtdeutschsprachigen Hauptschülerinnen und Hauptschüler weniger effektiv als stilles Lesen. Das unterrichtsmethodische Vorgehen könnte einen Teil zu den schlechteren Leistungen von nichtdeutschsprachigen Hauptschülerinnen und -schülern beitragen. Positiv gewendet ist zu fragen, ob erklärende Texte angemessener wären und wie erklärende Texte für nichtdeutschsprachige Hauptschülerinnen und -schüler gestaltet werden können.

Zu Zusammenhängen zwischen niedrigem Deutschniveau und Lesefertigkeiten liegen kaum Prozessstudien vor. Für die Grundschule ermittelt Grießhaber (2007a)

einige Parameter der Lesefertigkeiten in der Zweitsprache Deutsch bei Schülerinnen und Schülern einer zweiten Grundschulklasse. Das Vorlesen eines von der
Förderlehrerin zuvor vorgelesenen Textabschnitts erfolgt langsam und meist ge-
dehnt. Das Lesetempo liegt im unteren Bereich der Altersgruppe. Mit steigender
Silbenzahl steigt auch die Zahl der Fehler beim Vorlesen. Alle viersilbigen Wörter
sind problematisch, bei den dreisilbigen reicht die Spanne von jedem sechsten bis
zu jedem zweiten Wort. Die Lesegenauigkeit ist auch von der Wortart abhängig:
jede dritte Nominalgruppe mit einem Substantiv und jedes dritte Substantiv bereiten Schwierigkeiten, fast jedes zweite Adjektiv und fast jedes zweite Verb sind
problematisch. Entscheidender ist jedoch die Unfähigkeit zur Erschließung unbe-
kannter Wörter aus dem Kontext. Z.B. stolpert der Schüler PAKAR über das Wort
erschrocken, das er zunächst als *erschreuke/ erschrecken*, dann als *erschreckt/ erschrecken*, zu lesen versucht. Erst nach Ermahnung der Lehrerin zu lesen, was da
steht, liest er stockend *erschrocken* und fragt *Was ist ‚erschrocken'?* Später ergänzt
er: *Ich immer sag zu dem Wort ‚erschrecken'.* PAKAR kann also Grapheme in
Laute umsetzen und als Wort erlesen, wenn jedoch in seinem inneren Lexikon kein
passender Eintrag gefunden wird, misslingt ihm die Zuweisung von Bedeutung.
Die vorhandenen lautsprachlichen Deutschkenntnisse begrenzen die Sinnentnahme
aus Texten. Das Lesen kann noch nicht zur Wissenserweiterung genutzt werden.
Solche Prozesse sind für die Grundschule generell anzunehmen, ob und in welchem
Ausmaß sie auch für die Sekundarstufe zutreffen, bleibt noch zu klären. Texte kön-
nen also große Hürden für die Wissensvermittlung darstellen.

4.2   Was Texte schwer macht

Im Folgenden werden die von Schülerinnen und Schülern als schwierig einge-
schätzten Formulierungen einer Textaufgabe für den „Mittleren Schulabschluss"
(MSA, Berlin) analysiert. Als Datenbasis für die folgenden Ausführungen dient
eine Dokumentation aus dem Förderprojekt „Meslek Evi" (Meslek Evi, o.J.). In
Berlin Kreuzberg bestanden 80 % der Lernenden die Vergleichsarbeit nicht. Von
DaZ-Förderlehrkräften wurde insbesondere die Textlastigkeit der Aufgaben für die
schlechten Ergebnisse verantwortlich gemacht. Als Beispiel einer solchen schweren
Textaufgabe dient die Aufgabe 5 (Abb. 3). Die von den Lernenden genannten
Schwierigkeiten sind im Text unterstrichen. Bei der Analyse der Probleme werden
im engeren Sinne (zweit-)sprachliche mathematische Schwierigkeiten behandelt.
   Die als schwierig markierten Wörter sollten am Ende der Sekundarstufe I be-
kannt sein. Die Lexeme *Dach*, *Raum*, *Spitze*, *Wand* und *Winkel* zählen zum
Grundwortschatz der Grundschule (Sennlaub 2001).

5. Aufgabe (6 Punkte)

Um die Heizkosten zu schätzen, wird ermittelt,
wie groß der „umbaute Raum", d. h. das Volumen
eines Gebäudes ist.

Das abgebildete „Nur-Dach-Haus" ist 6 m breit,
10 m lang und bis zur Spitze des Daches 7,30 m hoch.

a) Wie groß ist der umbaute Raum, wenn die Dicke
   der Wände nicht berücksichtigt wird?

b) Berechnen Sie die Größe des Winkels an der Spitze
   des Daches.

Abb. 3: Aufgabe Nr. 5 der MSA: „Nur-Dach-Haus" (Meslek Evi, o.J., S. 12); schwierige
Passagen aus Sicht von Förderschülerinnen und -schülern sind unterstrichen
(Meslek Evi, o.J., S. 14; Unterstreichungen durch den Verfasser)

Das Substantiv *die Dicke* könnte eventuell analog zu *der Dicke* als dicke weibliche Person und nicht als abstrakte Eigenschaft des folgenden Genitivattributs missverstanden werden. Das Kompositum *„Nur-Dach-Haus"* geht zwar über den Grundschulwortschatz hinaus, sollte aber keine Probleme bereiten. Es handelt sich um eine durchsichtige Wortbildung zur Bezeichnung eines Typs von Ferienwohnungen. Falls sie nicht bekannt sein sollte, bietet der Aufgabentext mit dem Bezug auf die Abbildung eine Erschließungshilfe. Wenn auch dies misslingt, sollten die für Fachtexte charakteristischen Verweise auf Abbildungen geübt werden. Die adjektivischen Partizipien *umbaut* und *abgebildet* sollten rezeptiv bekannt oder abgeleitet werden können. Die Verben *berücksichtigen*, *ermitteln* und *schätzen* sollten als Teil des Grundschul-Grundwortwortschatzes bekannt sein. Sofern die Bedeutung der Lexeme tatsächlich Schwierigkeiten bereiten sollte, entsprechen die Deutschkenntnisse nicht einmal dem Grundschulniveau.

Der Text weist folgendes Syntaxprofil auf: Stufe-4: 2 / Stufe-3: 3 / Stufe-2: 0 / Stufe-1: 1. Ohne komplexe Insertionen von Nebensätzen oder Erweiterte Partizipialattribute erreicht der Text die Profilstufe 3. Ein solches Profil entspricht eher einem narrativen Text. Die Probleme der Schülerinnen und Schüler sind also in der grammatischen Einbindung zu suchen. Die als problematisch bezeichneten Passagen lassen sich nach grammatischen Aspekten in vier Gruppen gliedern:

– Nominale Konstruktionen mit adjektivischem Partizip: (1.1) [der] „umbaute Raum", d.h. / [der] umbaute [Raum]; (1.2) [Das] abgebildete „Nur-Dach-Haus"
– Nominale Konstruktionen mit Genitivattribut(en): (2.1) *die Dicke der Wände*; (2.2) *[die] Größe des Winkels an der Spitze des Daches*
– Verbale Konstruktionen: (3.1) *[wird] ermittelt*; (3.2) *berücksichtigt [wird]*
– Um-zu-Infinitiv: (4) *Um die Heizkosten zu schätzen*

Bei den nominalen Konstruktionen ist wohl das adjektivische Partizip *umbaut* problematisch. Es wird einmal zusammen mit dem Substantiv *Raum* und einmal ohne das Substantiv als kritisch markiert. Bei (1.1) fällt auf, dass auch das folgende *d.h.* als schwierig markiert ist. Offensichtlich haben die Zehntklässler die Bedeutung dieser Abkürzung noch nicht erworben. Ein solcher Mangel ist eindeutig den Deutschkenntnissen anzulasten, ohne mit Mathematik verbunden zu sein. Schwierigkeiten mit *d.h.* lassen den Schluss zu, dass die unproblematische Konstruktion *das Volumen eines Gebäudes* nicht als Erläuterung der vorhergehenden problematischen Nominalgruppe der *„umbaute Raum"* interpretiert wird. Ähnlich wie dem Zweitklässler PAKAR misslingt auch Zehntklässlern die Nutzung des Kontexts oder redundanter Erläuterungen zur Erschließung problematischer Stellen. Offensichtlich rezipieren sie wie PAKAR schriftliche Informationen mit den Mitteln ihrer mündlichen Sprachressourcen.

Auch Substantive mit Genitivattribut erweisen sich als problematisch. Dies gilt sowohl für einfache Genitivkonstruktionen wie *die Dicke der Wände* (2.1) als auch für komplexe Konstruktionen aus vier Substantiven und zwei Genitiven wie *[die] Größe des Winkels an der Spitze des Daches* (2.2). Möglicherweise ist die von den Lernenden angegebene Schwierigkeit auch mit dem Verschwinden von Kasusendungen und deren Ersetzung durch Präpositionen verbunden (vgl. Grießhaber 2007b), so dass sie eher eine Konstruktion wie *die Dicke von den Wänden* erwarteten. Im Kontrast zu diesen Befunden konnte Tarek komplexe Nominalgruppen, z.B. *Für den Aufstieg auf den Rotberg, Der Rückweg vom Berg zum Bus*, auflösen.

Während die markierten Passivkonstruktionen in der 10. Klasse unproblematisch sein sollten, könnte die syntaktische Einbindung der Passivkonstruktionen Schwierigkeiten verursachen. Im ersten Satz folgt in einer Inversionsstruktur der Stufe 3 das Prädikat einer Um-zu-Infinitivkonstruktion. Die anschließende Subjektrolle wird jedoch nicht von einem Substantiv oder Pronomen realisiert, sondern von einem abhängigen Nebensatz. Diese komplexe Konstruktion könnte angesichts der oben festgestellten grammatischen Schwächen Rezeptionsprobleme verursachen. Auch die syntaktische Einbettung des zweiten Passivs in einen untergeordneten Nebensatz ist komplex. Verkomplizierend kommt die Negierung der Aussage mit *nicht* hinzu. Die genauere Betrachtung der zwei Passivkonstruktionen zeigt also, dass weniger die Passivkonstruktionen als solche als vielmehr ihre syntaktische Einbettung Rezeptionsprobleme verursachen könnte.

Die einleitende Um-zu-Infinitivkonstruktion wird von den oben erwähnten DaZ-Förderlehrkräften folgendermaßen kritisiert: *Erweiterter Infinitiv zu Beginn des Textes, irreführend, da es in der Aufgabe gar nicht um Heizkosten geht.* Aus der Kritik geht nicht hervor, ob generell eine Um-zu-Infinitivkonstruktion als zu schwierig eingeschätzt wird und deshalb vermieden werden sollte. Die von den

Lehrkräften vorgeschlagene entlastete Textversion deutet in diese Richtung: *Wir berechnen das Volumen unserer Wohnung. Das ist wichtig für die Heizkosten.* In dieser Formulierung wird der nebenbei eingeführte situative Hintergrund der Berechnung, der eigentlich abgelehnt wird, nun sogar zur expliziten Begründung der Rechenoperationen. Die einfacher erscheinende Konstruktion führt zu einer massiven Veränderung, da sie durch das finite Verb einen eigenständigen Status erhält. Der propositionale Gehalt wird betont, während er bei der Um-zu-Konstruktion in die Gesamtaussage integriert wird. Aufgrund dieser Eigenschaft ist die Um-zu-Konstruktion auch so verbreitet. Wenn die Schule auf das Leben vorbereiten soll, sollte sie allen Lernenden einen Zugang zu dieser Konstruktion ermöglichen.

Die als schwierig markierten Passagen zeigen eine weitere Besonderheit. In vier von fünf Passagen werden nur Teile von Nominalgruppen ohne den bestimmten Artikel markiert. Die Lernenden konzentrieren sich auf Symbolfeldausdrücke mit eigenem semantischen Gehalt. Bei der Erschließung wird die grammatische Einbindung der schwierigen Ausdrücke offensichtlich ausgeblendet. Die Lernenden versuchen sozusagen, den reinen propositionalen Gehalt aus dem Text herauszulösen. Dadurch werden, wie oben am Beispiel des *„umbauten Raum(s)"* gezeigt, kontextuelle Informationen ignoriert. Eine solche Extraktion propositionaler Gehalte (Grießhaber 2010) ist auch bei denjenigen mit deutscher Alphabetisierung zu beobachten, die auf der Basis eines Bezugstextes einen eigenen Text schreiben. Die schriftsprachlich verwendeten grammatischen Informationen werden nicht in ausreichendem Maße berücksichtigt. Das muss bei etwas komplexeren Texten wie z.B. Textaufgaben zu Rezeptionsproblemen führen. Der Fachunterricht kann den Spracherwerb fördern, indem er nicht nur auf die ‚nackten' Fachbegriffe abzielt und sie fachlich isoliert, sondern im textuellen Kontext behandelt.

Auf der mathematischen Ebene erfordert die Aufgabe trigonometrische Grundkenntnisse. Zur Volumenberechnung muss dem Nur-Dach-Haus mit den bekannten Maßen eine geeignete geometrische Figur zugeordnet werden. Wenn man als grundlegende Operation zur Volumenberechnung die Multiplikation von Grundfläche mal Höhe ansetzt, geht man in die Irre, da man dann mit steigender Höhe immer kleinere Flächen berechnen und aufaddieren müsste. Dieses Vorgehen wird jedoch durch die Abfolge der Informationen in der Aufgabenstellung nahegelegt. Der entscheidende Schritt besteht darin, ein umliegendes Dreiecksprisma zu identifizieren und im Querschnitt ein gleichschenkliges Dreieck zu erkennen, dessen Fläche aus den angegebenen Maßen leicht errechnet werden kann. Die Länge des Hauses muss dann als ‚Höhe' des Dreiecksprismas in die Berechnung einbezogen werden. Diese mathematische Bestimmung der relevanten Objekteigenschaften wurde im Förderunterricht offensichtlich nicht berücksichtigt. Für eine effektive Förderung sollten Sprach- und Sachförderung ineinandergreifen.

5   Resümee

Auch im Mathematikunterricht kommt der Sprache eine zentrale Rolle zu. Die Verwendung der typischen Symbole für mathematische Operationen setzt Kenntnisse über die Eigenschaften von Objekten voraus, auf die die Operationen angewendet werden (können). Die Beziehungen zwischen Objekten und den auf sie anwendbaren Operationen kann bei vorhandenen mathematischen Kenntnissen sprachlich expliziert werden. Beim Aufbau der mathematischen Kenntnisse im Mathematikunterricht spielt die Sprache bei der Konzeptualisierung eine zentrale Rolle. Der muttersprachliche Unterricht kann bei alltagssprachlich zugänglichen Erfahrungen ansetzen und aus alltagssprachlichen Schüleräußerungen mathematische Fachbegriffe und Konzepte entwickeln. Wenn dagegen im Vermittlungsprozess diese Verständigungsebene gestört ist, muss dies in der Vermittlung berücksichtigt werden. Dies gestaltet sich je nach dem Stand der Deutschkenntnisse und den vorhandenen mathematischen Kenntnissen unterschiedlich.

Wie am Beispiel von *PLUS / MINUS* gezeigt wurde, können die Zweitsprachkenntnisse von Kindern im Anfangsunterricht so gering sein, dass sie für das vorherrschende methodische Konzept nicht ausreichen. Zur Lösung sind mehrere Wege denkbar. Einerseits kann der Vermittlungsweg an die unzureichenden Deutschkenntnisse angepasst werden. Diesen Weg geht die Lehrerin im vorgestellten Beispiel. Sie verzichtet darauf, dass die Kinder Äußerungen im Perfekt machen und verändert das Konzept, so dass aus dem Vorgang der Vermehrung der Vergleich von Mengen wird. Andererseits könnte im Anfangsunterricht auch so lange auf derartige Inhalte verzichtet werden, bis die Kinder die für die Vermittlung erforderlichen Deutschkenntnisse erworben haben. Dies sollte bei intensiver Förderung nach etwa einem halben Jahr erreicht sein. Ein dritter Weg könnte darin bestehen, die kritischen Passagen in den Familiensprachen der Lernenden zu verbalisieren. Dies erfordert nicht nur zeitlich begrenzte sprachhomogene Lerngruppen, sondern auch ausreichend sprachkundige Lehrkräfte. Eventuell könnten hier auch Schülerinnen und Schüler mit besseren Deutschkenntnissen als Dolmetscher aushelfen. Die skizzierten Wege verdienen eine systematische Erprobung und Evaluation.

Jugendliche mit deutscher Schulbiographie scheinen zwar – vom Mündlichen ausgehend – über ausreichende Deutschkenntnisse zu verfügen, doch zeigen die exemplarisch analysierten Schwierigkeiten mit einer Textaufgabe massive Probleme im schriftsprachlichen Bereich. Dabei erweisen sich nicht einzelne Fachausdrücke als problematisch, sondern generell unzureichende Verfahren im Umgang mit schriftlich gefassten Informationen. Der Versuch, sich in Texten auf die propositionalen Gehalte ohne Einbeziehung der grammatischen Einbindung in den Kontext zu konzentrieren, führt zu Überforderung. Eine Anpassung der Texte an die situationsgebundene mündliche Sprache erweist sich angesichts der Informationskomplexität als dysfunktional und führt zu inhaltlichen Veränderungen. Stattdessen gilt es, die schriftsprachlichen Kompetenzen der Lernenden so zu verbessern, dass sie angemessen komplexe Texte sicher rezipieren können. Für die Hauptschule stellt sich insgesamt die Aufgabe, Vermittlungsmethoden zu entwickeln, die eine effektive Balance zwischen der für deutschsprachige Jugendliche erfolgreicheren Mündlichkeit und der für nichtdeutschsprachige Jugendliche anscheinend erforderlichen Konzentration auf die Texte gewährleistet.

Für Seiteneinsteiger und -einsteigerinnen der Sekundarstufe, die schon über erstsprachlich ausgebildete mathematische Kenntnisse verfügen, stellt die deutsche Sprache eine geringere Hürde dar. Für die übrigen nichtdeutschsprachigen Lernendengruppen ist eine enge Verzahnung von Sprach- und Fachunterricht erforderlich.

Literatur

Bauersfeld, Heinrich (Hrsg.) (1978): Fallstudien und Analysen zum Mathematikunterricht, Schroedel, Hannover.

Chlosta, Christoph / Schäfer, Andrea (2008): Deutsch als Zweitsprache im Fachunterricht, in: Ahrenholz, Bernt / Oomen-Welke, Ingelore (Hrsg.): Deutsch als Zweitsprache. Deutschunterricht in Theorie und Praxis, Band 9, Schneider Verlag, Hohengehren / Baltmannsweiler, 280–297.

Dehn, Mechthild (1998): Lehrerhilfen bei Leseschwierigkeiten, in: Crämer, Claudia / Füssenich, Iris / Schumann, Gabriele (Hrsg.): Lesekompetenz erwerben und fördern, Westermann, Braunschweig, 45–70.

Deutsches PISA-Konsortium (Hrsg.) (2002): PISA 2000 – Die Länder der Bundesrepublik Deutschland im Vergleich, Leske + Budrich, Opladen.

Fechner, Günther / Haubner, Rudolf / Kliemann, Sabine (2008): Einblicke Mathematik 8, Klett, Stuttgart.

Grießhaber, Wilhelm (2005): Sprache im zweitsprachlichen Mathematikunterricht. Verbale und nonverbale Verfahren bei der Vermittlung mathematischen Wissens, in: Braun, Sabine / Kohn, Kurt (Hrsg.): Sprache(n) in der Wissensgesellschaft. Proceedings der 34. Jahrestagung der Gesellschaft für Angewandte Linguistik, Lang, Frankfurt/Main u.a., 65–77.

Grießhaber, Wilhelm (2007a): Lesen mit nichtdeutschsprachigen Kindern, in: Meyer, Claudia (Hrsg.): Bis zum Lorbeer versteig ich mich nicht. Festschrift für Jürgen Hein, Ardey, Münster u.a., 333–344.

Grießhaber, Wilhelm (2007b): Deutsch im Umbruch: zu einigen Aspekten von Sprachwandel im Sprachkontakt, in: Redder, Angelika (Hrsg.): Diskurse und Texte, Stauffenburg, Tübingen, 339–344.

Grießhaber, Wilhelm (2010): Spracherwerbsprozesse in Erst- und Zweitsprache, Universitätsverlag Rhein-Ruhr, Duisburg.

Grütz, Doris / Pfaff, Harald / Belgrad, Jürgen (2007): Rezeptionsstrategien zum Verstehen von Sachtexten. Eine Studie in Haupt- und Realschule Klasse 7, in: ZfAL, 46, 57–83.

Heitfeld, Nicole / Hülsken, Tanja / Kowalski, Janine (2003): Schriftliche Ausarbeitung zum Videoprojekt „Hausaufgabenbetreuung", WWU Sprachenzentrum, Münster u.a.

Kobarg, Mareike / Prenzel, Manfred / Schwindt, Katharina (2009): Stand der empirischen Unterrichtsforschung zum Unterrichtsgespräch im naturwissenschaftlichen Unterricht, in: Becker-Mrotzek, Michael (Hrsg.): Mündliche Kommunikation und Gesprächsdidaktik, Schneider Verlag Hohengehren / Baltmannsweiler, 408–426.

Kügelgen, Rainer von (1994): Diskurs Mathematik. Kommunikationsanalysen zum reflektierenden Lernen, Lang, Frankfurt/Main u.a.

Kügelgen, Rainer von (2009): Die Frage im Lehr-Lerndiskurs: Geschichte einer Funktionalisierung – Perspektiven einer Überwindung, in: Becker-Mrotzek, Michael (Hrsg.): Mündliche Kommunikation und Gesprächsdidaktik, Schneider Verlag Hohengehren / Baltmannsweiler, 349–377.

Maroska, Rainer et al. (2008): Schnittpunkt 8. Mathematik für Realschulen Nordrhein-Westfalen, Klett, Stuttgart / Leipzig.

Meslek, Evi (o.J.): Skript 4 zur 4. Plenarveranstaltung zum Thema: Fachsprachliche Besonderheiten und deren Auflösung am Beispiel ausgewählter Aufgaben der Vergleichsarbeiten Mathematik, Meslek Evi, Berlin.

Reusser, Kurt (1997): Erwerb mathematischer Kenntnisse: Literaturüberblick, in: Weinert, Franz E. / Helmke, Andreas (Hrsg.): Entwicklung im Grundschulalter, Psychologie Verlags Union, Weinheim, 141–155.

Schrabback, Susanne (1991): Verständnissicherung bei 4;0- und 5;0-jährigen Kindern. (Vortrag an der Universität Hamburg), Germanisches Seminar, Hamburg (Handout).

Schroeder, Joachim (2000): Mathematik, in: Reich, Hans H. / Holzbrecher, Alfred / Roth, Hans J. (Hrsg.): Fachdidaktik interkulturell, Leske + Budrich, Opladen, 451–468.

Selter, Christoph / Spiegel, Hartmut (2001): Wie Kinder rechnen, Klett Grundschulverlag, Leipzig u.a.

Sennlaub, Gerhard (2001[2]): Wörterbuch für Kinder der Grundschule, Cornelsen, Berlin.

Stern, Elsbeth (1997): Erwerb mathematischer Kenntnisse: Ergebnisse aus dem SCHOLASTIK-Projekt, in: Weinert, Franz E. / Helmke, Andreas (Hrsg.): Entwicklung im Grundschulalter, Psychologie Verlags Union, Weinheim, 157–170.

Wagenschein, Martin (1978): Die Sprache im Physikunterricht, in: Bleichroth, Wolfgang (Hrsg.): Didaktische Probleme der Physik, Wissenschaftliche Buchgesellschaft, Darmstadt, 313–336.

Mediale Mündlichkeit und Dekontextualisierung

Zur Bedeutung und Spezifik von Bildungssprache im Mathematikunterricht der Grundschule

Uwe Gellert

Zusammenfassung: Die spezifischen Anforderungen an erfolgreiches Sprachhandeln im Mathematikunterricht der Grundschule stellen ein genauer zu bestimmendes Feld dar. Im Beitrag werden zunächst konzeptionelle Arbeiten aus verschiedenen Bezugsdisziplinen zusammengestellt, die zur Bestimmung dieser Anforderungen relevant erscheinen. An Beispielen mathematikbezogenen Sprachhandelns wird dann die Relevanz dieser Bezüge aufgezeigt. In welcher Weise die faktische Mehrsprachigkeit vieler Schulklassen für das Lernen von Mathematik genutzt, berücksichtigt, methodisch-didaktisch antizipiert oder kompensatorisch begleitet werden kann, lässt sich auf dieser Grundlage fundierter thematisieren. Auch trägt der Fokus auf Mehrsprachigkeit im Mathematikunterricht zur Klärung des Konstrukts der Bildungssprache des Unterrichts sowie der hierfür zu entwickelnden sprachlichen Mittel und Handlungskompetenzen bei.

1   Einführung: Mathematiklernen als sprachliches Lernen

Schulisches Lernen kann in zweierlei Hinsicht als sprachliches Lernen verstanden werden. Erstens werden die Themen des Unterrichts sprachlich entwickelt und die dafür erforderlichen sprachlichen Fähigkeiten mehr oder weniger implizit vermittelt. Die Sprache, die dabei benutzt wird, entnimmt der alltäglichen Umgangssprache wie auch der disziplinären Fachsprache Elemente; sie kann dabei als eigenständige Sprachform aufgefasst werden. Diese Sprachform soll hier als *Bildungssprache des Unterrichts* bezeichnet werden. Gogolin charakterisiert sie wie folgt:

> „Schulische Kommunikation hat auch dann, wenn sie sich mündlich vollzieht, tendenziell die konzeptionellen Merkmale der Schriftlichkeit. Sie ist situationsentbunden, arbeitet stark mit symbolischen und kohärenzbildenden Redemitteln, z.B. mit eigentlich ‚inhaltsleeren' Funktionswörtern wie Artikeln, Pronomen oder anderen Verweisformen und mit komplexen Strukturen. Damit unterscheidet sich das Deutsch der Schule sehr deutlich von den Sprachvarianten, die in der alltäglichen mündlichen Kommunikation eine Rolle spielen: in dieser überwiegen die kontextabhängigen, die bedeutungstragenden, assoziativen, konkreten und illustrativen Elemente." (Gogolin 2004, S. 106)

Zweitens reproduziert und rekontextualisiert Schulunterricht aufgrund seiner institutionellen Verortung eine starke Klassifikation von Wissensbereichen (vgl. Bernstein 1996): Fächergrenzen werden gebildet und die Bildungssprache des Unterrichts wird entsprechend ausdifferenziert. Etwa rekurriert die mathematikspezifische Bildungssprache der Schule auf eine schulfachspezifische Terminologie und eine spezifische Symbolik sowie auf kohärenzbildende Sprachmittel wie begründende Konnektoren (Pimm 1987). Mithin kann fachliches Lernen wesentlich als Sprachlernen verstanden werden. Das sprachliche Lernen im Mathematikunterricht umfasst neben morphologisch-syntaktischen und literalen auch semantische und pragmatische Aspekte (Gellert 2008). Ein Verständnis von Mathematiklernen (auch) als Sprachlernen ist insbesondere im Kontext einer mehrsprachigen Schülerschaft hilfreich, denn auf diese Weise wird die besondere Problematik besser verständlich, die das Mathematiklernen für diejenigen Schülerinnen und Schüler darstellen kann, für die die Unterrichtssprache ‚Deutsch' nicht die Erstsprache ist. Auch greifen Konzepte mathematischer Förderung, welche die besonderen Charakteristika der Sprachvarietät ‚Bildungssprache des Unterrichts' vernachlässigen, zu kurz.

Das Merkmal der konzeptionellen Schriftlichkeit schulischer Bildungssprache kann in einem engen Zusammenhang zum Begriff der sprachlichen Dekontextualisierung gesehen werden. Im vorliegenden Beitrag wird ‚sprachliche Dekontextualisierung' in Anlehnung an Hasans (2001) Begriffsverständnis verwendet (s. 2.4). Hasan (2001) vermutet in der differenziellen Ontogenese dekontextualisierter Sprache in der primären Sozialisation die Hauptursache für differenziellen Schulerfolg (vgl. Bernstein 1971). Sich von konkreten und situativen Kontexten zu lösen, abgelöst denken und dies sprachlich darstellen zu können (Donaldson 1978), kann in diesem Sinn als entscheidendes Kriterium für die erfolgreiche Teilnahme am schulischen Unterricht angesehen werden. Was jedoch als relevante Beteiligung am Unterrichtsgespräch zählt und welche Alltagserfahrung wie einzubringen wann erwünscht ist: für Schulanfänger gilt es, all diese Momente sprachlichen Handelns zu erkennen und zu verinnerlichen. Wer diese Aspekte mittelfristig nicht erkennt, wem dann die *pragmatischen Basisqualifikationen* (Ehlich / Bredel / Reich 2008) fehlen, um Handlungsbezüge in unterschiedlichen sozialen Wirklichkeitsbereichen einbetten zu können, wer nicht über die *recognition rule* (Bernstein 1996) verfügt (s. 3), kann im Unterricht nicht in der erwarteten fachspezifischen Bildungssprache kommunizieren.

Sprachliche Dekontextualisierung und abgelöstes Denken sind im Mathematikunterricht der Grundschule von besonderer Bedeutung, da in diesem die Grundschulmathematik aus einem Schatz vor- und außerschulischer quantitativer, logischer und räumlicher Alltagserfahrung konstruiert wird. Es geht im Mathematikunterricht der Grundschule somit explizit um eine Ablösung von *subjektiven Erfah-rungsbereichen* (Bauersfeld 1983), die als Gesamtheit von subjektiv wichtig Erfah-renem in subjektiv wahrgenommenen Situation verstanden werden, und um sprach-lich vollzogene Begriffsbildung, Generalisierung und Abstraktion. Wiewohl trans-versale mathematische Inhaltsbereiche wie die Bildung mathematischer Begriffe, die Generalisierung, die Abstraktion und die Systematisierung über (zwangsläufig sprachlich vollzogene) Beweise zentrale Themen mathematikdidaktischer For-schung darstellen, werden diese in der Forschung selten mit dem Erfahrungshinter-grund und den sprachlichen Qualifikationen der Schülerinnen und Schüler in Zu-sammenhang gebracht. Etwa thematisieren semiotische Forschungsansätze in der Mathematikdidaktik zwar die Konstruktion mathematischen Wissens als sukzessive Verkettung von Zeichen (Hoffmann 2006); es stehen hierbei das entstehende ma-thematische Wissen und nicht die Kompetenzen der Lernenden im Fokus. Auch finden sich Forschungsberichte, die darauf hinweisen, dass der Prozess des schuli-schen Mathematiklernens intensiviert wird, wenn die Lernenden zur Verschriftli-chung von mathematischen Überlegungen und Lösungsversuchen angehalten wer-den (Morgan 1998, Fetzer 2007). In diesen Arbeiten wird auf die Funktion von Schriftsprache für den Wissenserwerb im Klassenzimmer fokussiert. Andere Arbei-ten wiederum, die die Verbindung von Sprache und Mathematik aus einem eher philosophischen Blickwinkel thematisieren, analysieren die sprachliche Natur ma-thematischen Wissens aus wissenschaftstheoretischen Perspektiven (Barton 2008, Brown 2001).

Untersuchungen zum Mathematikunterricht unter den Bedingungen einer multi-lingualen Schüler- und Lehrerschaft finden sich vor allem in Kontexten, in denen diese Multilingualität Teil des nationalen Selbstverständnisses oder in denen ein multilingual geprägter Alltag faktisch längst akzeptiert ist (Adler 2001, Barwell 2009, Moschkovich 2007). Ein besonderes Augenmerk dieser Forschung liegt auf Momenten des *code-switching* und den Effekten einer hierarchischen Sprachsitua-tion, in welcher einer Sprache ein höherer Status als den anderen beigemessen wird. Sich als Lernende in solch hierarchisierten Sprachsituationen zurechtzufin-den, erfordert unter anderem ein hohes Maß an pragmatischer Sprachqualifikation. Dass die pragmatische Dimension von Sprache ein fundamentales Kriterium für erfolgreiche Teilnahme am Mathematikunterricht ist, belegen insbesondere solche Forschungsarbeiten, die, ohne auf der Grundlage eines Defizitmodells zu argumen-tieren, die schichtspezifische Nähe oder Distanz zur Bildungssprache beleuchten (Cooper / Dunne 2000, Lubienski 2000).

Im vorliegenden Beitrag wird versucht, die wichtige funktionale Perspektive auf den Zusammenhang von Sprache und Mathematik durch einen Ansatz zu er-gänzen, in dem die erfolgreiche Teilnahme am Mathematikunterricht untrennbar an das sprachliche Handeln im Mathematikunterricht gebunden ist. Statt zu fragen, welche Bedeutung der Sprache für das schulische Lernen von Mathematik zukommt, geht es hier um die disziplinäre Ausdifferenzierung des Konstrukts *Bildungssprache des Unterrichts* als desjenigen Kriteriums, an dem sich letztlich Schulerfolg misst. Die kognitive Dimension des Mathematiklernens wird dabei aus dem Blickwinkel geschoben.

Im Beitrag wird davon ausgegangen, dass die spezifischen Anforderungen an erfolgreiches Sprachhandeln im Mathematikunterricht ein genauer zu bestimmendes Feld darstellen, das von höchster Relevanz für die Untersuchung des Zusammenhangs von Mathematiklernen und Mehrsprachigkeit ist. Dies soll hier vorangetrieben werden, und zwar vor allem durch eine Zusammenstellung relevanter konzeptioneller Arbeiten aus verschiedenen Bezugsdisziplinen. An Beispielen mathematikbezogenen Sprachhandelns wird die Relevanz der Arbeiten aufgezeigt. In welcher Weise die faktische Mehrsprachigkeit vieler Schulklassen für das Lernen von Mathematik genutzt, berücksichtigt, methodisch-didaktisch antizipiert oder kompensatorisch begleitet werden kann, lässt sich auf dieser Grundlage fundierter thematisieren.

2   Perspektiven auf die Bildungssprache des Unterrichts

Im Folgenden wird ein Überblick über verschiedene theoretische Konzeptionen, an die der Begriff der Bildungssprache des Unterrichts anknüpft, gegeben. Die Auswahl dieser Bezüge basiert auf einer im Rahmen des internationalen Kooperationsprojekts *The Emergence of Disparity in Mathematics Performance: An Empirical Investigation of Mathematics Classrooms* (Knipping / Reid / Gellert / Jablonka 2008) erfolgten Literaturrecherche.

2.1   Sprache der Distanz

Aus der Perspektive historischer Sprachforschung differenzieren Koch und Oesterreicher (1985) die Begriffe *Mündlichkeit* und *Schriftlichkeit* aus. Dazu unterscheiden sie die Dimensionen des Medialen und des Konzeptionellen. Das besondere an der im Unterricht bevorzugten Sprachvarietät ist dann, dass sie, auch wenn sie als gesprochene Sprache medial im Mündlichen zu verorten ist, die Merkmale von Schriftlichkeit aufweist.

Die Bildungssprache des Unterrichts zeigt sich also konzeptionell weitgehend schriftlich auch bei medialer Mündlichkeit.

Tab. 1: Dichotomien der Sprachvarianten nach Koch / Oesterreicher 1985

Sprache der Nähe	< >	Sprache der Distanz
Dialog	< >	Monolog
Vertrautheit der Partner	< >	Fremdheit der Partner
face-to-face-Interaktion	< >	raumzeitliche Trennung
freie Themenentwicklung	< >	Themenfixierung
keine Öffentlichkeit	< >	Öffentlichkeit
Spontaneität	< >	Reflektiertheit
‚involvement'	< >	‚detachment'
Situationsverschränkung	< >	Situationsentbindung
Expressivität und Affektivität	< >	‚Objektivität'

Eine solche Sprachvariante wird von Koch und Oesterreicher als *Sprache der Distanz* bezeichnet und von einer *Sprache der Nähe* abgegrenzt. Die Unterschiede in den Kommunikationsbedingungen der beiden Sprachvarianten werden von Koch und Oesterreicher (1985, S. 23) idealiter als Dichotomien notiert (vgl. Tab. 1).

Distanzsprachliche Texte und Äußerungen zeichnen sich nach Koch und Oesterreicher durch eine größere Informationsdichte, Kompaktheit, Integration, Komplexität, Elaboriertheit und Planung aus. Sie arbeiten mit Verdinglichungen und zielen auf Endgültigkeit. Die Komplexität und Integration von distanzsprachlichen Texten und Äußerungen erfordert vor allem in syntaktischer Hinsicht eine aufwändigere Verbalisierung, wie etwa die Bevorzugung hypotaktischer gegenüber parataktischer Satzkonstruktionen. Die Bildungssprache des Unterrichts zeigt sich demnach abgemildert und angenähert als Sprache der Distanz.

2.2   Cognitive Academic Language Proficiency

Im Kontext des Zweitspracherwerbs (später von Bilingualität allgemein) unterscheidet Cummins (1996) zwischen den Fertigkeiten, die in alltäglichen informellen Gesprächen und denen, die für die erfolgreiche Teilnahme an institutionalisiertem Lernen wichtig sind. Damit weist er auf die unterschiedlich langen Zeitabschnitte hin, die immigrierte Kinder und Jugendliche typischerweise benötigen, um sich einerseits in ihrer Zweitsprache flüssig unterhalten (*basic interpersonal communication skills*) und andererseits angepasst am Unterrichtsgespräch teilnehmen zu können (*cognitive academic language proficiency*). Nach Cummins besteht der Hauptunterschied zwischen *basic interpersonal communication skills* und *cognitive academic language proficiency* im Grad der Ablösung von kontextuellen und zwischenmenschlichen Signalen, die face-to-face-Interaktionen unterstützen, und der Orientierung an linguistischen Merkmalen, die weitgehend unabhängig von der unmittelbaren Situation, in der kommuniziert wird, sind. *Cognitive academic language proficiency* geht nach Cummins insofern über die grundlegenden Kommunikationsfähigkeiten hinaus, als nur hierbei Elemente der semantischen und funktionalen Bedeutung von Sprache erfasst werden.

2.3   Vertikaler Diskurs

Aus der Perspektive der Bildungssoziologie sind Diskurs und Wissen eng miteinander verbundene Begriffe. Wenn Bernstein (1999) von horizontalem und vertikalem Diskurs schreibt, dann sind dabei die hiermit verbundenen Wissensformen mitgedacht. Die Eigenschaften des horizontalen Diskurses beschreibt Bernstein wie folgt: horizontaler Diskurs

> „is likely to be oral, local, context dependent and specific, tacit, multi-layered, and contradictory across but not within contexts. However [...] the crucial feature is that is it [sic] segmentally organized." (Bernstein 1999, S. 159)

Das dem horizontalen Diskurs immanente Wissen und die sprachlichen Handlungsstrategien zielen auf eine möglichst dichte Annäherung an konkrete Personen und Situationen. Dabei wird innerhalb dieser Situationen kohärent sprachlich gehandelt; intersituational jedoch tendiert horizontaler Diskurs infolge seiner sequentiellen Organisation zu Widersprüchlichkeit.

Im Gegensatz dazu ist vertikaler Diskurs folgendermaßen charakterisiert: vertikaler Diskurs

> „takes the form of a coherent, explicit, and systematically principled structure, hierarchically organized as in the sciences, or it takes the form of a series of specialised languages with specialised modes of interrogation and specialised criteria for the production and circulation of texts, as in the social sciences and humanities." (Bernstein 1999, S. 159)

Folgt man Bernsteins Zusammenführung von Sprache und Wissen zu Diskursen, so kann gefolgert werden, dass die fachliche Ausrichtung des Schulunterrichts die Zielform des vertikalen Diskurses in allen Unterrichtsfächern erzwingt. In anderen Worten: Die Sprache des Unterrichts ist programmatisch stets im vertikalen Diskurs zu verorten, da die Unterrichtsfächer didaktische Reorganisationen streng intern geordneter und extern abgegrenzter Wissensbereiche sind. Die Bildungssprache des Unterrichts ist strukturell an diese Ordnung und Abgrenzung angelehnt.

2.4 Abgelöstes Denken und dekontextualisierte Sprache

Bernsteins Unterscheidung zwischen einem horizontalen und einem vertikalen Diskurs ist von Hasan (2001) aufgegriffen und im Zusammenhang mit der Frage, wie Kinder im vorschulischen Alter in unterschiedliche Diskursformen einsozialisiert werden, ausgearbeitet worden. Für Hasan unterscheiden sich horizontaler und vertikaler Diskurs vor allem in ihrer Beziehung zu Kontexten. Horizontaler Diskurs entfaltet sich nach Hasan als ein kontextueller Sprachgebrauch, der in einer engen Verbindung zu den materiellen situationalen Begebenheiten der Interaktanden steht. Im Gegensatz dazu sind beim dekontextualisierten Sprachgebrauch, der vertikalen Diskurs auszeichnet, die Bezüge zu konkreten Situationen mehr oder weniger gelöst. Durch diese Lösung vom Konkreten ist dekontextualisiertem Sprachgebrauch eine erhöhte Statusposition gesichert:

> „What is remarkably pervasive today is the kind of language use that is known as context independent, disembedded or decontextualised, especially in the sorts of societies spawned by the so-called *progressive* Western world. [...] After all, among other things, decontexualised language is the voice *par excellence* of official ideology." (Hasan 2001, S. 48f.)

Hasan organisiert die Unterscheidung von kontextuellem und dekontextualisiertem Sprachgebrauch entlang der Begriffe von *reeller* und *virtueller Referenz*. Reelle Referenzen sind potenziell von den Interaktanden physisch spürbar. Diese Referenzen können zeitlich oder räumlich verschoben sein, potenziell jedoch können sie mit den Sinnen erfahren werden. Virtuelle Referenzen hingegen besitzen dieses Potenzial nicht:

> „A discourse is decontextualised/disembedded, not because what it refers to is not physically present to the senses here and now, but because it refers to something that is by its very nature incapable of being present in any spatio-temporal location whatever." (Hasan 2001, S. 53f.)

Für die Teilnahme an horizontalem Diskurs stellt kontextueller Sprachgebrauch eine ausreichende Basis dar. Der vertikale Diskurs hingegen verweist auf eine Wissensorganisation, die nicht durch erfahrbare Kontexte strukturiert ist, sondern durch die interne Logik einer spezialisierten Praxis. Offensichtlich ist diese interne Logik der Wissensorganisation nur intellektuell zu erfassen und nicht mit den Sinnen erfahrbar.

Ein Beispiel aus Hasans Forschungsarbeiten soll die Bedeutung virtueller Referenzen für Sprachhandeln illustrieren und darüber hinaus darstellen, welcher Art die Prozesse sind, durch die Kinder im familiären Beisammensein in Aspekte dekontextualisierten Sprachhandelns eingeführt werden. Der folgende Ausschnitt dokumentiert ein informelles Gespräch einer Mutter mit ihrer Tochter (3;6 Jahre), die während einer kleinen Mahlzeit im Garten eine Katze bemerken, die durch diesen Garten läuft. Nach einem kurzen Moment der freudigen Erregung auf Seiten des Kindes setzt der Gesprächsausschnitt ein:

Carol:	But sometimes when pussy-cat goes into people's garden some people say, "Come back, pussy-cat! Come back!"
Mother:	Do they? Is that what they do? (AMUSED TONE; MOTHER AND CHILD LAUGH)
Carol:	Mum, do pussy-cat die when people die?
Mother:	Do pussy-cat what, love?
Carol:	Die when people die?
Mother:	Well, pussy-cats die when their time comes ... everything dies one day.
Carol:	Do dogs do they one day?
Mother:	Do what?
Carol:	Do dogs die one day when ...
Mother:	Yes, dogs die too ...
Carol:	Do fruit die?
Mother:	Fruit dies, yes, in a different sort of way.
Carol:	How?
Mother:	Well, see how the fruit up there on the tree's green?
Carol:	Mm.
Mother:	See how down here it's all yellow and squashy and horrible?
Carol:	Uhhu.
Mother:	That means it's died, it's ... well, we don't say (EMPHASIS ON "SAY") it's died, we say it's gone bad ...
Carol:	Mummy?
Mother:	Mm?
Carol:	Mum, see where the persimmons have dropped off the tree ... cos um cos they're sick and they've got germs.
Mother:	Yes, that's right.
Carol:	They're sick and they've got germs.

"Dialogue 1" aus Hasan (2001, S. 51f.)

Das von der konkreten Situation abgelöste Denken und das dekontextualisierte Sprachhandeln sind recht deutlich zu erkennen. Der Mutter gelingt es, durch ein vorsichtiges Changieren zwischen dem Sichtbaren und dem nur intellektuell Erfahrbaren ihr Kind Carol behutsam in diese neue Form des Denkens und sprachlichen Handelns einzuführen. Gleichwohl expliziert sie an einer Stelle den korrekten Sprachgebrauch und verdeutlicht damit die Klassifikation von Tieren und Früchten auf sprachlicher Ebene. Carol wiederum versucht aktiv, das Netz aus reeller und virtueller Referenz weiterzuknüpfen, indem sie an ihr „medizinisches Wissen" über dessen engeren kontextuellen Bezug anschließt.

Das dokumentierte Gespräch handelt nicht von Mathematik. Gleichwohl nähert sich Carol einem Denken und Handeln an, das für Mathematik zentral ist. Auch wenn, gerade in der Grundschule, Mathematik um reelle Referenz organisiert ist: letzten Endes münden diese schulischen Aktivitäten in einen vertikalen Diskurs um virtuelle Referenzen. Hasan fasst dies zusammen:

> „The gist of my argument has been that the stranger, the less familiar the reality being construed, the more decontextualised the message. It follows that the mastery of disembedded language will consist in feeling at home with reality that is not sensuously mediated: This reality is a terrain that is navigated by the intellect alone." (Hasan 2001, S. 57)

Sich an dekontextualisierte Sprache und abgelöstes Denken zu gewöhnen, ist demnach eine entscheidende Bedingung für die erfolgreiche Teilnahme am Mathematikunterricht. Die Bildungssprache des Unterrichts beruht auf abgelöstem Denken und stellt sich dekontextualisiert dar.

2.5 Grammatische Metaphern

Aus Sicht systemischer funktionaler Linguistik verweist Martin (1993) auf die grundlegende Bedeutung grammatischer Metaphern (Halliday 1985, Simon-Vandenbergen / Taverniers / Ravelli 2003) bei der Konstruktion vertikalen Diskurses:

> „It appears that the institutional boundary between primary and secondary school symbolizes the ontogenesis of grammatical metaphor in students' language development; and discipline-specific secondary school discourses depend on abstract metaphorical text to construe specialized knowledge. Such a transition makes apprenticeship into written abstraction a fundamental rite of passage in secondary school." (Martin 1993, S. 152f.)

Grammatische Metaphern stellen wie lexikalische Metaphern ein Spannungsverhältnis her. Während die Verschiebung von Bedeutung bei lexikalischen Metaphern auf der Wortebene erfolgt, stellen grammatische Metaphern eine Spannung auf der Ebene der grammatikalischen Struktur her. Um dies zu verdeutlichen, zeichnet Martin zwei Diagramme (s. Abb. 1 und Abb. 2).

Vergleicht man die beiden Abbildungen, so bewirken Nominalisierungen anscheinend, dass die Grammatik und die Semantik in vertikalem Diskurs nicht mehr so direkt zueinander passen, wie das im horizontalen Diskurs der Fall ist. Plötzlich werden Tätigkeiten nicht mehr durch Verben, Eigenschaften nicht mehr durch Adjektive und logische Beziehungen nicht mehr durch Konjunktionen angezeigt. Durch das Beispiel einer Mathematikaufgabe (Aufg. 8, S. 62, aus: Mathematik plus, Grundschule Klasse 5, Berlin / Brandenburg, 1. Aufl., 6. Druck 2009), die ähnlich in den meisten Mathematikbüchern für das fünfte Schuljahr zu finden ist, kann dies illustriert werden:

d) Was ergibt der Quotient aus 11 625 und der Summe von 41 und 52?

e) Wie groß ist der Quotient aus 17 375 und der Differenz von 217 und 192?

Die Nominalisierung bewirkt hier zunächst eine Technisierung des Diskurses.

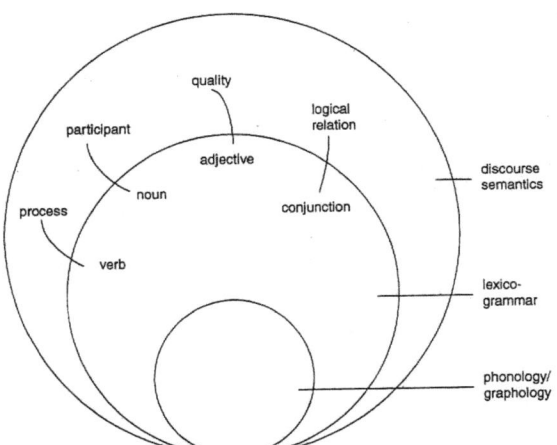

Abb. 1:　„Stratal harmony" (Martin 2007, S. 52)

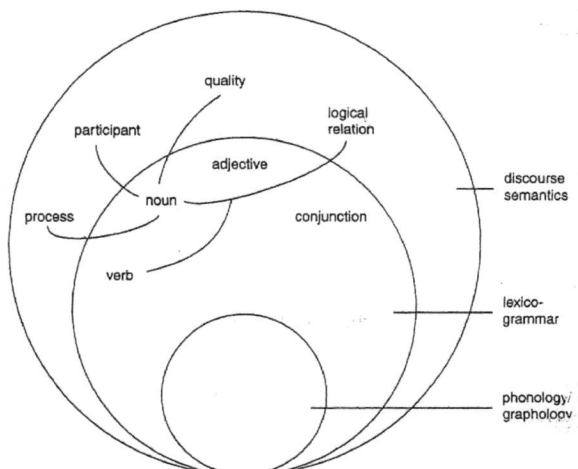

Abb. 2:　„Stratal tension" (Martin 2007, S. 53)

Damit geht einher, dass ‚natürliche' Tätigkeiten verschwinden und verdinglicht werden. Im Mathematikunterricht der Sekundarstufe agieren in zunehmendem Maße Abstraktionen auf Abstrakta. Was die Aufgabe für Schülerinnen und Schüler schwierig erscheinen lässt, sind nicht die geforderten Rechenoperationen, sondern die sprachliche Repräsentation der Aufgabe, in der die zu leistenden Rechentätigkeiten nicht als Verben, sondern als Nomen codiert sind. Als Divisoren treten in der Aufgabe keine Zahlen mehr auf, die obgleich selbst abstrakt noch den Status elementarer Sinneseinheiten besitzen, sondern es sind Abstrakta wie Summe und Differenz, mit denen nun operiert werden muss. Anzumerken bleibt, dass solcher Art Aufgaben nicht konstruiert werden, um für Schülerinnen und Schüler das Rechnen komplizierter zu gestalten. Vielmehr werden die Lernenden in genau die Arbeitsweise eingeführt, die für Mathematik typisch ist: eine fortschreitende Abstraktion (Freudenthal 1983). Für Martin (2007) stellt eine derartige Verdinglichung von Operationen ein fundamentales Charakteristikum vertikalen Diskurses dar:

> „The uncommon sense organization of participants in vertical discourse depends on grammatical metaphor. From a functional linguistic perspective, if no grammatical metaphor, then no verticality." (Martin 2007, S. 54)

Aus dieser Perspektive erscheint ein Fokus auf grammatische Metaphern der Ausdifferenzierung des Begriffs der Bildungssprache im Kontext des Schulfachs Mathematik dienlich.

2.6   Zwischenfazit

Den fünf theoretischen Konzepten, die hier mit Blick auf die Bildungssprache des Unterrichts skizziert wurden, ist gemein, dass sie die Unterschiede von Bildungssprache und Alltagssprache in dichotomer Weise darstellen (vgl. Tab. 2).

Unterricht der Grundschule kann idealiter dadurch charakterisiert werden, dass in ihm ausgehend von einem in kontextgebundener Sprache manifesten horizontalen Diskurs/Sprache der Nähe/etc. gezielt zu einem fachlich ausdifferenzierten vertikalen Diskurs und den entsprechenden sprachlichen Merkmalen gelangt wird.

Tab. 2: Dichotomien in unterschiedlichen Konzepten

Sprache der Nähe	< >	Sprache der Distanz
basic interpers. communic. skills	< >	cognitive academic language proficiency
horizontaler Diskurs	< >	vertikaler Diskurs
kontextgebundene Sprache	< >	dekontextualisierte Sprache
Einklang v. Grammatik u. Semantik	< >	grammatische Metaphern

Dies beinhaltet, dass den Schülerinnen und Schülern zunächst deutlich wird, dass derartige Sprachvarianten überhaupt existieren und dass ein enger Zusammenhang zum im Unterricht thematisierten Wissen besteht. Dieser Aspekt wird im nächsten Abschnitt beleuchtet.

3   Sprachlernen: Erkennen von Sprachdifferenzen

Ehlich et al. (2008) konzipieren einen Qualifikationsfächer für sprachliche Basisqualifikationen, in welchem sie „Sprache umfassend als ein gesellschaftliches Handlungsmittel" (S. 19) begreifen, um „insbesondere auch solche Teilbereiche sichtbar zu machen, die bisher in der Forschung vergleichsweise wenig Aufmerksamkeit erfahren haben" (ebd.). Dieser Fächer umfasst:

- Die phonische Basisqualifikation
- Die pragmatischen Basisqualifikationen I und II
- Die semantische Basisqualifikation
- Die morphologisch-syntaktische Basisqualifikation
- Die diskursive Basisqualifikation
- Die literalen Basisqualifikationen I und II

Während Ehlich et al. (2008) zufolge umfassende Forschungsergebnisse zu einigen der Basisqualifikationen bereits vorliegen, „befinden wir uns hingegen weithin noch in einem Anfangsstadium der Gewinnung wissenschaftlicher Erkenntnisse" (S. 23) in Bezug auf die pragmatischen Basisqualifikationen I und II sowie die diskursive Basisqualifikation. Die pragmatische Basisqualifikation II ist jedoch von besonderer Bedeutung für die Kompetenzentwicklung bzgl. der Bildungssprache des Unterrichts. Nach Ehlich et al. erfasst die pragmatische Basisqualifikation II diejenigen pragmatischen Kompetenzen des Kindes, die mit Eintritt in eine Bildungsinstitution, vor allem die Schule, bedeutsam werden:

> „Die pragmatische Basisqualifikation II erfasst beispielsweise die Fähigkeit des Kindes, zwischen dem Zweck einer Lehrerfrage im Unterricht und dem Zweck einer Frage der Eltern zuhause oder anderer Kinder auf dem Spielplatz zu unterscheiden. Die Aneignung angemessener sprachlicher Mittel für den Einsatz in unterschiedlichen sozialen Wirklichkeitsbereichen stellt für das Kind einen wichtigen Schritt in seiner sprachlichen Entwicklung dar. Umgekehrt muss mit erheblichen Schwierigkeiten gerechnet werden, wenn eine solche Aneignung nicht gelingt." (Ehlich et al. 2008, S. 20)

Die Erkenntnis, dass angemessenes sprachliches Handeln in unterschiedlichen sozialen Wirklichkeitsbereichen unterschiedliche sprachliche Mittel erfordert, ist für den rezeptiven und produktiven Sprachgebrauch im Mathematikunterricht fundamental.

Von einer strukturalistischen Position weist Bernstein (1996) darauf hin, dass die Unterschiedlichkeit sozialer Wirklichkeitsbereiche nicht ‚natürlich', sondern ein Produkt gesellschaftlicher Auseinandersetzung ist. Wo die Grenzen zwischen Schulmathematik und Alltagswissen, zwischen Mathematikunterricht und Sachunterricht, zwischen Arithmetik und Geometrie verlaufen und wie klar sie sind, kann, historisch betrachtet, als kontingent bezeichnet werden – und ist von den Schülerinnen und Schülern zu lernen (Gellert 2009, Gellert / Hümmer 2008). Bernstein bezeichnet die Stärke der Grenzziehung als *classification* und das Pendant zur pragmatischen Basisqualifikation II als *recognition rule* und betont damit stärker die im vorliegenden Fall institutionelle Verortung sprachlichen Handelns.

Im Folgenden wird an zwei Beispielen aus dem Mathematikunterricht illustriert, dass die *recognition rule* und damit verbunden die Einsicht in Sprachdifferenzen und Angemessenheit bestimmter Sprachvarianten für bestimmte Wirklichkeitsbereiche von Grundschülern erst erworben werden muss. Zunächst wird dazu auf ein bereits von Neth und Voigt (1991) ausführlich analysiertes Unterrichtsdokument zugegriffen, bevor ein Ausschnitt aus der eigenen Forschung präsentiert wird.

3.1 Sprachliches Schülerhandeln in Rechengeschichten

Zehn Wochen nach der Einschulung in die erste Klasse erzählt die Klassenlehrerin den Schülerinnen und Schülern eine Geschichte, die von Vögeln handelt. Die Lehrerin bittet die Schülerinnen und Schüler, ihre Aufmerksamkeit auf die Anzahl der anwesenden Vögel zu richten. Das folgende Gespräch entwickelt sich:

L: als ich heute morgen aus dem Fen, aus dem Fenster geguckt habe da saßen auf der Wiese 2 schwarze Drosseln
S: was sind denn Drosseln
L: schwarze Vögel, welche Zahl kam denn da vor
S: 2
L: und dann kam noch ein kleiner Spatz dazu und setzte sich auf den, auf das Gras
S: 3

(...) Die nächsten Rechnungen führen die Schüler wie erwartet aus. Wir gehen gleich zu der nächsten Situation über, in der das Unterrichtsgespräch ‚hakt':

L: 5 saßen auf dem Gras und dann kam die schwarze Katze und 2 sind weggeflogen
S: weil die Angst haben

L: ja und die anderen 3 die haben die Katze auch gesehen und sind auf den nächs-
    ten Baum
S: auf diesen (*zeigt aus dem Fenster*)
L: ja .. wie viel saßen noch auf dem Gras
S: wie viel sind denn auf den Baum geflogen
L: ne nicht .. dann könnt ihr gar nicht hören was ich sage ihr müsst ganz still sein
    ich sage es euch nicht noch mal Andreas bitte
S: 2
S: 1
L: ich fang noch mal an als die schwarze Katze kam.

                                    Rechengeschichte aus Neth und Voigt (1991, S. 99f.)

Die Schülerinnen und Schüler wissen vermutlich (noch) nicht genau, welches
Sprachhandeln von ihnen erwartet wird. Zwar gelingt es einem Kind, mit der Äußerung „drei", ohne direkte Frage der Lehrerin das gewünschte Sprachhandeln an den
Tag zu legen. Die anderen Äußerungen der Schülerinnen und Schüler beziehen sich
jedoch auf andere Aspekte der Geschichte. In Bernsteins (1996) Worten verfügen
die Schülerinnen und Schüler nicht über die in diesem institutionellen Setting gülti-
ge *recognition rule*. Dies hat zur Folge, dass ihnen eine erfolgreiche Teilnahme an
der gemeinsamen Konstruktion der Rechengeschichte verwehrt bleibt, auch wenn
sie bereits über das nötige Zahlwissen und die Operationsfertigkeiten verfügen. In
den Worten von Ehlich et al. (2008) ist in dieser Situation die pragmatische Basisqualifikation II kritisch, denn die Schülerinnen und Schüler lernen hierbei, zwischen dem gewünschten Verhalten beim Verfolgen einer Geschichte im außermathematischen Bereich und im Mathematikunterricht zu unterscheiden. Welches sind
mögliche Ursachen dafür, dass die Kinder nicht über die *recognition rule* verfügen
und sprachlich nicht so handeln, wie es die Lehrerin wünscht?

Auf der Grundlage empirischer Forschungsarbeiten zum Zusammenhang von
Bildungserfolg und Sozialschicht lassen sich mindestens zwei Möglichkeiten begründet diskutieren. Erstens ist belegt (Cooper / Dunne 2000, Lubienski 2000),
dass Kinder aus unterprivilegierten Sozialschichten besondere Schwierigkeiten haben, die Bedeutung ihrer Alltagserfahrungen für das Lösen von Mathematikaufgaben und eine erfolgreiche Beteiligung an Gesprächen im Mathematikunterricht einzuordnen. Auffällig häufig verharren sie in einem horizontalen Diskurs, lösen sich
nicht vom Kontext und dringen so nicht zur mathematischen Struktur vor. Dies
würde plausibel machen, warum die Kinder in ihren Gesprächsbeiträgen auf die
Drosseln, die Angst der Vögel vor der Katze und den einen sichtbaren Baum Bezug
nehmen. Zweitens könnte es sich bei den Schülerinnen und Schülern dieser Unterrichtssituation auch gerade nicht um Kinder aus bildungsfernen Schichten handeln.
Belegt ist ebenfalls (Wieler 1997), dass gerade in bildungsnahen Schichten ein vor-
schulisches häusliches Vorleseverhalten dominiert, in dem die „zuhörenden" Kin-

der geradezu aufgefordert sind, das Vorlesen zu unterbrechen, eigene Erfahrungen einzubringen, Unbekanntes zu erfragen und gar die Geschichten selbst weiterzuspinnen. Dies würde erklären, warum die Kinder noch nicht in der Lage sind, das von der Lehrerin angestrebte Interaktionsmuster zu realisieren. Neth und Voigt (1991) beschreiben, dass es der Lehrerin in dieser Schulklasse schnell gelingt, das Sprachhandeln der Schülerinnen und Schüler in das gewünschte Format einzupassen, was die zweite Erklärungsvariante als plausibler erscheinen lässt.

3.2 Sprachliches Schülerhandeln zu Bilderfolgen

Kindern im Alter von fünf, sechs und sieben Jahren wurden Bilderfolgen vorgelegt, um Unterschiede im mathematikbezogenen produktiven Sprachhandeln markieren und Entwicklungslinien skizzieren zu können. Inspiration fand dieses Vorgehen durch das *Hamburger Verfahren zur Sprachstandsdiagnose Fünfjähriger* (Reich / Roth 2004); um mathematikbezogenes Sprachhandeln zu evozieren, wurden sechsteilige Bilderfolgen gezeichnet, die zum Nummerieren, Zählen, Vergleichen, Gruppieren, Zuordnen, Abschätzen, Begründen und Rechnen auffordern.

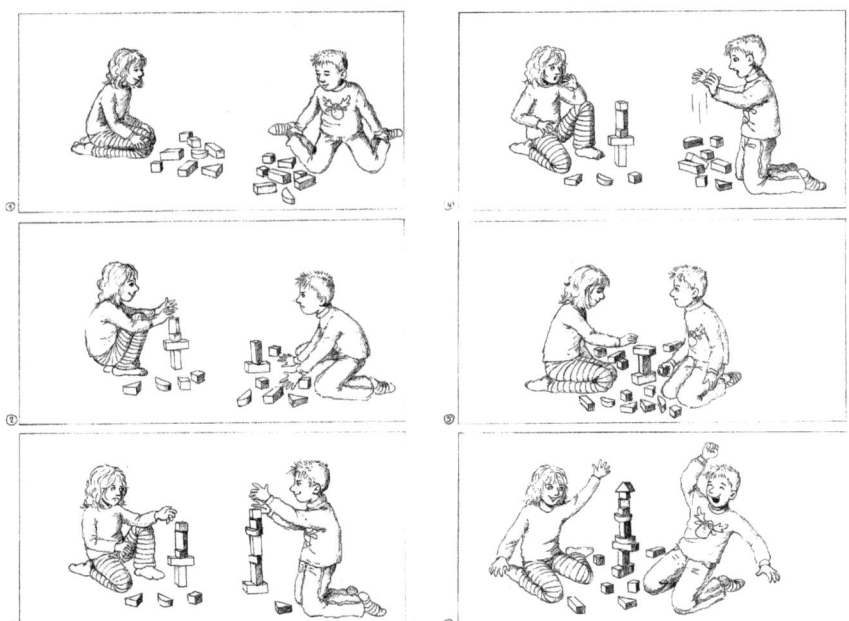

Abb. 3:   Bilderfolge „Bauklötze" (© Constanze Schargan)

Eine dieser Bilderfolgen ist in Abb. 3 beispielhaft dargestellt (den Kindern wurden die einzelnen Bilder, mit farblich hervorgehobenen Bauklötzen, in eindeutiger Reihenfolge vorgelegt).

Die Sprachproduktionen der fünfjährigen Kinder wurden in Kindertagesstätten, die Sprachproduktionen der Schülerinnen und Schüler während des Unterrichts in einer ruhigen Ecke des Klassenzimmers von einer den Kindern unbekannten Person (im Transkript als „I" bezeichnet) audiographiert.

Da mehrere Bilderfolgen zur Verfügung standen, konnte beobachtet werden, wie die Schülerinnen und Schüler allmählich ein Gespür dafür entwickelten, was eine Geschichte zu einer *Mathegeschichte* macht. Jede erzählte Geschichte wurde von *I* pauschal gelobt, es wurden keine Rückmeldungen zu den sprachlichen Mitteln gegeben. Im Eingangsimpuls wurde die Geschichte jedoch von *I* als Mathegeschichte gerahmt und gebeten, jedes Bild zu beschreiben (um, etwa bei der Bilderfolge „Bauklötze", auf den zahlenmäßigen Plot zu fokussieren).

Eine siebenjährige Schülerin („S"), die sich vorher zur Bilderfolge „Kindergeburtstag" geäußert hat, wendet sich nun der Bilderfolge „Bauklötze" zu. Sie erzählt eine erste Geschichte, wird daraufhin pauschal gelobt, entfernt sich kurz, kommt aber umgehend wieder zurück an den Aufnahmetisch und erzählt ein zweites Mal:

I: Erzähl mir noch mal eine Mathegeschichte ... mit möglichst viel Mathe und du probierst wieder möglichst genau, dass du jedes Bild einmal beschreibst.

S: Johanna hatte drei rote drei blaue ein gelber und und ein grüner. Und die gleichen hatte auch Max. Johanna fangt an. Erst einen blauen dann einen blauen dann einen roten dann einen blauen ... Aber Max musste erstmal suchen und suchen welchen er nehmen musste. Endlich hatte er erst zwei zwei blaue gebaut. Aber dann wollte dann hatte Jo Johanna noch noch ... noch weniger weil sie musste auch erst suchen. Endlich hatte sie ein blauen blauen einen roten und ein einen roten und einen blauen und das waren fünf. Jetzt hatte Max: eins zwei drei vier fünf sechs, hat er gezählt. Einen blauen einen blauen einen roten einen blauen einen gelben einen roten und einen roten. Jonas Jonas hatte den Turm umgeschmissen aber ka aber außer wie gut der wird das wird. Er hatte nämlich ne gute Idee und dann hat er gesagt: Wollen wir denn nicht einen zusammen ba bauen. Aber ich hab doch erst fünf ... und dann können wir den doch gleich in die Mitte stellen, hatte hatte hatte Johanna gesagt. Nöö, sagte sagte sagte Jonas. Ich will ich will ich fang einen neuen an. Drei hatten sie schon aufgebaut. Dann hatten sie den umgeschmissen. Drei hatten sie sie schon aufgebaut. Und jetzt hatten sie eins zwei drei ... eins zwei drei vier fünf sechs sieben acht neun. Und eins zwei drei vier fünf sechs liegen noch auf dem Boden. Und wie viele sind's dann? Das sind (*Pause, S zählt*) sechzehn.
...

S: Aber eigentlich war das gar keine richtige Mathegeschichte.

I: Möchtest du noch mal?

S: Mhm ... Ein Mädchen das hieß Johanna. Ein Junge das hieß Max. Sie hatten natürlich Bausteine wie jedes Kind. Und das Mädchen baute den Turm. Sie war schneller weil sie auch vorher angefangen hatte. Und sie hatte sich erst ein eins zwei drei vier gemacht und der Junge hatte eins zwei. Das mochte der Junge nicht. Der wollte auch fünf haben. Dann baute er schnell weiter. Aber das ging gar nicht da hatte er aus Versehen zu viele. Das wollte das Mädchen nicht. Das Mädchen hatte nämlich nur fünf und der Junge hatte sechs ... Und das wollte das Mädchen nicht. Der Junge mach machte das kaputt weil er wollte auch nicht dass er schneller war. Er wollte ja den gleichen Turmhöhe haben ... Und ... Und als dann als der umgeschubst wurde, dann hatte das Mädchen immer noch fünf. Der Junge sagte: Ich will einen zusammen bauen. Ich will nämlich den gleichen hohen wie du haben und auch die gleiche Zahl. Ja natürlich können wir das. Dann komm dann schmeißen wir den um. Machte es noch mal bumm. Und dann hatten sie drei und dann hatten sie eins zwei drei vier fünf sechs sieben acht neun zehn ... zehn schon gebaut. Dann ... sie freuten sich so doll dass dass sie den sogar fast umwarfen.

Erzählung zur Bilderfolge „Bauklötze"; Schülerin, siebenjährig

Die Vorstellungen der Schülerinnen, was eine „richtige Mathegeschichte" ausmacht, können selbstverständlich nicht rekonstruiert werden. Festgehalten werden kann jedoch, dass die Schülerin offensichtlich über eine Einsicht in differentielle Sprachproduktion verfügt. Sie erkennt, dass das Erzählen einer „Mathegeschichte" einer spezifischen Fokussierung der Bilderfolge bedarf. Ob intuitiv oder geplant: Sie verwendet in der zweiten Geschichte sprachliche Mittel, mit denen in verstärktem Maß Vergleiche („sie hatte ... vier gemacht und der Junge ...zwei"; „Das Mädchen hatte nämlich nur fünf und der Junge hatte sechs"), begriffliche Bezugswechsel („Turmhöhe") und Begründungen (fünf statt zwei) realisiert werden. Während in der ersten Geschichte narrative Konnektoren („und", „endlich", „aber", „und dann") durchgängig dominieren, findet sich eine narrative Strukturierung in der zweiten Geschichte vor allem am Ende. Auch wenn so kein vollkommen andersartiger Text entsteht: Dokumentiert ist so ein Gespür dafür, welche Art von Sprachproduktion erwartet wird, obwohl diese Erwartung lediglich vage über den Eingangsimpuls Explizierung findet. Die hier handelnde Schülerin zeigt eine ausgeprägte pragmatische Basisqualifikation II und unterscheidet zwischen den im Deutsch- und Mathematikunterricht bevorzugt zu verwendenden sprachlichen Mitteln.

4   Fazit und Ausblick

Die Entwicklung einer fachlich ausdifferenzierten Bildungssprache in der Grundschule rekurriert einerseits auf einer Verankerung in Erfahrungen mit Sprache. Andererseits erscheint die Erfahrung von Sprach*differenzen* fundamental. Ein Mathematikunterricht beispielsweise, der die vielfältigen Referenzrahmen von „gleich" ignoriert (Warren 2006) oder nicht klar zwischen den Referenzrahmen von „und" und „plus" trennt, verwischt diese Sprachdifferenzen und konstruiert eine diskursive Mischform, deren horizontale und vertikale Elemente diffus bleiben. Eine Anbahnung von Einsicht in die Funktionen von Sprache in verschiedenen Sprachsituationen kann so kaum erfolgen (vgl. Schütte 2009).

Der spezifische Bezug zu Mathematik bedingt darüber hinaus, dass schon in der Grundschule die für mathematische Begriffsbildung charakteristischen Sprachformen sowie vertikale Wissensstrukturen abgebahnt werden können. Wie lange „darf man beim Plusrechnen die Zahlen vertauschen" und ab wann „ist die Addition kommutativ"? Ab wann ist ein Quadrat zwar immer ein Rechteck, aber ein Rechteck nur in Sonderfällen ein Quadrat? Ferner wird es für die explizite Förderung der Entwicklung einer mathematikbezogenen Bildungssprache des Unterrichts für alle Schülerinnen und Schüler bedeutsam sein, dass frühzeitig auf mathematische Begründungen und explizit auf die diese darstellenden kohärenzbildenden Sprachmittel eingegangen wird. Letztlich gilt es aufmerksam zu sein gegenüber den, wenn auch oft fragmentarischen, Momenten, in denen, auch schon zu Schulbeginn, abgelöstes Zahlendenken stattfindet; wenn etwa ein fünfjähriges Kind, das zwar sagen kann, wie viel vier mal vier ist, aber nicht fünf mal fünf, argumentiert: „Fünf mal fünf muss doch 17 sein, weil vier mal vier ist 16."

Literatur

Adler, Jill (2001): Teaching Mathematics in Multilingual Classrooms, Kluwer, Dordrecht.

Barton, Bill (2008): The Language of Mathematics: Telling Mathematical Tales, Springer, New York.

Barwell, Richard (2009) (Hrsg.): Mathematics in Multilingual Classrooms: Global Perspectives, Multilingual Matters, Bristol.

Bauersfeld, Heinrich (1983): Subjektive Erfahrungsbereiche als Grundlage einer Interaktionstheorie des Mathematiklernens und -lehrens, in: Bauersfeld, Heinrich / Bussmann, Hans / Krummheuer, Götz / Lorenz, Jens H. / Voigt, Jörg (Hrsg.): Lernen und Lehren von Mathematik: Untersuchungen zum Mathematikunterricht, Aulis, Köln, 1–56.

Bernstein, Basil (1971): Theoretical Studies Towards a Sociology of Language, Routledge & Kegan Paul, London.

Bernstein, Basil (1996): Pedagogy, Symbolic Control and Identity, Taylor & Francis, London.

Bernstein, Basil (1999): Vertical and horizontal discourse: an essay, in: British Journal of Sociology of Education, 20(2), 157–173.

Brown, Tony (2001): Mathematics Education and Language: Interpreting Hermeneutics and Post-Structuralism, Kluwer, Dordrecht.

Donaldson, Margaret (1978): Children's Minds, Fontana, London.

Cooper, Barry / Dunne, Máiréad (2000): Assessing Children's Mathematical Knowledge: Social Class, Sex and Problem-Solving, Open University Press, Buckingham / Philadelphia.

Cummins, Jim (1996): Negotiating Identities: Education for Empowerment in a Diverse Society, California Association for Bilingual Education, Los Angeles.

Ehlich, Konrad / Bredel, Ursula / Reich, Hans H. (2008): Sprachaneignung: Prozesse und Modelle, in: Ehlich, Konrad / Bredel, Ursula / Reich, Hans H. (Hrsg.): Referenzrahmen zur altersspezifischen Sprachaneignung, Bildungsforschung Band 29/I, Bundesministerium für Bildung und Forschung, Bonn / Berlin, 9–34.

Fetzer, Marei (2007): Interaktion am Werk: Eine Interaktionstheorie fachlichen Lernens, entwickelt am Beispiel von Schreibanlässen im Mathematikunterricht der Grundschule, Klinkhardt, Bad Heilbrunn.

Freudenthal, Hans (1983): Didactical Phenomenology of Mathematical Structures, D. Reidel, Dordrecht.

Gellert, Uwe (2008): Mathematikspezifische schulische Bildungssprache im Schuleingangsalter, in: Ramseger, Jörg / Wagener, Matthea (Hrsg.): Chancenungleichheit in der Grundschule: Ursachen und Wege aus der Krise, Verlag für Sozialwissenschaften, Wiesbaden, 207–210.

Gellert, Uwe (2009): Zur Explizierung strukturierender Prinzipien mathematischer Unterrichtspraxis, in: Journal für Mathematik-Didaktik, 30(2), 121–146.

Gellert, Uwe / Hümmer, Anna-Marietha (2008): Soziale Konstruktion von Leistung im Unterricht, in: Zeitschrift für Erziehungswissenschaft, 11(2), 288–311.

Gogolin, Ingrid (2004): Zum Problem der Entwicklung von „Literalität" durch Schule: Eine Skizze interkultureller Bildungsforschung im Anschluss an PISA, in: Zeitschrift für Erziehungswissenschaft, Beiheft 3/2004, 101–111.

Halliday, Michael A.K. (1985): An Introduction to Functional Grammar, Edward Arnold, London.

Hasan, Ruqaiya (2001): The Ontogenesis of Decontextualised Language: Some Achievements of Classification and Framing, in: Morais, Ana / Neves, Isabel / Davies, Brian / Daniels, Harry (Hrsg.): Towards a sociology of pedagogy: the contribution of Basil Bernstein to research, Peter Lang, New York, 47–79.

Hoffmann, Michael H.G. (2006): Einleitung: Semiotik in der Mathematikdidaktik: Lernen anhand von Zeichen und Repräsentationen, in: Journal für Mathematik-Didaktik, 27(3/4), 3–11.

Knipping, Christine / Reid, David A. / Gellert, Uwe / Jablonka, Eva (2008): The Emergence of Disparity in Performance in Mathematics Classrooms, in: Matos, João F. / Valero, Paola / Yasukawa, Keiko (Hrsg.): Proceedings for the Fifth International Mathematics Education and Society Conference, Universidade de Lisboa, Lissabon, 320–329.

Koch, Peter / Oesterreicher, Wulf (1985): Sprache der Nähe – Sprache der Distanz: Mündlichkeit und Schriftlichkeit im Spannungsfeld von Sprachtheorie und Sprachgeschichte, in: Romanistisches Jahrbuch, 36, Walter de Gruyter, Berlin / New York, 15–43.

Lubienski, Sarah T. (2000): A clash of social class cultures? Students' experiences in a discussion-intensive seventh-grade mathematics classroom, in: The Elementary School Journal, 100(4), 377–403.

Martin, James R. (1993): Genre and Literacy: Modeling Context in Educational Linguistics, in: Annual Review of Applied Linguistics, 13, 141–172.

Martin, James R. (2007): Construing Knowledge: a Functional Linguistic Perspective, in: Christie, Frances / Martin, James R. (Hrsg.): Language, knowledge and pedagogy: functional linguistic and sociological perspectives, continuum, London, 34–64.

Morgan, Candia (1998): Writing Mathematically: The Discourse of Investigation, Falmer Press, London.

Moschkovich, Judit (2007): Using two languages when learning mathematics, in: Educational Studies in Mathematics, 64(2), 121–144.

Neth, Angelika / Voigt, Jörg (1991): Lebensweltliche Inszenierung, in: Maier, Hermann / Voigt, Jörg (Hrsg.): Interpretative Unterrichtsforschung, Aulis, Köln, 79–116.

Pimm, David (1987): Speaking Mathematically, Routledge, London.

Reich, Hans H. / Roth, Hans-Joachim (2004): HAVAS 5: Hamburger Verfahren zur Sprachstandsdiagnose Fünfjähriger, Landesinstitut für Lehrerbildung und Schulentwicklung, Hamburg.

Schütte, Marcus (2009): Sprache und Interaktion im Mathematikunterricht der Grundschule: Zur Problematik einer Impliziten Pädagogik für schulisches Lernen im Kontext sprachlich-kultureller Pluralität, Waxmann, Münster u.a.

Simon-Vandenbergen, Anne-Marie / Taverniers, Mirjam / Ravelli, Louise (2003) (Hrsg.): Grammatical Metaphor: Views from Systemic Functional Linguistics, John Benjamins, Amsterdam / Philadelphia.

Warren, Elizabeth (2006): Comparative mathematical language in the elementary school: a longitudinal study, in: Educational Studies in Mathematics, 62(2), 169–189.

Wieler, Petra (1997): Vorlesen in der Familie: Fallstudien zur literarisch-kulturellen Sozialisation von Vierjährigen, Juventa, Weinheim.

Zur linguistischen Analyse mathematikdidaktischer diagnostischer Interviews

Erkan Özdil

Zusammenfassung: Im Beitrag wird die schülerseitige Bearbeitung einer mathematischen Textaufgabe anhand eines konkreten Beispiels sprachwissenschaftlich analysiert. Auf diese Weise sollen Möglichkeiten einer (sprach-)theoriegestützten Analyse von textorientierten Aufgabenlösungen im Fach Mathematik aufgezeigt und einer Systematisierung zugänglich gemacht werden. Die Analyse deckt Verstehensprobleme der Lernendenseite auf, die nicht unmittelbar mit individuellen Sprachdefiziten erklärt werden können, sondern vielmehr auf eine den Verstehensprozess blockierende Aufgabenformulierung zurückzuführen sind.

Spätestens seit der Offenlegung des Abhängigkeitsverhältnisses zwischen sprachlichen und fachlichen Leistungen in den sog. „spracharmen" Fächern wie Mathematik und Naturwissenschaften durch die PISA-Studien (Deutsches PISA-Konsortium 2002) gewinnen die Sprache im Allgemeinen und die zweitsprachlichen Lernprozesse im Speziellen zunehmend an Bedeutung (vgl. Grießhaber 2010, S. 37).

Verschiedene wissenschaftliche Disziplinen wie die Erziehungswissenschaft, die Psychologie und die einzelnen Fachdidaktiken beschäftigen sich mit Fragen, die sich im wesentlichen auf „...die Frage nach dem Verhältnis von Lehren und Lernen..." (Becker-Mrotzek 2000, S. 58) zurückführen lassen.

Allgemein kann man sagen, dass dem Ist-Zustand von unterrichtlicher Praxis ein zu erreichender Soll-Zustand gegenübergestellt wird. Die einzelnen Fachdidaktiken bewegen sich demzufolge mit ihren Fragestellungen immer im Spannungsfeld zwischen beobachtbarer Unterrichtspraxis und ihrer möglichen Verbesserung. Bei der Verfolgung der Fragestellungen wird mit dem jeweiligen Erkenntnisgegenstand mittels verschiedener qualitativer Forschungsmethoden (Fragebogen, Interviews etc.) unterschiedlich verfahren. Die Methoden sind stark vom Erkenntnisinteresse der jeweiligen Fachdisziplin geleitet. So stehen in der mathematikdidaktischen Forschung v.a. Denkprozesse im Mittelpunkt des Interesses, die beim Bearbeiten mathematischer Problemstellungen im Kopf der Lernenden stattfinden, um so – grob zusammengefasst – auf einen möglichen Förderbedarf schließen zu können. Dementsprechend werden Verfahren wie das diagnostische Interview angewendet, die die Gedanken der Lernenden beim Lösen mathematischer Aufgaben nachvollziehbar machen sollen. Die Probanden werden aufgefordert, ihre Verfahrensschritte im Prozess der Aufgabenlösung laut zu äußern (zum

‚Lauten Denken' (LD) als qualitative Erhebungsmethode der Psychologie, vgl. Konrad 2010, der Sprachlehrforschung vgl. u.a. House 1988, der Übersetzungswissenschaft vgl. Krings 2005). Man erhofft sich dadurch jene Prozesse aufzudecken, die das schrittweise Herangehen an ein mathematisches Problem qualitativ erkennbar, reflektierbar und somit hinsichtlich des Lernprozesses aus- und bewertbar machen. Für diesen Zweck scheint auf den ersten Blick diese Methode für die mathematikdidaktische Forschung naheliegend zu sein. Ob LD dafür geeignet ist, bleibt jedoch zu hinterfragen (eine Methodendiskussion in der Translationsforschung findet sich u.a. in Kubiak 2009, S. 19ff.), denn im Grunde genommen stellt die Aufforderung an den Probanden, beim Lösen einer Aufgabe seine Gedanken zu versprachlichen, ein Aufgaben-Splitting dar, durch den die mentalen Prozesse nur unzureichend wiedergegeben werden: Die Versprachlichung und das Lösen einer sachlichen Aufgabe sind kognitiv zwei verschiedene Prozesse. Die Selbstbeobachtung, ihre Versprachlichung und das Aufgabenlösen laufen nicht simultan ab. Zudem verfügt der Proband nicht über das professionelle Begriffsinstrumentarium, mit dem er seine inneren Prozesse beschreiben kann (Rehbein, persönliche Mitteilung).

Aus sprachwissenschaftlicher Perspektive stellen sprachlich wiedergegebene Problemlösungen bereits im Zuge der Verbalisierung sprachlicher Mittel den Vollzug mentaler Prozesse dar, deren Handlungspotential sich in der Interaktion mit Interviewpartnern, Arbeitsgruppenmitgliedern oder Aufgabentexten entfaltet und somit der Analyse zugänglich sind. So zeigt sich bei der weiter unten durchgeführten Beispielanalyse, dass die Umformulierung des im Aufgabentext formulierten Ausdrucks „bei jedem vierten Schuss" zu „jedem von vierten Schuss" in einer lernerseitigen Äußerung zum einen eine Aussage über dessen subjektive Relevanz für das Wort *jeden* für die Aufgabenlösung und zum anderen die Diskrepanz zwischen dem mathematischen Konzept relativer Zahlen und der lernerseitigen Konzeptualisierung absoluter Zahlen deutlich werden lässt. So soll gezeigt werden, dass die Formulierung mathematischer Textaufgaben auf Deutsch die (nichtmuttersprachlichen) Schüler auf falsche Fährten und damit zu erfolglosen Problemlösungsversuchen führt und zudem dazu führen kann, ihr eigentliches Wissen nicht anzuwenden. Die Berücksichtigung der kommunikativen Funktionen von Wortstellung (Syntax) und Wortart (Quantoren) mit den Unterschieden in der Zweit- und der Erstsprache eröffnet somit die Rekonstruktion eines mentalen Verarbeitungsprozesses, der im Abgleich mit dem Ziel der Aufgabe auf ein Missverständnis hin deutet.

Der vorliegende Beitrag widmet sich der funktional-pragmatischen Analyse von Gesprächen (Diskursen) über schriftlich vorliegende Aufgaben und deren diskursiven Bearbeitung. Sie ermöglicht die Berücksichtigung des Ineinandergreifens mentaler und sprachlicher Prozesse unter institutionellen Rahmenbedingungen anhand eigens dafür entwickelter Analysekategorien.[1] Der sprachlich-mentale Aspekt beim Lösen mathematischer Aufgaben steht somit im Vordergrund. Dabei wird der Rolle und der Funktion der für das Aufgabenlösen verwendeten Sprache als Erst- oder Zweitsprache besondere Bedeutung beigemessen.

Der Aufsatz wendet sich an Interessierte, deren Fächerschwerpunkt nicht die Linguistik ist. Er versteht sich somit als Einführung in Aspekte einer interdisziplinär ausgerichteten funktional-pragmatischen Diskursanalyse (nach Rehbein 2001, Ehlich 2007).

1 Herangehensweise und Gesprächskonstellation

1.1 Zur Herangehensweise

Zu Beginn möchte ich einen Ausschnitt eines Gesprächs vorstellen, das in einem Seminar von Studierenden geführt wurde als Grundlage für die Vertiefung diagnostischer Kompetenzen sowie der Entwicklung von schulischen Fördermaßnahmen in der Lehramtsausbildung.[2] Es ist ein exemplarisches Beispiel für andere in diesem Rahmen unter ähnlichen Bedingungen geführte Gespräche.

Anhand des Transkriptausschnitts werden Kategorien der funktional-pragmatischen Diskursanalyse erläutert und einzelne Aspekte der sprachlich-mentalen Verarbeitung mathematischer Aufgaben diskutiert. Die Analyse ermöglicht zudem, die zu lösenden Aufgaben auf ihre schülerseitige Verarbeitung hin zu reflektieren. Gleichzeitig ermöglicht sie die Reflexion von Anforderungen für die Aufgabenstellung, indem das Wechselverhältnis zwischen dem vorliegenden Aufgabentext und dessen sprachlicher Be- und Verarbeitung auf der Schülerseite offengelegt wird. Im

---

1 Die funktional-pragmatische Diskursanalyse stellt in der Sprachwissenschaft eine theoriegeleitete hermeneutische Methode dar, die sich der traditionell strikten Separierung der sprachwissenschaftlichen (linguistischen) Teildisziplinen (Phonetik/Phonologie, Syntax, Morphologie, Semantik, Pragmatik, Textgrammatik etc.) entzieht, indem sie alle sprachlichen Phänomene unter dem Aspekt der gesellschaftlich entwickelten (sprachlichen) Formen zur Umsetzung von gesellschaftlichen und individuellen Zwecken analysiert. Die Rekonstruktion der Beziehung zwischen Formen und ihren (gesellschaftlich entwickelten) Funktionen anhand ihrer praktischen Umsetzung (Handlungspraxis) in der Wirklichkeit stellt gleichzeitig ein theoriebildendes Ziel dar. Die Theorie versteht sich als interdisziplinär zu anderen Wissenschaftsbereichen, wie z.B. der Philosophie, der Soziologie und der Psychologie (vgl. Rehbein 2001, Ehlich 2007, zum 'Theorie'-Konzept der Funktionalen Pragmatik, vgl. Rehbein 1996).

2 Das Seminar wurde konzipiert und durchgeführt von Lena Wessel und Kristine Tschierschky im Rahmen des Teilprojekts „Diagnose und individuelle Förderung erproben" des von der Deutsche-Telekom-Stiftung geförderten Lehrerbildungs-Projekts dortMINT an der Technischen Universität Dortmund (Teilprojektleitung: Susanne Prediger, Erkan Özdil).

Anschluss an die Analyse wird eine Systematisierung von diagnostischen Analyse-schritten vorgestellt, die sich an markanten Merkmalen der sprachlichen Verarbei-tung und Bearbeitung mathematischer Aufgaben im Speziellen und der (fach-) sprachlichen Textverarbeitung im Allgemeinen orientiert. Dabei soll den Lern-bedingungen in der Zweitsprache besonders Rechnung getragen werden.

1.2 Transkript

Bei dem im Folgenden vorgestellten Transkriptausschnitt handelt es sich um ein Gespräch, das im Rahmen einer Versuchsanordnung als erste Phase geführt worden ist. Die Versuchsanordnung sieht folgende Schritte vor:
Einer Schülergruppe wird eine Textaufgabe vorgelegt. Jedem Gruppenmitglied wird neben dem Aufgabentext ein leeres Blatt Papier, ein Blatt mit aufgedruckten Streifen und ein Stift zur Verfügung gestellt. Die Streifen dienen als Hilfe für die schematische Darstellung der Mengenverhältnisse.
Die Kinder erhalten entsprechend der Vorgehensweise des kooperativen Ler-nens think – pair – share (Green / Green 2006) folgende Instruktionen:

Think: Eigene Überlegungen anstellen.
1) Lies die Aufgabe sorgfältig durch.
2) Überlege dir, wie du die Aufgabe lösen würdest.
3) Fertige eine Lösung an. Zeichne dazu die Spielergebnisse in die Streifen und begründe damit deine Entscheidung.

Pair: Seine Ergebnisse mit den anderen diskutieren, um sich auf ein gemeinsames Ergebnis zu einigen.
4) Tausche dich anschließend mit deinem Partner aus.
5) Entscheidet euch für eine gemeinsame Lösung

Share: Das so gewonnene gemeinsame Ergebnis anderen mitteilen.
6) Gebt der Interviewerin Bescheid, um ihr eure gemeinsame Lösung zu erklä-ren.

Anschließend folgt ein diagnostisches Interview mit einer Interviewpartnerin. Hier soll im Gespräch genauer geklärt werden, wie die Kinder zu ihren individuellen Lösungen und dann zur gemeinsamen Lösung gekommen sind.
Der im Transkript[3] dokumentierte Gesprächsausschnitt umfasst die Schritte 4-6, in denen die Lernenden ihre Lösungen argumentativ vertreten sowie austauschen

---

3 Das Gespräch wurde nach der in der funktional-pragmatischen Diskursanalyse üblichen Kon-vention HIAT (Halbinterpretative Arbeitstranskription) (s. Ehlich & Rehbein 1976, 1979) mit dem Partitur Editor von EXMARALDA© (s. exmaralda.org) transkribiert. – Zeichenerklärung

und anschließend das gemeinsame Ergebnis der Interviewerin mitteilen. Die zu lösende Textaufgabe entspricht Aufgaben, wie sie in der Schule bearbeitet werden:

(B1)

Studie zur Koordinationsfähigkeit

In einer Gesamtschule in Nordrhein-Westfalen wurde eine Studie zur Koordinationsfähigkeit von Schülern durchgeführt, in der untersucht wurde, wie viele Schüsse beim Schießen auf eine Torwand ins Tor gingen. Insgesamt wurden vier Gruppen und ihre Trefferquoten verglichen:

Gruppe 1 traf bei 10 Schüssen 7 mal, während bei der zweiten Gruppe 50 % der Schüsse ins Tor gingen. In Gruppe 3, der auch die meisten Schüler angehörten, traf man 4 mal bei 6 Versuchen. In Gruppe 4 wurde bei jedem vierten Schuss ein Treffer erzielt.

Welcher Gruppe gehören die Schüler an, die über die höchste Koordinationsfähigkeit verfügen?

Die Gruppe der Probanden setzt sich aus zwei Schülerinnen und einem Schüler einer sechsten Gesamtschulklasse zusammen. Von allen dreien wurde Deutsch als zweite Sprache (L2) erworben. Die Probanden sitzen an einem Gruppentisch, die Mädchen sitzen dem Jungen gegenüber. Alle Probanden haben noch keine schulischen Vorerfahrungen mit dem Vergleichen von Brüchen.

LIN	Lina, Interviewerin, Lehramtsstudentin der Mathematik; L1 Deutsch (monolingual)
ADM	Adem, 11 Jahre, Schüler der Klasse 6 einer Gesamtschule; L1 Bosnisch
MER	Meral, 11 Jahre, Schülerin der Klasse 6 einer Gesamtschule; L1 Türkisch
SUH	Suheyla, 12 Jahre, Schülerin der Klasse 6 einer Gesamtschule, L1 Türkisch
UNI	Unidentifizierbare/r Sprecher/in

[1]

> *((Nachdem die SchülerInnen den Aufgabentext jede/r für sich gelesen und ihre Gedanken*

[2]

> *dazu aufgeschrieben haben, fordert die Interviewerin LIN sie auf, sich auszutauschen*

---

der Transkriptionen: [v]: verbale Handlungslinie; grau unterlegt sind Handlungen nonverbaler Art; die Länge der grauen Unterlegung gibt die Dauer der nonverbalen Handlung wieder; /: Reparaturzeichen; ...: Abbruchzeichen; ( ): einfache runde Klammern enthalten Hörvermutungen der Transkribierenden; (( )): Doppelklammern enthalten Beschreibungen; •, ••, •••: kurze Pausen; ((1s)): Pausen ab 1 Sekunde aufwärts; PF: Partiturfläche. Die Erlaubnis für die Aufnahme wurde bei den Probanden und ihren Eltern eingeholt; die Namen aller Beteiligten sind anonymisiert.

[3]

ADM [v]	Ich denke, die dritte Gruppe
	Hält dabei ihr beschriebenes Blatt
und sich für eine gemeinsame Lösung zu entscheiden)).	

[4]

ADM [v]	hat gewonnen. Weil sie hat die mei/ weil sie hat die meisten Treffe quoten
	Papier hoch und guckt drauf.

[5]

ADM [v]	und die wenigsten ähm Fehlschüsse.
SUH [v]	((1s)) Ja, ich meine, dass die •
	Hält dabei ihr beschriebenes Blatt

[6]

SUH [v]	Nummer eins ge • wonnen hat/ gewonnen haben. Weil ähm, • • ja, sie
	Papier hoch und guckt drauf.
	((LIN kommt und nimmt einige ungenutzte Karten vom Tisch))

[7]

SUH [v]	haben (noch) mehr Treffer ((5s)) als die anderen. ((2s)) Ja, • • • ich finde

[8]

SUH [v]	Nummer eins • • die bessere.
MER [v]	Ich mein, die Gruppe vier hat gewonnen,
	Hält dabei ihr beschriebenes Blatt Papier hoch und

[9]

MER [v]	weil • viele Tore • getroffen wurden. Weil ähm jedem, • weil • • jedem von
	guckt drauf.

[10]

MER [v]	vierten Schuss ein To/ • Treffer erzielt wurden. Und deswegen glaube ich,

[11]

MER [v]	dass die Gruppe vier gewonnen hat.
UNI [v]	((4s)) (Dann) müssen wir uns

[12]

ADM [v]	Wir sollten die • • • Nummer drei wählen, weil sie hat am
UNI [v]	entscheiden.

[13]

ADM [v]	wenigsten daneb geschossen. Nummer fü/ und die
MER [v]	((3s)) Ich finde Nummer vier.

[14]

ADM [v]	Nummer drei hat doch auch ähm vier Versuche wenig als die • • Gruppe

[15]

ADM [v]	eins • oder die Gruppe vier. Jap. Die Gruppe
	Schaut auf den
SUH [v]	Du hast Nummer drei, ne?

[16]

ADM [v]	drei hatte viermal getroffen bei sechs Versuchen. • • • Denen fehlten nur
	Aufgabentext.

[17]

ADM [v]	noch zwei. Und die • Gruppe eins hat z/ • bei zehn Schüssen sie mal

[18]

ADM [v]	getroffen. ((3s)) Die zweite Gruppe hat nur fünfzig Prozent nur fünf.
SUH [v]	Ja

[19]

ADM [v]	Und die vierte Gru/ die dritte hat drei ( ). Aber wie
MER [v]	Aber die vierte ( ).
	Deutet auf ihr Aufgabenblatt.

[20]

ADM [v]	viele Versuc hatte die vierte überhaupt?
MER [v]	• • Bei jedem vierten Schuss
	Zeigt nochmal kurz auf das

[21]

ADM [v]	Ja, aber ich weiß nicht. Da muss/ also haben sie
MER [v]	wurde ein Treffer erzielt.
	Aufgabenblatt.

[22]

ADM [v]	ja jetzt die ganze Zeit losgeballert. Weil ich mein, irgendwann muss man ja

[23]

ADM [v]	auch aufhörn. (Ja). (Ich weiß). Nein
MER [v]	(Aber das fehlt hier). ( ). ( ).

[24]

ADM [v]	(Mensch), das geht nicht. Ich glaub, das geht nicht soo, wer die meisten

[25]

ADM [v]	Tore geschossen hat. Ich glaub da, der • wenigsten daneb geschossen

[26]

ADM [v]	hat. Kann doch auch sein. Ist ja auch wichtig. Ich meine, wenn man nicht

[27]

ADM [v]	daneben schießt, schießt man ja rein. • • Die haben nur zweimal daneben

[28]

ADM [v]	geschossen. Die haben fast alle Versuche richtig gehabt. ((2s)) Die

[29]

ADM [v]	Gruppe vier hat ja, hat ja nichtmals irgendwie so'n Ende so bei, so ein

[30]

ADM [v]	Ende bei ähm • • • also bei den Sc .
MER [v]	Aber • da, da steht bei der
	Liest vom Aufgabenblatt ab.

[31]

ADM [v]	Ja.
MER [v]	Gruppe drei, die hat auch die me • • Schüler. Aber wie viele

[32]

ADM [v]	((stöhnt)) Ja, es geht ja auch darum,
MER [v]	Schüler sind da? ( ).

[33]

ADM [v]	wer die beste Koordinationsfähigkeit hat. ((3s)) Gut, wen wählen wir jetzt?

[34]

ADM [v]	((2s)) Irgendwie weiß ich jetzt auch nicht so genau weiter.
SUH [v]	Ich finde

[35]

SUH [v]	Nummer vier auch gut, aber ((1,5 s)) die Nummer drei auch ein bisschen.

[36]

ADM [v]	((14s)) Also ((2s)) Irgendwer müssen wir ja wählen.
SUH [v]	((lacht))
UNI [v]	((stöhnen))

[37]

MER [v]	Aber guck mal! Hier steht, ((1,5 s)) die meisten Schüler angehören und...
	Beugt sich über ihr Aufgabenblatt und deutet mit ihrem Stift auf die Textstelle.

[38]

ADM [v]	((1,5s)) Na und? Es geht ja nicht darum, wie viele Schüler da warn.
	((beugt sich über Merals Blatt und zeigt auf die Textstelle)).
MER [v]	Das

[39]

ADM [v]	Es geht darum, wer die beste Koordinationsfähigkeit hat. Also welche
MER [v]	mein ich auch nicht.

[40]

ADM [v]	Gruppe.
MER [v]	Ja, dann weiß ich nicht. Das steht, steht ja hier: • In Gruppe drei,
	liest den Text vom

[41]

MER [v]	der auch die meisten Schüler angehörten, traf man viermal bei sechs
	Aufgabenblatt ab.

[42]

ADM [v]	Okay. ((3s)) Hm, was sollen wir jetzt machen, (wenn|damit) wir
MER [v]	Versuchen.

[43]

ADM [v]	fertig sind?
SUH [v]	• • • Müssen wir's • • erklären.
MER [v]	( ) erklären.

[44]

ADM [v]	Sollen wir
	Guckt kurz in Richtung der Interviewerin und wieder zurück.
MER [v]	((schmunzelt)).

[45]

ADM [v]	das zusammen? ((wendet sich zu den
	Hebt die Hand, schnipst
	Gestikuliert, dass Adem der Interviewerin Bescheid geben soll.

[46]

ADM [v]	Interviewerinnen)). Wir sind fertig! Also wir haben uns geeinigt.
	mit den Fingern/zeigt auf.
LIN [v]	• Habt ihr

[47]

ADM [v]	( ).
LIN [v]	euch geeinigt. Worauf habt ihr
	Die Interviewerinnen setzen sich an den Tisch.

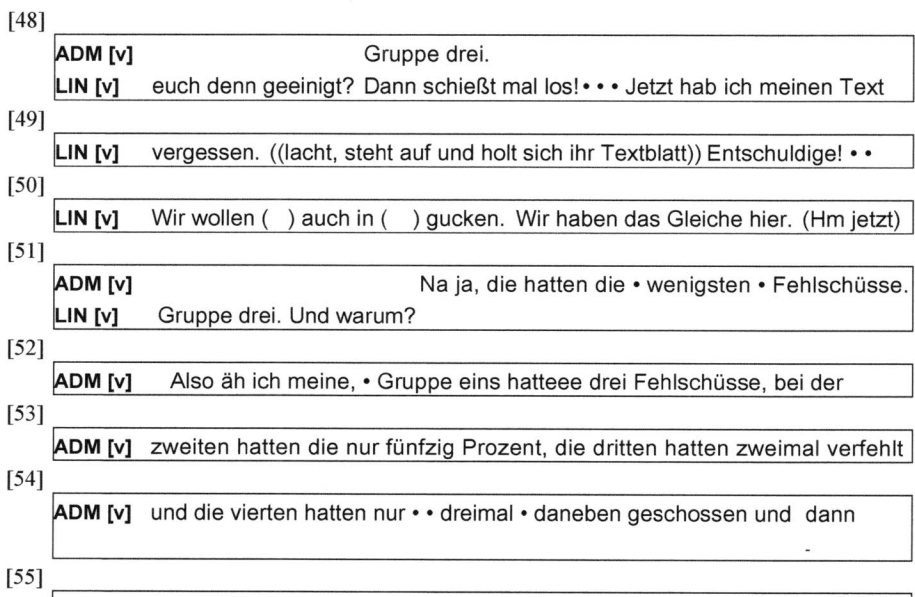

[48]

ADM [v]	Gruppe drei.
LIN [v]	euch denn geeinigt? Dann schießt mal los! • • • Jetzt hab ich meinen Text

[49]

| LIN [v] | vergessen. ((lacht, steht auf und holt sich ihr Textblatt)) Entschuldige! • • |

[50]

| LIN [v] | Wir wollen (   ) auch in (   ) gucken. Wir haben das Gleiche hier. (Hm jetzt) |

[51]

ADM [v]	Na ja, die hatten die • wenigsten • Fehlschüsse.
LIN [v]	Gruppe drei. Und warum?

[52]

| ADM [v] | Also äh ich meine, • Gruppe eins hatteee drei Fehlschüsse, bei der |

[53]

| ADM [v] | zweiten hatten die nur fünfzig Prozent, die dritten hatten zweimal verfehlt |

[54]

| ADM [v] | und die vierten hatten nur • • dreimal • daneben geschossen und dann |

[55]

| ADM [v] | erst ein Tor. |

3   Einige Aspekte zur Methode der funktional-pragmatischen Diskursanalyse

In der Sprachwissenschaft hat sich in den vergangenen dreißig Jahren für die Analyse von Schul- und Unterrichtskommunikation die diskursanalytische Methode der Funktionalen Pragmatik als aufschlussreich erwiesen (z.B. Ehlich 1984, Ehlich / Rehbein 1986, von Kügelgen 1994, Becker-Mrotzek 2000, Fienemann / von Kügelgen 2003). Diese Methode zeichnet sich dadurch aus, dass die Analyse sich nicht lediglich auf die Beschreibung des Ablaufs von Oberflächenstrukturen von Sprache beschränkt, sondern die sprachlichen Oberflächenstrukturen mit Handlungsstrukturen ins Verhältnis setzt; die Handlungsstrukturen wurden als Tiefenstrukturen[4] gesellschaftlichen Handelns identifiziert (s. Rehbein 1977). Dabei wird dem Hörer (H) ebenso Aufmerksamkeit geschenkt wie dem Sprecher (S). Das sprachliche Handlungsmuster des schulischen Aufgabenstellens und Aufgabenlösens, kurz *Aufgabe-Lösungs-Muster*, das Ehlich / Rehbein (1986) bei ihren Analy-

---

4   Mit ‚Tiefenstrukturen‘ sind hier Handlungsstrukturen gemeint, die sich nicht lediglich mit einer Beschreibung von Ereignisabfolgen in einem Gespräch erfassen lassen.

sen herausgearbeitet haben, stellt zwar nur eine der in schulischen Unterrichtsdiskursen zum Tragen kommenden Tiefenstrukturen dar, sie nimmt jedoch in der schulischen Wissensvermittlung eine bedeutende Rolle ein (s.u.).

Mit der handlungstheoretisch begründeten Diskursanalyse schulischer Kommunikation wurden Kategorien entwickelt, die das Rekonstruieren sprachlicher und mentaler Prozesse – Wissensprozesse[5] – unter Berücksichtigung institutioneller Zwecke erst möglich machen. (Eine detaillierte Darstellung des Konzepts der Diskursanalyse findet sich in Rehbein 2001 und Ehlich 1984, 2007.) Wesentliche Kernpunkte dieser Theorie sind die im Folgenden aufgeführten Aspekte.

3.1   Sprachmodell

Sprache ist nicht Abbild von Wirklichkeit, sie beruht auf der Verarbeitung der Wirklichkeit, ‚P', im mentalen Bereich, ‚Π', der an der Kommunikation beteiligten Aktanten. Sie dient der intersubjektiven Verständigung über die Wirklichkeit und ihrer Veränderung. Die Grundannahme der Funktionalen Pragmatik ist, dass die außersprachlich gegebene Wirklichkeit gemäß den gesellschaftlichen und individuellen Bedürfnissen und Notwendigkeiten mittels einer (sprachlichen) Handlung (F) und des mit ihr versprachlichten mental verarbeiteten Wissens, abgekürzt mit ‚p' für propositionaler Gehalt, *verändert* wird. Entscheidend ist also nach dieser Theorie, dass Sprecherinnen und Sprecher (abgekürzt mit ‚S') und Hörerinnen und Hörer (abgekürzt mit ‚H') über jeweils unterschiedliche Wissensbereiche, Π^S und Π^H, verfügen und diese beim sprachlichen Handeln über die sprachliche Transmission von propositionalen Gehalten (p) miteinander in Bezug setzen. Da die Wissensbereiche entsprechend dem Spracherwerbsmodell von Vygotsky erst sukzessive in der Kommunikation aufgebaut werden, ist anzunehmen, dass Π^S und Π^H sprachlich – gegebenenfalls durch mehrere Sprachen – vorgeprägt (oder auch vorstrukturiert) sind. ‚Erfahrungen' werden durch den Pfeil von P nach Π^S und Π^H repräsentiert; darin sind auch „Spracherfahrungen" im Zuge einer Lernerbiographie mitgedacht.

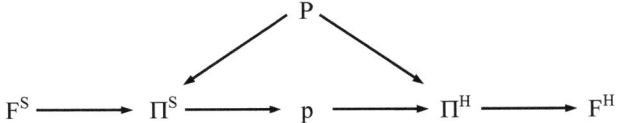

Abb. 1: Das handlungstheoretische Wissensmodell nach Rehbein 1999

---

5   Hierin sind alle Verfahren inbegriffen, die die Be- und Verarbeitung von Wissen und Wissenselementen betreffen. Dazu zählen auch jene sprachlich-mentalen Mittel, die die Verständigung über Wissen und Wissenselemente erst möglich machen.

Die „Begriffsbildung", um die es in diesem Beitrag geht, ist in diesem Modell vor allem in den beiden Wissensdomänen von Sprechenden und Hörenden, also in Π^S und Π^H, lokalisiert. Genauer sind unter „Begriffsbildung" jene Prozesse zu verstehen, die eine Annäherung von Sprache und Wissen, oft auch eine Mobilisierung sowie eine Blockierung von Wissen durch Sprache bewirken. Im Fall der noch zu diskutierenden Unterrichtskommunikation werden durch die sprachlichen Formulierungen der Text-Vorlage auf Deutsch die Begriffsbildung von Schülerinnen und Schülern mit einer nicht-deutschen Erstsprache, also Π^H, in bestimmte Richtungen gesteuert (eine Untergliederung des Π-Bereichs nach den verschiedenen Wissensstrukturtypen wird in Ehlich & Rehbein 1977, weitere für die Fachsprachen-Diskussion Wissenskomponente sind in Rehbein 1998 gegeben).

In dem im Transkript (B 1) zugrunde liegenden Gespräch befindet sich das Aufgabenblatt für jeden Probanden ersichtlich auf dem Tisch. Das Blatt und der Tisch (und alles andere Wahrnehmbare) befinden sich somit in der außersprachlichen Wirklichkeit P. Der Text selbst enthält sprachlich dargestellte Sachverhalte p über eine (fiktive) Wirklichkeit, die die Lernenden in ihrem (sprachlich und nicht sprachlich angeeigneten Vor-) Wissen Π über die Wirklichkeit überprüfen und einordnen (kategorisieren). Der Aufgabentext enthält die von den Lernenden mathematisch zu bearbeitenden Angaben („Gruppe 1 traf bei 10 Schüssen 7 mal" usw.), deren Präsentation mit einer der Wirklichkeit entlehnten Forschungspraxis „eingekleidet" ist.[6] Während der Verständigung über den Textinhalt deuten die Probanden immer wieder auf Textstellen (P), auf die sie ihre Ausführungen beziehen.

3.2   Konstellation

Die Gesprächssituation, in der sich die Aktanten befinden, ist als ein Ausschnitt der Wirklichkeit zu verstehen, der als ‚Konstellation' von Elementen in der subjektiven (Π) und der objektiven Dimension (P) der Wirklichkeit gegeben ist (vgl. Rehbein 1977, S. 151ff.) und ein Handlungspotential beinhaltet. Die Ausprägung der Konstellation wird demnach von folgenden Faktoren bestimmt:

a) Aktanten (wer sind die an der Interaktion Beteiligten?),
b) ihrer Rolle (Elternteil, Kind, Interviewerin etc.),
c) dem Anlass und Rahmen der Interaktion,

---

6 Einer mit der Forschungspraxis vertrauten Person springt sofort ins Auge, dass keine Studie ihre Ergebnisse in dieser Form präsentieren würde, so dass der im Text entworfene Wirklichkeitsausschnitt als unrealistisch einzuordnen ist. Zu bedenken wäre zudem, welches Bild über die Forschungspraxis den Lernenden vermittelt wird.

d) der hierarchischen Beziehung der Interaktanten (welche Möglichkeiten haben die Aktanten zur Sanktionierung des Handelns ihrer Interaktanten?),

e) dem Wissen der Aktanten (wie ist das in der Interaktion zu bearbeitende Wissen verteilt? Welchen Wissensvorsprung haben einzelne Aktanten den anderen gegenüber?),

f) dem Bedürfnis der Aktanten (was ist ihr Ziel?),

g) ihrer Motivation, die vorliegende Konstellation in Abhängigkeit des Ziels zu verändern und

h) dem Ansatzpunkt der Konstellation, der das Handlungspotential als Anlass oder Initiator einer Sprechhandlung in sich trägt (vgl. Bührig 1992, S. 13).

Die konkrete Konstellationsbeschreibung zu Beginn von (B 1) unten enthält Angaben zu diesen Elementen. Bei der Vorstellung des Aufgabe-Lösungs-Musters wird dann deutlich, dass die gegebene Konstellation durchgehend von den Strukturen der Institution Schule geprägt ist; das gilt vor allem für die Elemente e)-h): e) die Interviewerin kennt die Lösungswege (u.a. Umformen der Brüche zu einem gemeinsamen Nenner), die zum Ziel der Aufgabenlösung führen sowie die Lösung selbst, die Probanden müssen sich das Ziel, die Lösungswege und die Lösung erst erschließen (Herleiten der Teil-Ganzes-Verhältnisse aus den z.T. sprachlichen Ausdrücken, Vergleichbarmachen der Größen etc.), f) Ziel der Probanden ist es, die ihnen gestellte schulische Aufgabe zu lösen, die Interviewerin verfolgt ein vom Erkenntnisinteresse geleitetes Untersuchungsziel (u.a. Rekonstruktion des mathematischen Bewusstseins der Probanden anhand der Lösungsversuche, diagnostisches Interesse zwecks Förderung des mathematischen Bewusstseins), g) die Probanden entwickeln aufgrund ihres Bedürfnisses, die Aufgabe zu lösen die Motivation, den Text zu lesen und sich mit ihm auseinander zu setzen, h) der Ansatzpunkt der Konstellation ist die Aufgabenstellung mit der konkreten Aufforderung der Interviewerin an die Probanden sich auszutauschen und zu einer gemeinsamen Lösung zu kommen (ist in PF 1-3 im Transkript beschrieben).

3.3 Sprecher und Hörer

Sprache realisiert sich in der Interaktion (Kommunikation) zwischen Sprecher (S) und Hörer (H). Ebenso wie S trägt H aktiv zum Zustandekommen und Verlauf der Kommunikation, genauer des Diskurses bei. H konstruiert bei der Rezeption des von S Gesagten auf Basis seines Wissens und seiner Fähigkeiten das von S Gesagte mit. Von der Mitkonstruktion und der damit einhergehenden Übernahme des Handlungsziels von S hängt der Grad des Verstehens ab. Ein sprachliches Mittel für eine hörerseitige Handlung, das gleichzeitig als Indikator für das Verstehen fungiert, ist beispielsweise die bestätigende Interjektion *hm* mit fallend-steigender Intonation, die den Sprecher dazu anhält, seinen verbalen Plan weiterzuführen. Ähnlich verhält es sich mit vor- und nachgeschalteten (‚augmentierten') Interjektionen und Ausdrücken auf der Sprecherseite, wie *ja*, ..., ..., *ne*, ..., *oder*, mit denen S die Verarbeitung auf der Hörerseite steuert.[7] S und H verständigen sich demnach über die Verarbeitung eines Sachverhalts P, wobei sie einen ständigen Wissensabgleich sprachlich-mental vornehmen. Rehbein (2001, S. 928) charakterisiert ‚Diskurs' diesbezüglich als „Kooperation zwischen ungleichen S und H in Permanenz." H ist demnach bei der Analyse von kommunikativen Prozessen stets mit einzubeziehen.

Texte wiederum sind Resultate eingehender Planung der verfassenden Person. Auch sie verfolgt ein Handlungsziel mittels der Formulierung und (inhaltlichen) Strukturierung des Textes. Da Verfassende und Rezipienten eines Textes sich nicht in einer gemeinsamen Kommunikationssituation befinden, muss der Text so gestaltet sein, dass der Rezipient die Handlungsschritte und das Handlungsziel des Verfassers im Text nachvollziehen kann.

3.4   Sprachliches Handeln

Mit Sprache und somit der Kommunikation werden gesellschaftliche Zwecke umgesetzt. Sie basiert auf dem Konzept des *sprachlichen Handelns* (Rehbein 1977). In einer sprachlichen Handlung werden (in Anlehnung an Searle 1969) drei Teilakte realisiert: der propositionale Akt (das mit der Äußerung versprachlichte Wissen p), der illokutive Akt (Zweck der Äußerung, anders gesagt, ihre Handlungsqualität, wie z.B. behaupten, rechtfertigen, fragen, mitteilen, drohen, hinweisen etc. und der Äußerungsakt, die Realisierung der Äußerung. Im (transkribierten) Diskurs liegen als Handlungssegmente Äußerungsakte vor, von denen ausgehend illokutionäre und propositionale Akte rekonstruiert werden.

Einer sprachlichen Handlung geht eine Vorgeschichte voraus. So muss die Handlung *Rechtfertigen* (vgl. Rehbein 1975, 1977) insofern eine Vorgeschichte aufweisen, als dass in ihr ein Anlass (z.B. ein Vorwurf) gegeben sein muss, der bei der handelnden Person (Aktant) zu dem Bedürfnis für die Handlung geführt haben muss. Die Sprechhandlung setzt somit an einer *Konstellation* der Wirklichkeit an, die der Aktant mit Ausübung seiner Handlung verändern will. Die als Voraussetzung für das Rechtfertigen gegebene Konstellation ist nicht einmalig, sie wiederholt sich in der Wirklichkeit des gesellschaftlichen Handelns und macht die Tätigkeit des Sprechens somit zu einer Handlung. Ähnlich verhält es sich mit der Assertion (Aussage). Mit ihr wird ein propositionaler Gehalt (mittels Prädikation von

---

7   Eine Übersicht über die verschiedenen Typen von Verständigungsprozessen findet sich in Kameyama (2004).

Wissenselementen) an den Hörer vermittelt. In ihrer Vorgeschichte kann beispielsweise eine an S gerichtete Frage oder auch eine andere von S als falsch bewertete
Assertion angesiedelt sein.

3.5 Sprachliches Handlungsmuster Aufgabe-Lösung

Durch die Repetierbarkeit sprachlicher Handlungen in ähnlich strukturierten Konstellationen weisen Sprechhandlungen eine Musterstruktur auf, deren Charakteristik
von dem ihnen innewohnenden (inhärenten) Zweck abhängt. Durch die Betrachtung der sprachlichen Handlungen in der Kommunikation eröffnet die Analyse den
Zugang zu komplexeren Tiefenstrukturen gesellschaftlichen Handelns, Handlungsmuster genannt, bei denen die Aktanten jeweils ihre Rolle bei der Realisierung des Musters einnehmen. Bei der Rekonstruktion des Aufgabe-Lösungs-
Musters wird u.a. deutlich, dass das individuelle Handeln der am Unterrichtsdiskurs
(Lehr-Lern-Diskurs) Beteiligten (Lehrer und Schüler) von spezifischen institutio-
nellen Zwecken geleitet ist. Nach Ehlich und Rehbein (1986) ist die schulische
Wissensvermittlung von einer Dissoziierung der Lernenden von eigentlichen Problemstellungen geprägt, so dass ihnen das jeweils spezifische (hier: mathematische)
Problem, das einer Aufgabe zugrunde liegt, nicht bewusst bzw. nicht bekannt ist.
Das Zielbewusstsein ist aber die Voraussetzung für die Problemlösung (s. Ehlich /
Rehbein 1986, S. 13). Infolgedessen kann kein für die Problemlösung hinreichen-
des Handlungsziel ausgebildet werden, mit dem das Suchen nach Lösungswegen
einhergeht. Den Lehrenden hingegen ist der Lösungsweg und somit das Ziel bekannt. Das vom Lehrenden hinsichtlich der Aufgabe ins Auge gefasste Ziel zu erfassen, stellt für den Lernenden in der Schule eine Herausforderung dar, die sich in
der Frage niederschlägt: „Worauf will der Lehrer hinaus?" Die Schule übernimmt
unter der Notwendigkeit ein umfangreiches Wissen zu vermitteln die Aufgabe, lediglich den Lösungsweg (Standardlösungen) für ein (von den Lernenden nicht
durchdrungenes) Problem zu vermitteln: Das im Ursprung vorhandene Problem
wird somit zu einer schulischen Aufgabe, für die im Extremfall von Schülerseite
mittels Lösungsvorschlägen lediglich die richtige Lösung von Lehrerseite bestätigt
zu werden braucht.[8] Dabei orientieren sich die Lernenden an zuvor gelernten Standardlösungen. Aufgaben zur Analyse (z.B. Kurvendiskussionen) geben hierfür ein
gutes Beispiel.

---

8 In diagnostischen Interviews wird dieser Teil des Musters offensichtlich, indem die Probanden
nach ihrem Lösungsvorschlag den Blick der Interviewerin suchen, um eine Bestätigung oder
Rückweisung, genauer gesagt, eine Bewertung, des Vorschlags als richtig oder falsch zu erhalten.

In der Mathematik-Didaktik wird versucht, die Dissoziierung zwischen den Lernenden und der (eigentlichen) Problemkonstellation zu reduzieren, indem Problemsituationen als Ausgangskonstellationen (theoretisch) beschrieben werden, um so bei den Lernenden ein Bewusstsein für das zugrunde liegende mathematische Problem zu schaffen.[9] Dies geschieht in der Regel mit einem Text, der in der Vorstellung der Lernenden eine Ausgangskonstellation aus der (alltäglichen) Wirklichkeit als Problemkonstellation etabliert. Textaufgaben beinhalten solche Konstellationen, doch sie werden meist zum Zwecke der Aufgabenstellung in ihrer Vorgeschichte reduziert. Die in dem oben gegebenen Transkript aufgeführte Aufgabe „Studie zur Koordinierungsfähigkeit" ist stilistisch an eine (alltägliche) Zeitungsnachricht angelehnt. Die von den Lernenden dabei zu erschließende Ausgangskonstellation bleibt im Verborgenen (Anlass und Ziel der Studie, Überlegungen zur Methode der Ermittlung der Koordinationsfähigkeit der Schüler). Diese von Ehlich (1984) als „Einkleidung in Alltägliches" bezeichnete Verfahren sollen den Zweck erfüllen, das alltägliche Handlungswissen der Lernenden zu aktivieren. An der im Transkript (B 1) aufgeführten Aufgabe ist offensichtlich, dass das Toreschießen an das alltägliche Wissen der Lernenden anknüpfen soll. Über den Zweck von Studien und deren wissenschaftlicher Methoden und v.a. über deren statistischer Auswertungsergebnisse sind sich die Probanden offensichtlich nicht bewusst.

Für unseren Forschungsschwerpunkt ist die Analyse der Aufgabenstellungen und -bearbeitungen hinsichtlich des Problemlösens insofern interessant, als dass die Mathematikdidaktik jüngerer Zeit bestrebt ist, den Lernenden mehr ein mathematisches, problemorientiertes Verständnis zu vermitteln, als das pure Aneignen vorgegebener und somit automatisierter Lösungswege. Diesem Anspruch wird die in der Untersuchung eingesetzte Textaufgabe nur begrenzt gerecht.

3.6   Sprachliche Mittel

Die grundlegenden sprachlichen Mittel[10] sind in Anlehnung an Bühler (1934) und der Erweiterung Ehlichs (1979, 1986) hinsichtlich ihrer jeweils zugrundeliegenden (kommunikativen) Funktionen in fünf Felder zusammengefasst. Es sind das Nennfeld (auch: *Symbolfeld*), das Zeigfeld (auch: *deiktisches Feld*), das Arbeitsfeld

---

9 Ehlich (1984) legt bei seiner exemplarischen Analyse einer Mathematikstunde die Diskrepanz zwischen der Einkleidung des Alltäglichen in Mathematikaufgaben und dem alltäglichen Handlungswissen der Schüler offen. Genauer gesagt, zeigt er, wie diese Diskrepanz erst durch die Besprechung der Aufgabe im Lehrer-Schüler-Diskurs des Unterrichts verstärkt wird.

10 Dieser Ausdruck ist so zu verstehen, dass die Sprache Mittel zur Verfügung stellt, mit deren Hilfe kommunikative Zwecke umgesetzt werden. Anders gesagt ermöglichen die sprachlichen Mittel das Erreichen sprachlicher Handlungsziele (vgl. Rehbein 1977).

(auch: *operatives Arbeitsfeld*), das Lenkfeld (auch: *expeditives Feld*) und das Malfeld (Redder 1994). Die jeweils feldspezifischen Funktionen werden als kleinste Einheiten sprachlichen und mentalen Handelns, den Prozeduren, umgesetzt. In Kombination mit anderen Mitteln bilden sie wiederum Mittel größerer Einheit.

Die Umsetzung kommunikativer Zwecke macht das Aneignen von Repertoires sprachlicher Mittel erforderlich. Sie erfolgt ontogenetisch interaktional (Spracherwerb, s. hierzu Rehbein / Meng 2007). Die bei uns im Mittelpunkt stehenden mehrsprachig aufwachsenden Schülerinnen und Schüler eignen sich ihre Sprache so wie auch monolinguale Kinder in ihrem Alltag an, mit dem Unterschied, dass der Alltag mehrsprachiger Kinder Situationen (am Wickeltisch, das gemeinsame Essen, Spielen, Hausaufgaben machen, Einkaufen, Schulunterricht, ins Kino gehen, zu Bett gehen etc.) enthält, in denen die Sprachen in unterschiedlichen Konstellationen zum Einsatz kommen. Mal wird in der Erstsprache (L1), mal in der Zweitsprache (L2) und mal in beiden Sprachen (Mischsprache) kommuniziert, je nach dem, in welcher Institution (Familie, Schule) mit wem über was gesprochen wird. Dabei ist der Einsatz der Sprachen in den unterschiedlichen Konstellationen nicht beliebig. Bestimmte kommunikative Anforderungen werden immer in derselben Sprache bewältigt, so dass die in den verschiedenen Konstellationen verwendeten sprachlichen Mittel mal in der L1, mal in der L2 und mal in kombinierten Mitteln aus beiden Sprachen (mischsprachig) komplementär erworben werden. Die allgemeine Sprachfähigkeit, die sprachliche Handlungsfähigkeit, setzt sich demnach aus mehreren Sprachen und Varietäten zusammen. Rehbein (in diesem Band) spricht diesbezüglich von einer Fraktionierung der erworbenen Sprachmittel auf verschiedene Funktionsbereiche im Alltag des Kindes. Man kann davon ausgehen, dass schulisches Lernen auf im Alltag des Lernenden erworbenem (Handlungs-)Wissen basiert (das auf den Lernprozess bezogen auch als Vorwissen bezeichnet wird). Daher muss vergegenwärtigt werden, dass das Vorwissen der mehrsprachigen Kinder je nach Erwerbsbiographie in deren Erstsprache, deren Zweitsprache oder auch in deren Mischsprache gebunden sein kann. Bei dieser Annahme wird davon ausgegangen, dass Wissen in dem Sinne sprachlich gebunden ist, dass erst mit der Verbalisierung des mental Verarbeiteten das Wissen nach Außen tritt. Beispielsweise kann eine selbst erlebte Erfahrung, die naturgemäß in der Vergangenheit liegt, erst als Wissen (hier partikuläres Erlebniswissen) in Erscheinung treten, wenn sie im Zuge einer Erzählung versprachlicht wird.

Bei der Analyse sprachlicher Kommunikation wird zwischen gesprochener (*Diskurs*) und geschriebener Sprache (*Text*) unterschieden. Im Diskurs sind Sprecher und Hörer kopräsent, d.h. sie befinden sich in einer gemeinsamen Sprechsituation, der Diskurs ist flüchtig. Beim Text verhält es sich anders. Texte entstehen ohne Hörerpräsenz. Sie haben den Zweck, Wissen in versprachlichter Form an Rezipienten in zeitlich differenten Konstellationen zu tradieren. Man spricht deshalb auch von einer zerdehnten Sprechsituation, die dem Text zugrunde liegt (s. Ehlich 1984, Rehbein 2001, S. 928).

3.7 Begriffsbildung

Wissen, das sprachlich vorliegt, bearbeitet und verarbeitet wird, findet in der *Begriffsbildung* seine eigene Struktur. Die Begriffsbildung und ihre Förderung ist ein wesentliches Anliegen der Fachvermittlung. Unter diesem Terminus sind Vernetzungen von Wissen im Allgemeinen und Fachwissen im Speziellen zusammengefasst.

Bei der Analyse der im Seminar realisierten Aufgabenlösungsprozesse stellt sich die Frage, inwieweit die sprachlichen Kompetenzen der Schülerinnen und Schüler beim Lösen der Aufgaben eine Rolle spielen. Es muss davon ausgegangen werden, dass das Verstehen fachsprachlicher Texte stark von den Kompetenzen in der Alltagssprache abhängig ist. Alltagssprachliche Kompetenzen umfassen in erster Linie das Anwenden und das Verstehen von alltagssprachlichen Mitteln. Die alltägliche Kommunikation der Schülerinnen und Schüler deutscher Zweitsprache aber ist, wie weiter oben erwähnt, mehrsprachig, d.h. ihre alltagssprachlichen Kompetenzen sind aus Mitteln mindestens zweier Sprachen (L1 und L2, u.U. L3) zusammengefasst. Hier finden wir eine grundlegende Differenzierung zwischen der Sprache der Institution Schule (Deutsch) mit ihren fachlichen und fachsprachlichen Anforderungen, die die Kompetenzen der Alltagssprache Deutsch voraussetzen und der alltagssprachlichen Realität der Schülerinnen und Schüler nichtdeutscher Erstsprache nicht entsprechen (vgl. hierzu auch Hoffmann 2011).

Für die Analyse mathematischer Aufgabenstellungen bzw. Diskurse lassen sich nach v. Kügelgen (1994) zunächst fünf Wissensdomänen als Begriffsebenen differenzieren: Die *alltäglich-allgemeinbegriffliche*, die *mathematisch-zeichnerische*, die *mathematisch-fachbegriffliche*, die *algebraisch-symbolische* und die *algebraisch-numerische* Begriffsebene. Für ihn stellt das mathematische Problemlösen eine Vernetzung der Wissensbestandteile eines mathematischen Problems auf den verschiedenen Begriffsebenen dar. Für die im vorliegenden Beitrag angesprochenen Verstehenszusammenhänge sind drei der Begriffsebenen von besonderem Interesse. Auf der *alltäglich-allgemeinbegrifflichen Ebene* (Alltagssprache) sind die im außerschulischen Alltag entwickelten Begriffe anzusiedeln. Auf der *mathematisch-zeichnerischen Ebene* werden Aussagen eines an Alltagswissen anknüpfenden Aufgabentextes in mathematische Skizzen o.ä. überführt. In der weiter oben vorgestellten Szene sind das die Papierstreifen, auf die die Probanden die jeweiligen Teilgrößen einzeichnen sollen. Auf der *mathematisch-fachlichen Ebene* sind Fachbegriffe angesiedelt, in denen „die Vorstellung vom Wesen eines fachlichen Sachverhalts niedergelegt [ist]" (ebd., S. 30). Ihre Funktion sei es, die Bestandteile eines mathematischen Problems mathematisch korrekt festzulegen (Strecke, geteilt, Hypotenuse etc.). Nach v. Kügelgen sei vom Alltagsbegriff zur fachbegrifflichen Ebene ein unmittelbarer Zugriff nicht möglich, denn Alltagsbezüge oder -bedeutungen einzelner Fachbegriffe seien eher „verwirrend und ablenkend statt erklärend" (ebd.), wie z.b. bei Fachbegriffen wie ‚Verhältnis', ‚Wurzel', ‚Abbildung', ‚Menge'. Diese mathematisch wohldefinierten Begriffe stehen einer extensiven variablen Konzeptualisierung in der Alltagserfahrung gegenüber (vgl. ebd.).

4   Beispielanalyse

Um die schülerseitige Verarbeitung des Aufgabentextes zu rekonstruieren, ist es hilfreich die einzelnen Argumente der Probanden für ihre Lösungsvorschläge der betreffenden Stelle des Aufgabentextes gegenüber zu stellen, denn häufig werden, so wird sich zeigen, je nach Abstraktionsgrad der Argumentation, Teile des Textes in abgewandelter Form übernommen. Dabei geht es nicht darum, „Fehler" bei der schülerseitigen Rezeption zu identifizieren, sondern vielmehr die Verstehensleistung der Probanden hinsichtlich des von der Aufgabe vorausgesetzten Wissens bezüglich der in ihr enthaltenen Konzeptualisierungen zu rekonstruieren. Auf diese Weise können Übertragungen von einer Begriffsebene zu anderen (Begriffsentwicklung) sowie deren Vernetzung (Lernen) nachvollziehbar und u.U. für die Aufgabenmodellierung mit Blick auf deren diskursive Bearbeitung nutzbar gemacht werden.

Vorweg soll kurz zusammengefasst werden, was mit der Aufgabe von den Probanden gefordert wird. Es werden drei unterschiedliche Formulierungsweisen vorgegeben, die sich durch die gewählten Ausdrücke voneinander unterscheiden:

Gruppe 1: bei 10 Schüssen 7 Treffer,

Gruppe 2: 50 %,

Gruppe 3: 4 Treffer bei 6 Versuchen,

Gruppe 4: bei jedem vierten Schuss ein Treffer.

Um auf die Lösung zu kommen, ist es erforderlich, die vier Ausdrücke, die, mit Ausnahme des Ausdrucks 50 %, im Einzelnen dem Inventar alltagssprachlicher Mittel entstammen, als statistische (mathematische) Angaben von Teil-Ganzes-Verhältnissen zu verstehen, deren Größenangaben bei gleichbleibendem Verhältnis unterschiedlich sein können. Insofern weisen diese Ausdrücke als sprachlich feste Fügungen im mathematisch-fachlichen Zusammenhang eine feste Struktur mit variablen Zahlenangaben auf, wie sie in der Alltagskommunikation der Schülerinnen und Schüler, außer vielleicht beim Zitieren von eben solcherart Zeitungsberichten, keine Verwendung findet. Das Konzept des Teil-Ganzes-Verhältnisses impliziert neben der Angabe des Teils immer die Angabe des Ganzen. Das Ganze fungiert dabei als Bezugselement, dessen Relationierung (vgl. Grießhaber 1999) mittels einer Präposition (hier *bei*) hergestellt wird. In der Prozentangabe steckt die Relationierung hingegen in dem lateinischen Wortgefüge *Prozent* „verborgen", das formal die Gestalt einer Maßeinheit annimmt, jedoch die normierte Bezugsgröße 100 (inklusive der Präposition) wiedergibt. Um unterschiedliche Verhältnisangaben miteinander vergleichen zu können, ist es demnach notwendig, die in ihnen angegebenen Bezugsgrößen zu nivellieren (dies ist ein Grund der Standardisierung auf 100 als vergleichbar machende Bezugsgröße). Die Lösung der Aufgabe setzt die Vorstellung von dem mathematisch zu verstehenden Begriff *Verhältnis* voraus, aus der heraus die (vergleichbar machende) Rechnung erfolgen muss.

Im Türkischen existiert für das relationale (Zahlen-) Verhältnis der Ausdruck *oran (birin beşe oranı: eins-GEN fünf-DAT Verhältnis-POSS = das Verhältnis der eins zur fünf)*. Für das interpersonale Verhältnis hingegen steht der Ausdruck *ilişki* (i.S.v. Beziehung).

Interessant ist der in der Aufgabe aufgeführte Ausdruck „bei jedem vierten Schuss ein Treffer". Auch hier ist die Bezugsgröße mit der Präposition *bei* markiert, mit dem Unterschied, dass die Bezugsgröße das quantifizierende Determinativ *jedem* (im Dativ, weil die Präposition dies fordert) enthält. Mit dem hier verwendeten Ausdruck *jeder* werden, grob gesagt, Einzelne (singuläre Elemente) einer Einheit (eines Ganzen, wie in *jeder Mensch, jede Katze* oder *jeder Schuss*) determiniert[11] (vgl. auch Hoffmann 2007, S. 332ff.). Im Aufgabentext bezieht sich *jeder* jedoch nur auf einen Teil des Ganzen, nämlich auf *jeden vierten aller gemachten Schüsse*. So muss der Ausdruck *jeder vierte Schuss* zu allen Treffern ins Verhältnis gesetzt werden. In der Mathematik ist dieser variable Ausdruck eine feste Wendung (*bei / von jedem X-ten Y ein*), die in unserem Fall das Verhältnis von 1 zu 4 bzw. 1/4 repräsentiert. Im Türkischen werden solche Verhältnisangaben nicht mit Ordinalzahlen wiedergegeben. Stattdessen wird dafür eine Konstruktion mit dem (suffigierten) Ablativ-Kasus [–DAn] gebildet: her dört şu*tan* biri (wörtl.: jeder von vier Schuss einer). Das aufgabenadäquate Verstehen dieser Ausdrücke setzt mathematisch-fachliches Wissen voraus, das nach v. Kügelgen (1994) auf der mathematisch-fachlichen Begriffsebene angesiedelt ist. Sie stellen Ausdrücke dar, die formal aus alltagssprachlichen Mitteln bestehen, jedoch fachspezifische Konzeptualisierungen erfordern. Den Ausdruck *jeder Vierte* ordnet Malle (2004) zu der quasiordinalen Grundvorstellung für Bruchzahlen zu. Dieser Ausdruck lässt sich zum einen im

---

11 Demgegenüber wird mit dem Ausdruck *alle* ein Kollektiv aus Elementen als Ganzes erfasst.

strikten Sinn verstehen, nämlich dass bei einer Anzahl von Versuchen tatsächlich jeder vierte Schuss ein Treffer ist. Diese Vorstellung setzt die Angabe der gemachten Versuche voraus. Zum anderen wird in der Mathematik der Ausdruck im statistischen Sinne verstanden, nämlich dass 1/4 (25 %) aller gemachten Versuche ins Tor gingen.

In Merals Begründung für ihre Entscheidung für die Gruppe 4 („Weil ähm jedem, • weil jedem von vierten Schuss ein To/ • Treffer erzielt wurden", PF 8-10) lässt sich sehr gut zeigen, dass sie den oben beschriebenen Ausdruck nicht als fachsprachlich-mathematischen Begriff versteht. In zwei Punkten unterscheidet sich ihre Formulierung von dem Text. Zum einen formuliert sie den für ihre Lösung entscheidenden Ausdruck *jedem* in Anfangsposition der Nebensatzstruktur ihrer Äußerung. Das Verfahren, in Hauptsatzstrukturen das für die Sprecheraussage Wichtigste (,Saliente') voranzustellen, nennt man auch ,Topikalisierung' (vgl. hierzu auch Lötscher 1999). Da Meral im Rahmen der Gruppenaufgabe ihre Aufgabenlösung den anderen Gruppenmitgliedern argumentativ vertreten muss, prozessiert sie ihre Äußerungen in Form einer Hauptsatz-Nebensatzkonstruktion, in der sie in der vorangehenden Hauptsatzkonstruktion den illokutionsenthaltenden Teil ihrer Äußerung („ich mein") verbalisiert. Die darauf folgende Äußerung schließt sie mit dem propositionalen Gehalt ihres Arguments als Nebensatz syntaktisch an. Diese als Matrix-Konstruktionen (vgl. Rehbein 1999) bekannten Strukturen machen eine kommunikative Gewichtung von propositionalen Elementen in der Nebensatzstruktur notwendig. Meral wendet es hier an, um ihrem Argument ein stärkeres Gewicht zu verleihen.

Der Ausdruck *jedem* scheint damit für Meral als hervorstechendes Merkmal für die Häufigkeit der Treffer zu gelten. Der zweite Punkt betrifft die Umformulierung des Präpositionalausdrucks *bei jedem vierten Schuss* (Aufgabentext) zu *jedem von vierten Schuss* (Meral). Zwei Merkmale sind bei der Umformulierung festzuhalten: die in der Textvorlage enthaltene Präposition *bei* wird durch den Ausdruck *von* ersetzt. Gleichzeitig wird *von* dem Ausdruck *jedem* postpositioniert, eine Struktur, die für das Türkische, wie oben gezeigt, typisch ist. Merals deutsche Formulierung gleicht sehr stark der türkischen Konstruktion. Vor dem Hintergrund ihres türkischen Sprachwissens lässt sich nun annehmen, dass die Übernahme der türkischen Wortstellung auf eine Übertragung (Transfer) aus dem Türkischen zurückgeführt werden kann. Dennoch scheint Meral den Ausdruck nicht als ein Viertel (eines Ganzen) zu verstehen, sondern als vier Viertel. Zudem scheint sie die Ordinalzahl *vierte* als Kardinalzahl aufzufassen, im Sinne von *jeder von vier Schüssen ein Treffer*. Gleichzeitig argumentiert Meral aber auch mit einem wörtlichen Zitat aus dem Aufgabentext (PF 21-21). Man könnte annehmen, dass bei Meral bei der Verbalisierung ihrer Begründung der deutsche Vorlagentext mit ihrem türkischsprachlich geprägten Vorwissen konfligieren.

Ein weiterer Aspekt sei zu berücksichtigen. Für Meral scheint der quantifizierende Ausdruck *jeder* ein wichtiger Hinweis für die Aufgabenlösung zu sein. Man könnte meinen, dass sie hier ein in der Schule erlerntes Texterschließungsverfahren anwendet, das häufig von der „Wichtigkeit" von Wörtern beim Verstehen eines Textes ausgeht und folgendermaßen als Aufgabe formuliert wird: „Unterstreiche die Schlüsselwörter im Text." Diese Strategie erweist sich im angegebenen mathematischen Aufgabentext als irreführend, da der Ausdruck einen Bestandteil einer fachsprachlichen Wendung darstellt, der von Meral als solcher nicht erkannt bzw. ihr als solcher nicht bekannt ist. Dieselbe Strategie lässt sich an einer anderen Stelle des Diskurses feststellen. In (PF 30-31, „Aber da, da steht bei der Gruppe drei, die hat auch die meisten • • Schüler") sowie in (PF 40-41) zitiert Meral den Teil des Aufgabentextes, der sich auf die Gruppe 3 bezieht: „In Gruppe drei, der auch die meisten Schüler angehörten, traf man viermal bei sechs Versuchen." Hier scheint für Meral im Ausdruck *die meisten* ein weiterer möglicher „Schlüssel" für die Aufgabenlösung zu liegen. Dem widerspricht Adem mit dem Hinweis auf die Irrelevanz dieser Angabe hinsichtlich der Aufgabenlösung. Suheyla argumentiert eingangs mit dem Vergleich der in der Aufgabe aufgeführten absoluten Zahlenwerte. Sie ist der Meinung, dass die Gruppe 1 gewonnen habe, weil sie die meisten Treffer erzielt habe (PF 5-7).

Auffallend ist, dass Meral und Suheyla die Lösung für die Aufgabe im Text selbst suchen, d.h. dass sie ein Texterschließungsverfahren anwenden, das im schulischen Sprachunterricht häufig zum Zuge kommt.

Adem hingegen erkennt, dass die vier Angaben in der Aufgabe nicht ohne weiteres verglichen werden können. Er erkennt, dass die in den Angaben vorkommenden Zahlenpaare, die sich aus Schussversuchs- und Trefferanzahl zusammensetzen, mit der Lösung zu tun haben müssen. Er versucht, sein Ziel mittels Zerlegung der problemrelevanten Elemente der Aufgabe zu erreichen, indem er subtraktiv die Fehlschüsse miteinander vergleicht. Die Zerlegung in problemrelevante Teile stellt einen Schritt im Problemlösungsprozess dar (Ehlich / Rehbein 1986). Dabei kann Adem mit der Angabe für die Gruppe 4 (*bei jedem vierten Schuss ein Treffer*) nicht viel anfangen. Seiner Meinung nach fehlt hier die Angabe der Gesamtzahl der Schussversuche als Bezugselement („Aber wieviele Versuche hatte die vierte überhaupt?" PF 19-20). Es zeigt sich, dass Adem mit seinem Verständnis von Ausgangsgröße und Bezugsgröße auf dem Weg zur Lösung ist. Doch auch er bleibt, wie die beiden Probanden, in der Konzeptualisierung absoluter Zahlen verhaftet. Ein Zugang zur Konzeptualisierung relativer Zahlen wird, so scheint es, von der im Aufgabentext vorgelegten Ausdruck *die meisten,* blockiert.

5 Zusammenfassung

Die sich auf einen Aspekt konzentrierende beispielhafte Analyse hat gezeigt, dass die im Versuch vorgelegte Aufgabe mathematisch-fachliche Ausdrücke enthält, die einerseits aus alltagssprachlichen Mitteln geformt sind, deren Verstehen aber andererseits ein (Vor-) Wissen über deren mathematische Konzeptualisierung voraussetzt. Bei einem der Probanden (Adem) führt die Aufgabenstellung zu einer problemlösenden Strategie, die eine Zielzerlegung in Trefferanzahl und Anzahl der Fehltreffer führt, doch in der weiteren Überlegung nicht weiterkommt, weil er die mathematische Begrifflichkeit des Ausdrucks *bei jedem vierten Schuss ein Treffer* nicht kennt. Dennoch deuten seine Überlegungen auf ein Verhältnis zwischen Ausgangsgröße und Bezugsgröße hin.

Auch die beiden anderen Probanden kennen die mathematische Konzeptualisierung der Ausdrücke nicht, so dass sie sich eher an Texterschließungsstrategien heften, wodurch sie für die Aufgabenlösung irrelevante Größen angebende Ausdrücke (*die meisten Schüler, jedem*) als Schlüssel für die Aufgabenlösung identifizieren. Zudem zeigt sich bei einer der Probandinnen der Versuch, die entsprechende Textpassage der Aufgabe in ihrer Erstsprache Türkisch zu verarbeiten, um sie dann bei der Verbalisierung ihrer Argumentation ins Deutsche zurück zu übersetzen. Die dabei entstehende Äußerung offenbart einen Sprachkonflikt, der mit einer bilingual angelegten Aufgabenbearbeitung hätte gelöst werden können.

Die Analyse zeigt, in welche Richtungen die Überlegungen der Probanden weisen, wobei sie unterschiedliche Ansatzpunkte für eine Förderung aufweisen. M.E. bietet die hier vorgelegte Aufgabe einen guten Ansatz für eine (u.U. bilinguale) diskursive Bearbeitung unter Anleitung einer lehrenden Person, wie v. Kügelgen (1994 und 2009) es vorschlägt. Auf diese Weise könnte mittels Fragen (Regiefragen) der jeweilige Erkenntnisprozess der Lernenden vorangetrieben werden, der zur mathematischen Konzeptualisierung der vorgegebenen Ausdrücke führen kann. Eine weitere Möglichkeit besteht in der Aufgabenformulierung: In die Irre führende „Zusatzinformationen" müssten vermieden werden, um den Erkenntnisprozess der Lernenden nicht abzulenken. Bei der Aufgabenformulierung und -auswahl sollte überlegt werden, welches mathematische Vorwissen bei den Lernenden vorausgesetzt wird.

6 Ausblick

Eine groß angelegte Untersuchung auf Basis qualitativ erhobener Daten und Kategorienbildung ist ein dringendes Forschungsdesiderat. Weitere qualitative Analysen sollten weitere Kriterien und Analysekategorien liefern, die eine groß angelegte

Untersuchung insbesondere hinsichtlich der mehrsprachigen problemlösenden Rede (siehe Rehbein in diesem Band) notwendig macht. In Deutschland steht man noch am Anfang einer intensiven Auseinandersetzung mit der Bedeutung der mehrsprachigen Potentiale, die mehrsprachige Schülerinnen und Schüler im Fachunterricht nutzen könnten.

Die Analyse zeigt zudem, dass bereits scheinbar minimale Umformulierung des Textes auf die mentale Verarbeitung (Einschätzung, Gewichtung) hinweist, zumal wenn fachlich begründete feststehende Ausdrücke (Kollokationen) nicht bekannt sind.

Dank

Ich danke Annette Herkenrath, Kira Heuer, Kristine Tschierschky, Ludger Hoffmann und insbesondere Jochen Rehbein für ihre hilfreichen Anmerkungen.

Literatur

Becker-Mrotzek, Michael (2000): Funktional-pragmatische Unterrichtsanalyse, in: Kammler, Clemens / Knapp, Werner (Hrsg.): Empirische Unterrichtsforschung und Deutschdidaktik, Schneider Verlag Hohengehren, Baltmannsweiler, 58–78.

Bühler, Karl (1934): Sprachtheorie. Die Darstellungsfunktion der Sprache, Fischer, Stuttgart / New York.

Bührig, Kristin (1992): Zur Generalisierung qualitativer Forschungsergebnisse. Überlegungen zur Verknüpfung qualitativer und quantitativer Methoden bei der Untersuchung narrativer Diskursfähigkeiten zweisprachiger Kinder. (ENDFAS Arbeitspapier Nr. 2), wieder abgedruckt in: Rehbein, Jochen & Kameyama, Shinichi (im Druck): Bausteine diskursanalytischen Wissens, De Gruyter, Berlin / New York.

Deutsches PISA-Konsortium (Hrsg.) (2002): PISA 2000 – Die Länder der Bundesrepublik Deutschland im Vergleich, Leske + Budrich, Opladen.

Ehlich, Konrad (1979): Verwendungen der Deixis beim sprachlichen Handeln, 2 Bde., Lang, Frankfurt/M.

Ehlich, Konrad (1984): Sprechhandlungsanalyse, in: Ehlich, Konrad (2007): Sprache und sprachliches Handeln. Band 3. De Gruyter, Berlin / New York, 48–63.

Ehlich, Konrad (1986): Interjektionen, Niemeyer, Tübingen.

Ehlich, Konrad (2007): Sprache und sprachliches Handeln. Pragmatik und Sprachtheorie, Prozeduren des sprachlichen Handelns, Diskurs, Narration, Text, Schrift, 3 Bde., De Gruyter, Berlin / New York.

Ehlich, Konrad / Rehbein, Jochen (1976): Halbinterpretative Arbeitstranskriptionen (HIAT). In: Linguistische Berichte 45 / 1976, 21–41.

Ehlich, Konrad / Rehbein, Jochen (1977): Wissen, kommunikatives Handeln und die Schule. In: Goeppert, Herma (Hrsg.): Sprachverhalten im Unterricht, Fink, München, 36–113.

Ehlich, Konrad / Rehbein, Jochen (1979): Erweiterte halbinterpretative Arbeitstranskriptionen (HIAT II): Intonation. In: Linguistische Berichte 59/1979, 51–75.

Ehlich, Konrad / Rehbein, Jochen (1979a): Sprachliche Handlungsmuster, in: Soeffner, Hans-Georg (Hrsg.): Interpretative Verfahren in den Text- und Sozialwissenschaften, Metzler, Stuttgart, 243–274.

Ehlich, Konrad / Rehbein, Jochen (1986): Muster und Institution, Narr, Tübingen.

Fienemann, Jutta / von Kügelgen, Rainer (2003): Formen mündlicher Kommunikation in Lehr- und Lernprozessen, in: Bredel, Ursula / Klotz, Peter / Ossner, Joachim / Siebert-Ott, Gesa (Hrsg.): Didaktik der deutschen Sprache. Ein Handbuch, Schöningh, Paderborn u.a., 133–147.

Green, Norm / Green, Kathy (2006): Kooperatives Lernen im Klassenraum und im Kollegium. Das Trainingsbuch, Kallmeyer, Seelze-Velber.

Grießhaber, Wilhelm (1999): Präpositionen als relationierende Prozedur, in: Redder, Angelika / Rehbein, Jochen (Hrsg.): Grammatik und mentale Prozesse, Stauffenburg, Tübingen, 241–260.

Grießhaber, Wilhelm (2010): (Fach-)Sprache im zweitsprachlichen Fachunterricht, in: Ahrenholz, Bernt (Hrsg.): Fachunterricht und Deutsch als Zweitsprache, Francke, Tübingen, 37–53.

Hoffmann, Ludger (2007): Determinativ, in: Hoffmann, Ludger (Hrsg.): Deutsche Wortarten, De Gruyter, Berlin / New York, 293–356.

Hoffmann, Ludger (2011): Didaktik der Mehrsprachigkeit und Sprachvergleich, in: Hoffmann, Ludger / Ekinci-Kocks, Yüksel (Hrsg.): Sprachdidaktik in mehrsprachigen Lerngruppen, Schneider Verlag Hohengehren, Baltmannsweiler, 10–28.

Kameyama, Shinichi (2004): Verständnissicherndes Handeln. Zur reparativen Bearbeitung von Rezeptionsdefiziten in deutschen und japanischen Diskursen, Waxmann, Münster u.a.

Konrad, Klaus (2010): Lautes Denken, in: Mey, Günther / Mruck, Katja (Hrsg.): Handbuch Qualitative Forschung in der Psychologie, VS Verlag für Sozialwissenschaften, Wiesbaden, 476–490.

Kügelgen, Rainer von (1994): Diskurs Mathematik, Peter Lang, Frankfurt/M.

Kügelgen, Rainer von (2009): Die Frage im Lehr-Lerndiskurs: Geschichte einer Funktionalisierung – Perspektiven einer Überwindung, in: Becker-Mrotzek, Michael (Hrsg.): Mündliche Kommunikation und Gesprächsdidaktik, Schneider Verlag Hohengehren, Baltmannsweiler, 349–377.

Lötscher, Andreas (1999): Topikalisierungsstrategien und die Zeitlichkeit der Rede, in: Redder, Angelika / Rehbein, Jochen (Hrsg.): Grammatik und mentale Prozesse, Tübingen, Stauffenburg, 143–169.

Malle. Günther (2004): Grundvorstellungen zu Bruchzahlen, in: Mathematik lehren, 123, 4–8.

Meng, Katharina / Rehbein, Jochen (2007) Kindliche Kommunikation als Gegenstand sprachwissenschaftlicher Forschung, in: dies. (Hrsg): Kindliche Kommunikation – einsprachig und mehrsprachig, mit einer erstmals auf Deutsch publizierten Arbeit von Lev S. Vygotskij ‚Zur Frage nach der Mehrsprachigkeit im kindlichen Alter‘, Waxmann, Münster u.a., 1–39.

Redder, Angelika (2005): Wortarten oder sprachliche Felder, Wortartenwechsel oder Feldtransposition? in: Knobloch, Clemens / Schaeder, Burkhard (Hrsg.): Wortarten und Grammatikalisierung, Niemeyer, Tübingen, 43–66.

Redder, Angelika (1994): „Bergungsunternehmen“ – Prozeduren des Malfelds beim Erzählen, in: Brünner, Gisela I Graefen, Gabriele (Hrsg.): Texte und Diskurse. Methoden und Forschungsergebnisse der funktionalen Pragmatik, Westdeutscher Verlag, Opladen, 238–264.

Rehbein, Jochen (2001): Das Konzept der Diskursanalyse, in: Brinker, Klaus / Antos, Gerd / Heinemann, Wolfgang / Sager, Sven F. (Hrsg.): Text- und Gesprächslinguistik. Ein internationales Handbuch zeitgenössischer Forschung / Linguistics of Text and Conversation. An International Handbook of Contemporary Research, de Gruyter, Berlin / New York, 927–945.

Rehbein, Jochen (1994): Theorien, sprachwissenschaftlich betrachtet, in: Brünner, Gisela / Graefen, Gabriele (Hrsg.): Texte und Diskurse. Westdeutscher Verlag, Opladen, 25–67.

Rehbein, Jochen (1998): Austauschprozesse zwischen unterschiedlichen fachlichen Kommunikationsbereichen. Artikel 71, in: L. Hoffmann, H. Kalverkämper & E. H. Wiegand (Hrsg.): Fachsprachen. Ein internationales Handbuch zur Fachsprachenforschung und Terminologiewissenschaft, De Gruyter, Berlin / New York, 689–710.

Rehbein, Jochen (1999): Zum Modus von Äußerungen, in Redder, Angelika / Rehbein, Jochen (Hrsg.): Grammatik und mentale Prozesse, Stauffenburg-Verlag, Tübingen, 91–139.

Rehbein, Jochen (1977): Komplexes Handeln, Stuttgart, Metzler.

Rehbein, Jochen (1975): Entschuldigen und Rechtfertigen. Zur Sequenzierung von kommunikativen Handlunge, in: Wunderlich, Dieter (Hrsg.): Linguistische Pragmatik. Athenäum, Frankfurt/M., 288–317.

Rehbein, Jochen (2011): 'Arbeitssprache' Türkisch im mathematisch-naturwissenschaftlichen Unterricht der deutschen Schule – ein Plädoyer (in diesem Band), 205–232.

Rehbein, Jochen & Meng, Katharina (2007) Kindliche Kommunikation als Gegenstand sprachwissenschaftlicher Forschung, in: Meng, Katharina & Rehbein, Jochen (Hrsg) Kindliche Kommunikation – einsprachig und mehrsprachig, mit einer erstmals auf Deutsch publizierten Arbeit von Lev S. Vygotskij ‚Zur Frage nach der Mehrsprachigkeit im kindlichen Alter‘, Waxmann, Münster / New York, 1–39.

Searle, John R. (1969): Speech Acts, Cambridge University Press, Cambridge.

Sprachsensibler Fachunterricht

Ein Ansatz zur Sprachförderung
im mathematisch-naturwissenschaftlichen Unterricht

Josef Leisen

Zusammenfassung: Ausgehend von der These, dass Fachinhalte und Sprache eng mit einander verbunden gelehrt und gelernt werden sollten, werden Herausforderungen, Bedingungen und Möglichkeiten eines sprachsensiblen Fachunterrichts vorgestellt. Der fachdidaktisch und sprachdidaktisch fundierte Ansatz hat sich unterrichtspraktisch vielfach bewährt.

Sprachförderung ist eine Aufgabe aller Fächer. Sprache ist nicht vor den Inhalten da, sondern wächst gleichzeitig mit dem Lernen der Fachinhalte. Insofern kann man Fach und Sprache nicht voneinander trennen, weder fachdidaktisch, noch sprachdidaktisch, noch lernpsychologisch. Dann müssen Fachinhalte und Sprache aber auch gleichzeitig gelehrt und gelernt werden. Aus diesem Grunde muss der Unterricht konsequent sprachsensibel gestaltet sein. Der sprachsensible Fachunterricht pflegt einen bewussten Umgang mit der Sprache als Medium, um fachliches Lernen nicht durch (vermeidbare) sprachliche Schwierigkeiten zu verstellen. Dazu müssen Lehrkräfte Grundlegendes über Sprachlernprozesse, über die Didaktik der Sprachförderung und über methodische Möglichkeiten wissen. Das Thema wirft eine Reihe von Fragen auf:

– Welche „Sprachen" werden im Fachunterricht gesprochen?

– Wo liegen die Schwierigkeiten mit der Sprache im Fachunterricht?

– Welche Sprache müssen Lernende im Fachunterricht lernen?

– Welche Sprachprobleme haben Lernende mit der Sprache im Fachunterricht?

– Was ist ein sprachsensibler Fachunterricht?

– Wie gestaltet man einen sprachsensiblen Fachunterricht?

1 Sprache in den Fächern

1.1 Welche „Sprachen" werden im Fachunterricht gesprochen?

Ältere Schulbücher im Fach Mathematik waren durchgängig symbolsprachlich „sprachreich" und kamen verbalsprachlich recht „spracharm" daher. Verbalsprachlich beschränkten sich die Bücher auf Arbeitsanweisungen wie „Berechne, Bestimme, Ermittle, Bearbeite, Zeichne, ...". Demgegenüber weisen moderne Mathematikbücher verschiedenartige verbalsprachliche Elemente auf, wie Sprechblasen, Texterläuterungen, kurze Geschichten, Dialoge, Kommentare, ... Die naturwissenschaftlichen Schulbücher waren schon immer „textlastiger" als die im Fach Mathematik. Insofern bieten sie sich an, um die Sprache in all ihren Ausprägungen, Merkmalen und Darstellungsformen zu untersuchen.

„Sprache" umfasst mehr als nur „gesprochene" Sprache. Sprache kann in mündlicher oder schriftlicher Form, als Alltagssprache, Unterrichtssprache oder Fachsprache in Erscheinung treten. Zudem muss Sprache nicht unbedingt durch Worte geäußert (verbalisiert) werden; sie kann vielmehr auch nonverbal, bildlich oder symbolhaft vermittelt werden. „Die" Sprache im Fachunterricht gibt es somit nicht; Sprache zeigt sich im Fachunterricht auf verschiedenen Abstraktions- bzw. Darstellungsebenen und in verschiedenen Darstellungs- und Sprachformen. Daraus erwachsen jeweils unterschiedliche Problemstellungen in sprachlicher und fachlicher Hinsicht. Dies macht schon der erste Blick in ein beliebiges Lehrbuch deutlich. Die in den Fachtexten vorkommenden unterschiedlichen „Sprachen" sind durch folgende Merkmale gekennzeichnet (vgl. Leisen 2010):

Alltagssprache

Einführende Texte in Lehrbüchern beschreiben oft Alltagserfahrungen und führen auf fachliche Fragestellungen hin. Deshalb sind diese Texte zumeist auch in der Alltagssprache abgefasst.

Fachsprache

Fachsprache wird gern bei Merksätzen und Definitionen verwendet. Sie ist durch eine hohe Dichte an Fachbegriffen sowie durch Satz- und Textkonstruktionen gekennzeichnet, die in der Allgemeinsprache selten vorkommen (z.B. Fachbegriffe wie „Auftriebskraft", „Schweredruck", „eine Kraft erfahren" oder Sätze wie „Taucht ein ... in ... ein, so wird ..."). In der Fachsprache verfasste Texte können deshalb von den Lernenden eigentlich erst verstanden werden, wenn sie bereits viel über das jeweilige Thema wissen. Fachsprachliche Texte sollten somit eher am Ende als am Anfang des Lernens eingesetzt werden.

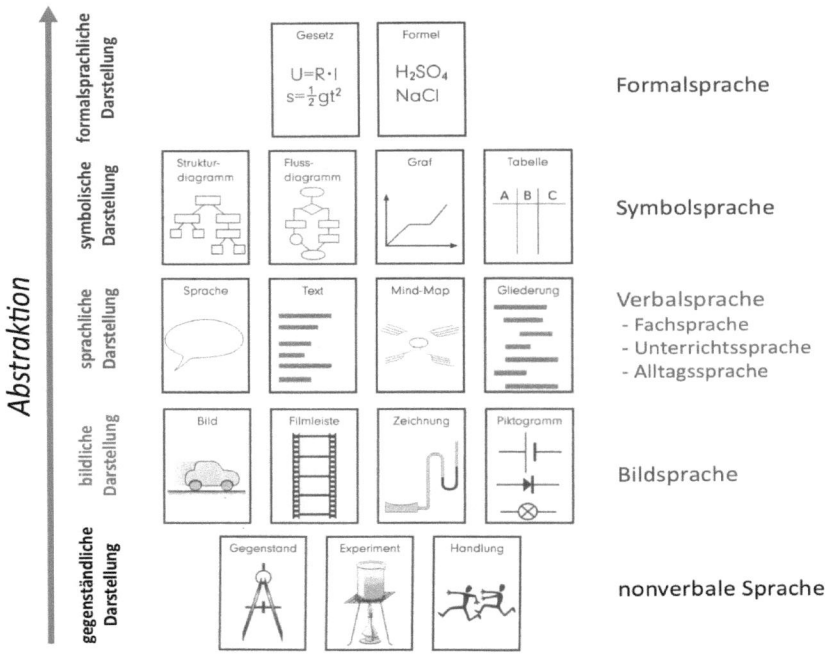

Abb. 1: Darstellungsformen und Abstraktionsebenen im Fachunterricht (Leisen 1999, 2010)

Unterrichtssprache

Unterrichtssprache ist die Sprache, die vom Vokabular und ihren Formulierungen her in mündlicher wie auch schriftlicher Form typischerweise beim Lehren und Lernen im unterrichtlichen Kontext benutzt wird. Sie kann – je nach Fach, dessen Fach- und Sprachkultur sowie der Funktion der Sprache im jeweiligen Kontext – unterschiedliche spezifische Ausprägungen aufweisen; die Unterschiede können sich sowohl auf die Darstellungsform, auf die Darstellungsebene als auch auf den Grad der damit einhergehenden Abstraktion beziehen. Immer aber ist Sprache im Fachunterricht Bildungssprache. Das Tafelbild, das eng an die Unterrichtssituation gebunden ist, ist zumeist ebenfalls in der Unterrichtssprache verfasst. Lehrbücher enthalten oft sowohl Fachsprache als auch eher Alltagssprachliches: In einigen hoch verdichteten Textpassagen werden fachliche Sachverhalte in Form einer bereinigten und sprachlich verdichteten Unterrichtssprache dargestellt; erläuternde und erklärende Passagen hingegen bemühen sich anschaulich und beispielgebunden um eine allmähliche, sanfte Hinführung zum Fachlichen. Demgegenüber ist es kaum möglich und sinnvoll, die im Unterricht verwendete Sprache auch in einem Lehrbuch zu dokumentieren, denn was im Lehrbuch auf zwei Seiten erscheint, verteilt sich im Unterrichtsgeschehen oft auf mehrere Stunden. Die Unterrichtssprache ist also an die jeweilige Unterrichtssituation gekoppelt und versucht, den Lehr-Lern-Prozess zum Ausdruck zu bringen.

Symbolische und Formalsprache

Viele Fachtexte enthalten Darstellungen, die der symbolischen Sprache oder der Formelsprache angehören. Dabei handelt es sich zumeist um die Abstrahierung von Sachverhalten und Phänomenen in Form von Symbolen, Fachzeichen, Fachskizzen (z.B. Schaltpläne, Konstruktionszeichnungen), Formeln, mathematischen Termen und mathematischen Darstellungen.

Bildsprache

Auch die bildliche Sprache wird im Fachunterricht häufig verwendet. Diese soll Sachverhalte veranschaulichen und erklären und kommt beispielsweise in Form von Fotografien, Skizzen, Zeichnungen, Grafiken, Diagrammen etc., aber auch in Form gleichnishafter Darstellungen und Analogien vor.

Bildungssprache

Fachsprache, symbolische Sprache, Unterrichtssprache und Bildsprache spezifizieren die Bildungssprache. Bildungssprache ist die Sprache, die vorrangig im Bildungsbereich vorkommt und deren Beherrschung zur Teilhabe an der Bildung erforderlich ist. Sie beschreibt zudem die schulbezogenen kognitiven Sprachkenntnisse, die im kognitiv akademischen Bereich gebraucht werden (zur Bildungssprache vgl. Gogolin 2006, 2009 a, b).
Die unterschiedlichen Formen der sprachlichen Darstellung sind mit jeweils unterschiedlichen Ebenen der (sprachlichen) Abstraktion verbunden, die in Abb. 1 dargestellt sind. Der Wechsel an Graden sprachlicher Abstraktion führt – gerade bei sprachschwachen Lernenden – häufig zu Verstehens- und Sprachproblemen. Die Lehrkraft sollte deshalb versuchen, je nach Unterrichtssituation die jeweils „passende" Darstellungsebene und Darstellungsform einzusetzen. Darstellungsformen müssen fachmethodisch und lernpsychologisch passen. Wenn anspruchsvolle Kompetenzen wie Formalisieren, Mathematisieren, Symbolisieren, Modellieren, Abstrahieren, Strukturieren entwickelt werden, dann passen symbolische Darstellungsformen. Sind Kompetenzen wie Beschreiben, Verbalisieren, Erklären, Erläutern, Veranschaulichen, Kommentieren, Bewerten zu entwickeln, dann sind Darstellungsformen auf der bildlichen und sprachlichen Ebene passend. Neben der fachmethodischen haben Darstellungsformen auch eine lernpsychologische Funkti-

on. Lernende verstehen einen Sachverhalt in einer bestimmten Darstellung besser oder schneller als in einer anderen. So haben viele Lernende mit formal-abstrakten Darstellungen große Probleme, andere hingegen haben einen guten Zugriff darauf. Was für den einen Lernenden ein Lernhindernis ist, ist für manch anderen eine Verstehenshilfe. Das didaktische Potenzial des „Wechsels der Darstellungsformen" gilt es zu nutzen: Die Vielfalt und der Reichtum an Darstellungsformen im Fachunterricht bieten nicht nur zahlreiche Lerngelegenheiten, sondern auch einen erheblichen Mehrwert in Form zusätzlicher Chancen zum Lernen. Darstellungsformen sind Fachmethoden und somit originärer Bestandteil des Faches. Lernenden erschließt sich häufig erst durch den Wechsel zwischen den verschiedenen Darstellungsformen ein tieferes Verstehen des Stoffes.

1.2 Wo liegen die Schwierigkeiten mit „der" Sprache im Fachunterricht?

Jedes Fach hat seine spezifische Kultur der mündlichen und schriftlichen Kommunikation entwickelt, also eine ihm eigene „Sprachwelt", die durch spezifische Ausdrücke und Sprachverwendungen gekennzeichnet ist. In diese Kultur einzuführen, ist eine zentrale Aufgabe des jeweiligen Fachunterrichts. Jede Fachlehrkraft weiß um die damit verbundenen Mühen bei Lehrenden und Lernenden: Es ist eine Daueraufgabe, da sich kommunikative Kompetenzen nur schrittweise und über einen langen Zeitraum aufbauen. Nachhaltigkeit stellt sich zudem erst ein, wenn die erworbenen Kompetenzen auch angewendet und trainiert werden. Die Vermittlung der Kompetenz zum „Lesen" der unterschiedlichen Darstellungsformen sollte der Lehrkraft deshalb ein besonderes Anliegen sein. Viele Lehrkräfte erleben täglich, welche spezifischen Schwierigkeiten die Lernenden mit der mündlichen und schriftlichen Kommunikation im Fachunterricht haben. Allerdings ist ihnen oft nicht klar, auf welcher Ebene bzw. in welchem Bereich diese Schwierigkeiten genau angesiedelt sind und welche Besonderheiten daraus resultieren, da ihnen dafür die entsprechende Ausbildung fehlt. Will eine Lehrkraft also die Probleme der Lernenden mit der Sprache des jeweiligen Faches adäquat diagnostizieren und die richtigen Hilfestellungen geben können, muss sie auch die entsprechenden Hintergründe kennen. Dies gilt gleichermaßen für die Lernenden. Denn solange die Lernenden nicht erkennen, in welchem Bereich seine sprachlichen Schwierigkeiten liegen, können sie sie weder selbstreflexiv an der richtigen Stelle angehen noch an der richtigen Stelle verbessern.

Die Schwierigkeiten mit der Sprache im Fachunterricht haben ihren Ursprung in vier Bereichen: a) der Morphologie und der Syntax der Fachsprache; b) den fachtypischen Sprachstrukturen; c) den Fachinhalten; d) der spezifischen Struktur von Fachtexten.

Tab. 1: Morphologische und syntaktische Besonderheiten der Fachsprache

Morphologische Besonderheiten der Fachsprache	
schwierige Begriffe	**Beispiele**
viele Fachbegriffe	Induktion, Spannung, Elektron, Entropie, Axon, Radikal
Verwendung von Adjektiven auf -bar, -los, -reich usw. und mit Präfix nicht, stark, schwach	sauerstoffarm, energiereich nicht rostend, schwach leitend
gehäufte Verwendung von Komposita	Heizbatterie, Wirbelstrombremse, Gleichspannungsquelle
viele Verben mit Vorsilben	weiterfliegen, zurückfließen, fließen … zurück
gehäufte Nutzung substantivierter Infinitive	das Abkühlen, das Verdampfen
die Verwendung von Zusammensetzungen und von fachspezifischen Abkürzungen	UV-Strahlung, 60-Watt-Lampe, V für Volt
Syntaktische Besonderheiten der Fachsprache	
schwierige Sätze	**Beispiele**
viele verkürzte Nebensatzkonstruktionen	Taucht ein Körper in eine Flüssigkeit ein …
gehäufte Nutzung unpersönlicher Ausdrucksweisen	In Oszilloskopen und beim Fernsehen benutzt man Braunsche Röhren.
Verwendung komplexer Attribute anstelle von Attributsätzen	… eine nach oben wirkende Auftriebskraft … die auf der optischen Bank befestigten Linsen
gehäufte Verwendung erweiterter Nominalphrasen	Beim Übergang vom optisch dichteren in den optisch dünneren Stoff …
gehäufte Verwendung von Passiv und Passiversatzformen	Sie wird durch die Heizbatterie H zum Glühen erhitzt. Die Flamme lässt sich regulieren.

zu a) Morphologie und Syntax

Die Fachsprache ist gekennzeichnet durch spezifische morphologische und syntaktische Merkmale – also Merkmale, die sich auf die Zusammensetzung und den Aufbau einzelner Worte sowie auf den Satzbau beziehen (vgl. Tab. 1).

Diese besonderen Merkmale bereiten Schülerinnen und Schülern deshalb Schwierigkeiten und Verstehensprobleme, weil sie in der Alltagssprache selten oder nie vorkommen – und schon gar nicht in dieser Dichte.

zu b) fachtypische Sprachstrukturen

Die Fachsprache jedes Faches ist durch fachtypische Sprachstrukturen gekennzeichnet, die dort eine andere Bedeutung haben als in der Alltagssprache („semantisch anders belegt" sind). So hat beispielsweise das Verb „umkippen" im Alltag
eine andere Bedeutung als in der Biologie, wenn der See „umkippt". Mit dem Verb
„herrschen" hingegen assoziiert man alltagssprachlich einen Herrscher, etwa einen
König oder einen Diktator. In der Physik hingegen „herrscht an den Polen einer
Batterie eine Spannung von 10 Volt". Solche fachtypischen Sprachstrukturen finden sich in fast jedem Sachtext eines Faches. Diese Begriffe müssen folglich im
Fach neu semantisiert werden.

Zudem finden sich in diesen Sachtexten häufig komplexe fachtypische Sprach-
wendungen (z.B. „eine Kraft ausüben auf" bzw. „eine Kraft erfahren"). Für Laien
und Lernende ist jedoch zumeist die – fachlich falsche – alltagssprachliche
Sprachwendung („eine Kraft haben") naheliegender. „Kraft" im physikalischen
Sinne ist jedoch eine „intensive" und keine „extensive" Größe, hat als Wechselwir-
kungsgröße keinen Mengencharakter und ist somit nicht speicherbar. Aus diesem
Grunde kann niemand und nichts „Kraft haben". Lernende, die die alltagssprachliche Formulierung verwenden, machen somit deutlich, dass bei ihnen eine falsche
fachliche Vorstellung vom Kraftkonzept besteht. Damit liegt ein fachlicher Fehler
vor, der folglich auch fachlich (und nicht nur sprachlich) korrigiert werden muss.

zu c) Fachinhalte

Eine weitere Quelle für Verstehensprobleme sind die fachlichen Inhalte des Unterrichts. Hierzu gehören auch die Darstellungsformen des Faches (z.B. Tabellen,
Skizzen, Formeln, Grafen, Diagramme, Karten, Bilder, …), da der strukturelle
Aufbau des Faches und die dazugehörige Sprache immer Produkte der jeweiligen
Fachkultur sind. Die Lernenden müssen deshalb in den Umgang mit diesen Darstellungsformen eingeführt werden. So sind z.B. Sachtexte in der Regel argumentativ
und in der Gedankenführung sehr verdichtet. Lernende können diese Texte oft
nicht (oder kaum) verstehen, da die hohe Verdichtung die Komplexität und Kom-
pliziertheit der Sachverhalte noch verstärkt, statt das Verstehen zu vereinfachen.
Folglich weisen die Texte „Leerstellen" auf, also Stellen, an denen sich dem auf-
merksamen Leser Fragen auftun, auf die er im Text jedoch keine Antwort findet.

zu d) Struktur von Fachtexten

Fachtexte haben in der Regel einen eigenen spezifischen Aufbau. Ihre Struktur ist
durch folgende Merkmale gekennzeichnet:

- die Einführung von Begriffen, Text-Bild-Bezügen bzw. Bezügen zu anderen Darstellungsformen;
- eingefügte Beispiele;
- erläuternde und illustrierende Zusätze;
- Verallgemeinerungen und Generalisierungen;
- eingebundene Experimente;
- induktives oder deduktives Vorgehen;
- explizite oder implizite Rückgriffe auf Vorwissen;
- hoch verdichtete Merksätze sowie Ausblicke auf weiterführende Fragen.

Das Lesen eines Fachtextes ist somit ein ausgesprochen komplexer Vorgang. Deshalb muss der Leser auch in die Technik des Lesens von Sachtexten eingeführt werden. Die hierfür jeweils erforderlichen Einzelkompetenzen hängen eng mit der Kultur bzw. der Sprachwelt des betreffenden Faches zusammen. Diese Sprachwelt stellt die spezifische Bildungssprache des Faches dar.

1.3   Welche Sprache müssen Lernende im Fachunterricht lernen?

Schulische Kommunikation und fachliches Lernen finden in der Bildungssprache (Fachsprache, symbolische Sprache, Unterrichtssprache und Bildsprache) statt. Die sogenannten CALP-Fähigkeiten (Cognitive Academic Language Proficiency) beschreiben die schulbezogenen kognitiven Sprachkenntnisse (vgl. Cummins 1979, 2000). Sie sind für den Schulerfolg von zentraler Bedeutung und sind in der Bildungssprache verfasst. CALP-Fähigkeiten sind zur Bewältigung der Schriftlichkeit erforderlich (vgl. Neugebauer / Nodari 1999, Grießhaber 2008 sowie Gellert und andere Aufsätze in diesem Band).

Lehrkräfte im Fachunterricht kennen das Phänomen: Lernende, die sich in der alltäglichen Kommunikation gut und flüssig unterhalten können, verstummen im Fachunterricht und zeigen große sprachliche Defizite in der Kommunikation über fachliche Sachverhalte. Die Lernenden erweisen sich somit in der Mündlichkeit und in der Schriftlichkeit als unterschiedlich kompetent. Die Begriffe „Mündlichkeit" und „Schriftlichkeit" stehen dabei aber nicht für den Modus, also dafür, ob die Kommunikation in mündlicher/gesprochener bzw. schriftlicher Form stattfindet. Vielmehr kennzeichnen die Begriffe unterschiedliche Merkmale, die sowohl in gesprochener als auch in schriftlicher Form vorkommen können. Lernende können deshalb beispielsweise die Merkmale der Mündlichkeit beherrschen, ohne dass sie damit zwingend auch die der Schriftlichkeit beherrschen müssen.

Mündlichkeit bedeutet, dass die gesprochene oder geschriebene Sprache die Merkmale der mündlichen Kommunikation trägt; sie wird auch als Sprache der Nähe bezeichnet. Die Sprache der Mündlichkeit ist privat, spontan und situationsgebunden, zudem affektiv und subjektiv gefärbt. Die Sprache der Mündlichkeit ist weitschweifig, wenig komplex und kaum elaboriert. Sprachliche Richtigkeit ist hier nicht unbedingt notwendig und Sprachfehler werden in einem gewissen Rahmen hingenommen (vgl. Tab. 2 zur Übersicht).

Schriftlichkeit hingegen bedeutet, dass die gesprochene oder geschriebene Sprache die Merkmale der schriftlichen Kommunikation trägt. Diese Sprache ist dadurch gekennzeichnet, dass die Partner oft raumzeitlich getrennt und oft einander fremd sind; zudem sind sie auch häufig von der beschriebenen Situation räumlich oder zeitlich entfernt. Die Sprache der Schriftlichkeit wird deshalb auch als Sprache der Distanz bezeichnet. Die Sprache der Schriftlichkeit ist monologisch, öffentlich und reflektiert, knapp, kompakt, komplex und elaboriert. Sie weist eine hohe Informationsdichte auf und erweckt den Eindruck von Objektivität und Endgültigkeit. Sprachliche Richtigkeit ist notwendig und Sprachfehler werden nicht hingenommen. CALP-Fähigkeiten sind zur Bewältigung der Schriftlichkeit erforderlich.

Tab. 2: Unterschiede zwischen Mündlichkeit und Schriftlichkeit (Neugebauer / Nodari 1999)

Mündlichkeit	Schriftlichkeit
Die Sprache der Mündlichkeit ist geprägt durch: – zirkuläre Argumentationen – Wiederholungen – Gedankensprünge – unvollständige Sätze – grammatikalische Fehler – einen unpräzisen Wortgebrauch – Füllwörter	Die Sprache der Schriftlichkeit ist geprägt durch: – lineare Argumentationen – wenig Wiederholungen – keine Gedankensprünge – vollständige und komplexe Sätze – keine grammatikalischen Fehler – einen präzisen Wortgebrauch – keine Füllwörter
Beispiele gesprochener Sprache	
– Alltagsgespräche – Unterrichtsgespräche – Diskussionen – Smalltalk – Schilderungen – ...	– Sacherklärungen – Einführungen – Stellungnahmen – Vorträge – Reden – ...
Beispiele geschriebener Sprache	
– Texte von Kindern – E-Mails – persönliche Briefe – Kurzmitteilungen – Notizen – ...	– literarische Texte – Geschäftsbriefe – offene Briefe – Zeitungstexte – Sachtexte – ...

Tab. 3: Unterschiede zwischen BICS und CALP (nach Cummins 2000)

BICS (Basic Interpersonal Communicative Skills = grundlegende Kommunikationsfähigkeiten)	**CALP** (Cognitive Academic Language Proficiency = schulbezogene kognitive Sprachkenntnisse)
– beschreibt sprachliche Fähigkeiten in der Alltagskommunikation – beschreibt Sprachfähigkeiten im interpersonalen Bereich – BICS-Fähigkeiten bewältigen die Mündlichkeit.	– beschreibt sprachliche Fähigkeiten der Bildungssprache – beschreibt Sprachfähigkeiten im kognitiv akademischen Bereich – CALP-Fähigkeiten bewältigen die Schriftlichkeit.

Sprachförderung im mathematisch-naturwissenschaftlichen Unterricht umfasst die Entwicklung und Förderung der CALP-Fähigkeiten, wie sie in Tab. 3 zusammengefasst sind.

Eine gute Sprachförderung im Fachunterricht bringt die Lernenden in ein sprachlich reichhaltiges und kognitiv anregendes CALP-Sprachbad (vgl. Abb. 2). Im CALP-Sprachbad beobachten, erproben und generieren die Lernenden Sprache. Sie nehmen sie auf, wenden sie an und entwickeln Sprachbewusstheit. All dies geschieht ständig gleichzeitig und je nach Situation in unterschiedlichem Ausmaß. Aber immer ist das fachliche Lernen von einem anregenden Sprachbad umgeben.

Fachliches Lernen findet somit in der Sprache und mit der Sprache in einem Zustand statt, in dem diese selbst noch generiert wird. Diese Zyklen von „Sprache aufnehmen, beobachten, erproben, anwenden, generieren und Bewusstheit erzeugen" wiederholen sich im Kleinen wie im Großen. Das gelingt nur, wenn der Fachunterricht sprachfördernd und sprachsensibel ist.

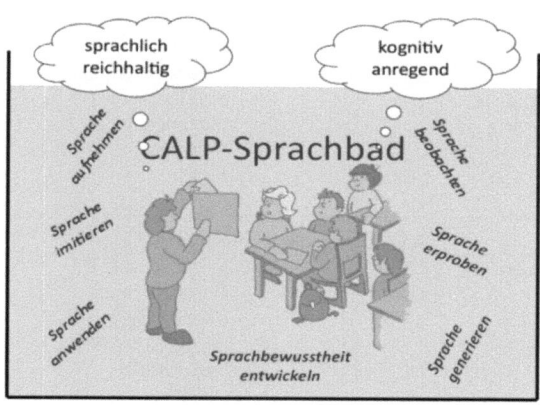

Abb. 2: Fachunterricht als CALP-Sprachbad (Leisen 2010, S. 76)

Die Notwendigkeit, CALP-Fähigkeiten zu entwickeln, kann auch gedächtnisphysiologisch erklärt werden. Abb. 3 zeigt die vier Gedächtnissysteme mit ihren spezifischen Leistungen und ihrer evolutionsgeschichtlichen Entwicklung. Alles das was Schule im kognitiv akademischen Bereich, alles das was der Fachunterricht anstrebt, ist an Sprache, nämlich die Bildungssprache gebunden.

Bei gelingendem Spracherwerb muss im semantischen Gedächtnis gespeichertes – also deklaratives – sprachliches Wissen weitgehend automatisch aktiviert und angewendet werden, also in prozedurales Sprachwissen umgewandelt werden. Unter welchen Bedingungen aber wird deklaratives Sprachwissen zu prozeduralem Sprachwissen?

Üben und Wiederholen sind hierfür zwar wichtig, aber nicht entscheidend. Eine Automatisierung wird vielmehr erst dadurch ausgelöst, dass sprachliches Wissen in echten Kommunikationssituationen gebraucht wird. Dies hat aufschlussreiche Folgen für sogenannte „Paukübungen": Nicht genau das, was vorher geübt wurde, wird automatisiert, sondern das, was das innere, individuelle Sprachsystem der Lernenden zur weiteren Entwicklung gerade noch integrieren kann.

Gedächtnissysteme			
Nicht-deklaratives Gedächtnis (unbewusste Wiedererkennung)		**Deklaratives Gedächtnis (bewusste Wiedererkennung)**	
Priming	Prozedurales Gedächtnis	Semantisches Gedächtnis	Episodisches Gedächtnis
		$E = mc^2$	
– Unbewusstes Wiedererkennen von Reizen und Sinneseindrücken – Erinnern von ähnlich erlebten Situationen	– Fertigkeiten – Erlernte Bewegungsabläufe – Gewohnheiten – Aussprache – Gefühl der Sprachrichtigkeit	– Schul- und Bildungswissen – Wissen um generelle Zusammenhänge – Faktengedächtnis – Sprachlich-grammatikalische Kenntnisse	– Erinnerung an Lebensereignisse – Speicherung einzelner Ereignisse geordnet nach Ort und Zeit
Evolution der Gedächtnissysteme			

Abb. 3: Gedächtnissysteme (Leisen 2010, S. 57, nach Markowitsch 1996)

„Das fundamentale Lerngesetz lautet: Die Zielhandlung selbst, die ganzheitliche Leistung muss immer wieder ausgeführt werden. (…) Eine Fremdsprache lernt man nur dann als Kommunikationsmedium benutzen, wenn sie ausdrücklich und genügend oft in dieser Funktion ausgeübt wird." (Butzkamm 1989, S. 79)

Diese Ausübung muss jedoch auch erfolgreich stattfinden können; dies ist der Fall, wenn die Sprechsituation kognitiv und sprachlich dem Denk- und Sprachniveau der Lernenden angepasst ist. Funktional erfolglose Sprachverwendungen wirken sich negativ aus.

„Tatsächlich ist automatisiertes Wissen die Voraussetzung für Verstehensprozesse, eben weil man für Verstehensprozesse freie Arbeitsgedächtniskapazitäten braucht. (…) Wir verbessern also unsere allgemeine Lern- und Denkfähigkeit, indem wir spezifisches Wissen in anspruchsvollen Inhaltsgebieten erwerben." (Stern / Neubauer 2007, S. 192)

Stern und Neubauer geben auch eine Erklärung dafür, warum in Sprechsituationen, die mit hoher kognitiver Anstrengung verbunden sind, Sprachfehler ganz natürlich und unvermeidlich sind:

„Die Aufmerksamkeit ist dabei fast gänzlich von der Bedeutungsproduktion (Mitteilungsabsicht, Wortwahl) absorbiert, die Bildung der Wort- und Satzformen muss auf prozedurales, automatisiertes Wissen zurückgreifen können und entgleitet weitgehend der bewussten Kontrolle. Als Sprachlernende versuchen wir in dieser Situation stammelnd und bruchstückhaft unsere Gedanken zu äußern und uns verständlich zu machen, und gleichzeitig schaffen wir dabei die Voraussetzung für weitere Automatisierung. Sie passiert nämlich (unbewusst) in dieser Interaktionssituation, während der Interaktion mit Menschen, Texten und Medien." (ebd.)

Die Ausführungen belegen die Bedeutung des inhaltsbezogenen Sprachlernens als Lernen von Sprache an und mit Inhalten. Dies ist ein Plädoyer für den sprachsensiblen Fachunterricht.

2   Der sprachsensible Fachunterricht

2.1   Welche Sprachprobleme haben Lernende mit der Sprache im Fachunterricht?

Die nachfolgend zusammengestellten Sprachprobleme von Lernenden, insbesondere mit Migrationshintergrund, im Fachunterricht sind Fachlehrkräften aus der täglichen Unterrichtsarbeit bestens bekannt:

– die Lernenden vermischen Alltags- und Fachsprache;
– sie suchen nach (Fach-)Begriffen;

- sie verfügen über einen begrenzten (Fach-)Wortschatz;
- sie geben einsilbige Antworten und vermeiden ganze Sätze;
- sie sprechen unstrukturiert, holprig, unpräzise und können ihre Sätze nicht zu Ende führen;
- sie verwenden fachliche Sprachstrukturen nicht korrekt;
- sie sprechen und hören lehrerzentriert;
- sie wenden Vermeidungs- oder Ausweichstrategien an;
- sie vermeiden zusammenhängendes und diskursives Sprechen;
- sie haben Schwierigkeiten mit dem Lesen von Fachtexten.

Fachlehrkräfte wissen aus Erfahrung, dass viele Lernende Sprachprobleme dieser Art im Fachunterricht haben – und zwar unabhängig davon, ob es sich um Lernende mit Migrationshintergrund handelt oder nicht. Bei Lernenden, die eine Sprachförderung brauchen, weist allerdings der Ausprägungsgrad der Sprachschwierigkeiten neue Züge auf. Für Lehrkräfte ist es entlastend, wenn sie sich bewusst machen, dass manche dieser Sprachprobleme

- etwas ganz normales im Lernprozess (z.B. Vermischung von Alltags- und Fachsprache, fehlende Fachbegriffe) sind;
- nur bestimmte Lernendengruppen (z.B. begrenzter Wortschatz, Aussprache, Satzstellung) haben;
- hausgemacht und vermeidbar (z.B. Einwort-Antworten, fehlende Diskursivität) sind;
- überwindbar mit Methoden-Werkzeugen (z.B. unstrukturiertes Sprechen) sind.

Sprachförderung und Sprachlernen sind eng miteinander verknüpft. Sprachförderung ist nicht der Kampf gegen Defizite, sondern ein Element des Sprachlernens im Fach. Damit ist Sprachlernen im Fach eine originäre Aufgabe im Fachunterricht und kann im sprachsensiblen Fachunterricht gelingen.

2.2 Was ist ein sprachsensibler Fachunterricht?

Kompetenzen, also auch Sprachkompetenzen, werden in der Bewältigung authentischer Anforderungssituationen gelernt und nachgewiesen. Die Lehrkraft bemüht sich deshalb darum, Lernumgebungen so zu gestalten, dass sie die Lernenden in eine intensive, aktive, selbstgesteuerte und kooperative Auseinandersetzung mit dem Lerngegenstand bringen. Genau dies leistet der sprachsensible Fachunterricht: In seinen Lehr- und Lernprozessen werden Fertigkeiten ausgebildet, die schon beim Erwerb in sprachpraktischen und authentischen Anwendungsbezügen stehen.

Erfolgreiches Lernen setzt jedoch voraus, dass die jeweiligen Lerngegenstände zuvor in entsprechende Kontexte gebracht werden. Deshalb sind das Sprach- und das Fachlernen im Fachunterricht eng miteinander gekoppelt. Denn der Unterricht wird nach inhaltsbezogenen Lernphasen strukturiert, aber durch sprachbezogenes Lernen vervollständigt. Dabei geht der sprachsensible Fachunterricht besonders sensibel mit den sprachlichen Belangen des Fachunterrichts um. Er bedenkt gewissermaßen das Sprachlernen im Fach immer mit. Denn fachliches Lernen findet immer in der Sprache und mit der Sprache in einem Zustand statt, wo diese selbst noch generiert wird. Sprache im Fachunterricht ist wie ein Werkzeug, das man gebraucht, während man es noch schmiedet (vgl. Butzkamm 1989).

Fachliches Lernen findet somit immer inmitten eines (unterrichtlichen) CALP-Sprachbades statt (vgl. o.). Darin beobachten, erproben und generieren die Lernenden Sprache, nehmen sie auf, wenden sie an und entwickeln Sprachbewusstheit (language awareness) und Sprachlernbewusstheit. All dies geschieht gleichzeitig und – je nach Situation – in unterschiedlichem Ausmaß.

(Fach-)sprachliche Kompetenzen sind somit kein „Nebenprodukt" des Unterrichts, sondern dessen „Längsfäden" im Geflecht des Lernens. Deshalb setzt die Kompetenzentwicklung beim kompetenzorientierten Unterricht auch nicht erst in der Stunde selbst an, sondern ist der Unterrichtsstunde vor- und nachgängig. Diese Parallelität von fachlichem und sprachlichem Lernen stellt hohe Anforderungen an die Lernenden – aber auch an die Lehrkräfte, die hierfür in der Regel nicht ausgebildet sind. Der sprachsensible Fachunterricht ist durch zwei Merkmale gekennzeichnet:

– Sprachsensibler Fachunterricht pflegt einen bewussten Umgang mit der Sprache. Er versteht diese als Medium, das dazu dient, fachliches Lernen nicht durch (vermeidbare) sprachliche Schwierigkeiten zu verstellen. In diesem Sinne geht es um sprachbezogenes Fachlernen.
– Sprachsensibler Fachunterricht erkennt, dass Sprache im Fachunterricht ein Thema ist und dass Sprachlernen im Fach untrennbar mit dem Fachlernen verbunden ist. In diesem Sinne geht es um fachbezogenes Sprachlernen.

Im sprachsensiblen Fachunterricht ist das Fachlernen Ton angebend, d.h. die fachlichen Themen, Inhalte, Lerngegenstände und Kompetenzen bestimmen den Unterricht. Der sprachsensible Fachunterricht hat dabei gleichermaßen und gleichzeitig die fachliche, sprachliche und kommunikative Kompetenzentwicklung der Lernenden im Blick.

2.3   Wie gestaltet man einen sprachsensiblen Fachunterricht?

„Muss ich als Fachlehrer jetzt auch noch Deutsch unterrichten?" Die Antwort auf diese Frage ist eine klares „Jein!". Denn einerseits unterrichten Fachlehrkräfte ihr

Fach und nicht die deutsche Sprache als solche. Andererseits gibt es ohne Sprache keinen Fachunterricht, denn Sprache ermöglicht erst das Lehren und Lernen im Fach.

Jetzt mag manche Fachlehrkraft denken: „Aber dafür bin ich doch gar nicht ausgebildet!" Das ist richtig, denn nur ganz wenige Fachlehrkräfte haben sich in der Ausbildung mit dem Thema Sprache und Spracherwerb beschäftigt. Allerdings geht angesichts des aktuell hohen Anteils von sprachschwachen Lernenden kein Weg daran vorbei, dass sich auch Fachlehrkräfte der Sprachförderung widmen müssen und die Lehrerausbildung muss sich dieser Thematik annehmen. Der sprachsensible Fachunterricht hat eine didaktische und eine methodische Seite.

Für Lernende im mathematisch-naturwissenschaftlichen Fachunterricht gibt es sprachliche Situationen, die regelmäßig und in fast jeder Stunde bewältigt werden müssen (sog. sprachliche Standardsituationen des Fachunterrichts). Diese „sprachlichen" Situationen umfassen dabei alle kommunikativen Situationen im Unterricht, die beim fachlichen Lernen zur Anwendung kommen. Da Fachsprache zugleich alle Merkmale der sog. Schriftlichkeit beinhaltet, können sprachliche Standardsituationen sowohl in mündlicher wie auch in schriftlicher Form vorkommen.

Unterscheidet man die Situationen danach, welche sprachlichen Aufgaben bewältigt werden müssen und wie anspruchsvoll deren Bewältigung ist, lassen sich zwölf sprachliche Standardsituationen unterscheiden (vgl. Tab. 4). Gliedert man diese Standardsituationen nach dem Grad der sprachlichen Unterstützung, die sie Lernenden bieten, lassen sich vier Kategorien unterscheiden:

– Die Standardsituationen 1, 2 und 3 nutzen in hohem Maße Standardformulierungen, folgen vorgegebenen sprachlichen Mustern und haben eher Wiederholungscharakter. Damit können sie gut „eingeschliffen" und trainiert werden und eignen sich besonders als Übungssituationen für sprachschwache Lernende, bilinguale Lernende und solche mit Migrationshintergrund.

– Bei den Standardsituationen 4, 5 und 6 sollen Lernende zeigen, ob sie fachlichen Inhalt korrekt erfasst haben und fachlich richtig wiedergeben können: Wer einen Sachverhalt präsentieren soll, der sollte ihn weitgehend verstanden haben; wer eine fachliche Idee äußern will, muss erst eine solche haben; und wer fachliche Fragen stellen soll, dem müssen sich vorher selbst solche stellen.

– Diese sprachlichen Standardsituationen sind demnach eng an die fachliche Situation gebunden; ihre Bewältigung ist inhaltlich wie sprachlich anspruchsvoller als die Standardsituationen 1 bis 3.

– Die Standardsituationen 7, 8 und 9 erfordern zur Bewältigung nicht nur ein gewisses (ggf. bereits vorhandenes) fachliches Verständnis, sondern auch eine gewisse methodische Kompetenz: Wer einen Sachverhalt erklären soll, muss diesen vorher verstanden haben; wer ein fachliches Problem lösen und verbalisieren soll, muss hierfür bereits einen Lösungsweg haben; und wer diskursiv argumentieren soll, der sollte diese Argumente herausarbeiten und formulieren können.

- Die Standardsituationen 7 bis 9 setzen demnach ein gewisses Maß an fachlicher Expertise in dem Gebiet voraus; die Bewältigung ist dabei inhaltlich wie sprachlich sehr anspruchsvoll.
- Die Standardsituationen 10 bis 12 beschäftigen sich mit den Bereichen Texterschließung, Textproduktion und Sprachübungen. Ihnen kommt besonders große Bedeutung im Rahmen der Sprachförderung zu.

Tab. 4:   Standardsituationen und Kompetenzbereiche (vgl. Leisen 2010, Teil C, S. 10)

Zwölf Standardsituationen	Vier sprachliche Kompetenzbereiche
1. etwas (z.B. einen Gegenstand, Prozess, Sachverhalt, ein Experiment, Verfahren, …) (reproduzierend) darstellen und beschreiben	
2. eine Darstellungsform (z.B. eine Tabelle, Formel, Karte, Skizze, einen Graf, ein Diagramm, Bild, …) in Worte fassen (verbalisieren)	1. Wissen sprachlich darstellen
3. fachtypische Sprachstrukturen anwenden	
4. einen Sachverhalt präsentieren und strukturiert vortragen	
5. eine Hypothese, Vorstellung, Idee, ... äußern	2. Wissenserwerb sprachlich begleiten
6. fachliche Fragen stellen	
7. einen Sachverhalt erklären und erläutern	
8. ein fachliches Problem lösen und (mündlich oder schriftlich) verbalisieren	3. Wissen mit andern sprachlich verhandeln
9. auf Argumente eingehen und Sachverhalte diskursiv erörtern	
10. einen Fachtext lesen	
11. einen Fachtext produzieren/verfassen	4. Text- und Sprachkompetenz ausbauen
12. (Fach-)Sprache üben	

Jede sprachliche Standardsituation hat ihren eigenen Charakter. Wollen Lehrkräfte also ihren Lernenden ermöglichen, die unterschiedlichen Situationen angemessen zu bewältigen, müssen sie unterschiedliche Vorgehensweisen (oder, didaktisch formuliert: Handlungsoptionen) prüfen und einsetzen. Dies erfolgt in der Regel im Rahmen entsprechender Aufgabenstellungen.

Die methodische Seite des sprachsensiblen Fachunterrichts fragt nach Methoden und Methoden-Werkzeugen zur sprachlichen Unterstützung der Standardsituationen. Methoden-Werkzeuge zur Sprachförderung sind Werkzeuge, die kommunikative Situationen im Unterricht erzeugen, unterstützen und bewältigen helfen. Entsprechend dem Kompetenzstand der Lernenden und der Kommunikationsabsicht steuern diese Werkzeuge eng oder sind offen gehalten.

Methoden-Werkzeuge unterstützen die Lehrkraft dabei, anregende, herausfordernde und die Bedürfnisse der Lernenden berücksichtigende Lernsituationen zu gestalten.

Durch die Verlagerung der aktiven Unterrichtsarbeit in die Lernendengruppe und durch die intensiven Formen der Kommunikation unter Lernenden gewinnen die Lehrkräfte mehr Freiraum, können beobachten, individuelle Lernwege begleiten und Arbeitsabläufe einzelner Lernende gezielt unterstützen. Der Lehrkraft gelingt eine vielfältigere methodische Ausnutzung desselben Lernmaterials.

Mit Methoden-Werkzeugen können Lernsituationen gestaltet werden, die sowohl fachlich und sprachlich anregend und herausfordernd sind als auch die jeweiligen Bedürfnisse der Lernenden binnendifferenzierend berücksichtigen. Der Einsatz von Methoden-Werkzeugen muss deshalb von der Lernsituation her, also didaktisch begründet werden und erfolgversprechend, also zielführend sein.

Methoden-Werkzeuge haben Aufforderungscharakter. Sie helfen, die Lernenden inhaltsgebunden in kommunikative und kooperative Situationen zu bringen, in denen sie aktiv handeln müssen. Sie tragen somit zu einer stärkeren Handlungsorientierung des Unterrichts bei und erhöhen zugleich den Anteil selbstregulierten Lernens (vgl. Leisen 2010).

Methoden-Werkzeug	Beschreibung
1. Wortliste	Liste wichtiger Wörter und Fachbegriffe
2. Wortgeländer	Gerüst aus ungeordnet vorgegebenen Wörtern
3. Sprechblasen	Zusatzmaterial zu Texten, Bildern, Formeln, ... in Form von Sprechblasen
4. Lückentext/ Lückenbild	vorgegebener Text mit sprachdidaktisch sinnvoll eingebauten Lücken
5. Wortfeld	Gerüst aus ungeordnet vorgegebenen Fachbegriffen und Satzbruchstucken
6. Textpuzzle	ungeordnet vorgegebene Sätze, Satzteile oder Einzelwörter zum Zusammensetzen
7. Bildsequenz	Veranschaulichung von Abläufen, Anordnungen und Zusammenhängen durch Bilder
8. Filmleiste	Veranschaulichung zeitlicher Abläufe durch Bilder in Form eines „Filmstreifens"
9. Fehlersuche	in Bilder oder Texte bewusst eingebaute Fehler herausfinden
10. Lernplakat	Lehr- und Lernmittel zur Visualisierung verschiedenster Inhalte
11. Mind-Map	von einem zentralen Begriff ausgehende hierarchische Aststruktur mit Begriffen, Stichworten und Bildern zu einem Thema
12. Ideennetz	astartig angeordnete Sammlung von Ideen und Einfällen zu einem vorgegebenen Begriff
13. Satzbaukasten	Gerüst aus Satzelementen in Blöcken
14. Satzmuster	Sammlung standardisierter Redewendungen der Fachsprache
15. Fragemuster	Sammlung standardisierter Fachfragen unterschiedlichen Schwierigkeitsgrades
16. Bildergeschichte	Kombination aus Bild- und Textmaterial
17. Worträtsel	variantenreiches Spiel zum Enträtseln von Begriffen
18. Strukturdiagramm	lineare grafische Darstellung von Handlungen, Prozessen oder Lösungswegen zur Verdeutlichung eines funktionalen Zusammenhangs
19. Flussdiagramm	lineare grafische Darstellung von Handlungen, Prozessen oder Lösungswegen zur Verdeutlichung eines zeitlichen Ablaufs
20. Zuordnung	paarweise Zuordnung von Begriffen, Gegenständen, Symbolen ...
21. Thesentopf	Sammlung von Pro-Kontra-Thesen als Ausgangspunkt zur Führung eines Streitgesprächs oder einer mündlichen Fachdiskussion
22. Dialog	handlungsorientierte, lebendige Darstellung eines fachlichen Sachverhaltes in Gesprächsform
23. Gestufte Lernhilfen	Angebot zunehmend umfangreicherer Hilfen zu einer Aufgabe

24. Archive	Informationsbausteine zur selbstständigen und produktiven Auseinandersetzung mit der Thematik
25. Materialbox	Sammlung anregender Materialien für die Bearbeitung einer Aufgabenstellung; bei der Experimentierbox werden die Bestandteile des Experiments zur Verfügung gestellt
26. Domino	Zuordnungs-Legespiel mit Kärtchen, die mit beliebigem fachlichen Material versehen und einander zuzuordnen sind
27. Memory	Legespiel, bei dem Kärtchen mit je zwei zueinander „passenden" Fachbildern und / oder fachlichen Begriffen durch Aufdecken gefunden und richtig zugeordnet werden müssen
28. Würfelspiel	Spiel, bei dem die Spielfiguren unterschiedlicher Lernender durch Würfeln vorangehen und dabei auf Spielfelder gelangen, auf denen fachliche oder fachsprachliche Aufgaben gelöst werden müssen
29. Partnerkärtchen	Sammlung von Kärtchensätzen mit paarweise angeordneten Fragen und Antworten (Lösungen) zu einem bestimmten Fachthema
30. Tandembogen	Sammlung von Übungsblättern mit Fragen und Antworten zum Wortschatz und zu sprachlichen Strukturen
31. Zwei aus Drei	anspruchsvolles Spiel zur begrifflichen und fachlichen Ausschärfung
32. Stille Post	schweigend zwischen verschiedenen Gruppen umlaufende Arbeitsaufträge
33. Begriffsnetz	bildhafte, nicht lineare Darstellung von Begriffen und Beziehungen in einer Netzstruktur
34. Kartenabfrage	Brainstorming-Verfahren mit anschließender Strukturierung der Ideen
35. Lehrerkarussell	zyklische Arbeitsrunden, in denen Lernende abwechselnd die Lernenden- oder die Lehrendenrolle einnehmen
36. Kärtchentisch	Lernende notieren Fragen zu einem Themengebiet oder einem Sachverhalt auf Karten, die anschließend geclustert und kategorisiert werden
37. Schaufensterbummel	Ausstellung von Materialien, z.B. Experimente, Bilder, Texte, Diagramme ...
38. Kugellager	variantenreiche Methode zum Referieren und Zuhören
39. Expertenkongress	Weitergabe der in einer Expertenrunde erworbenen Kenntnisse
40. Aushandeln	lernendenaktive Methode, bei der zu einem Sachverhalt ein Konsens ausgehandelt wird

(aus Leisen 2010, Teil C, S. 8f.)

Literatur

Butzkamm, Wolfgang (1989): Psycholinguistik des Fremdsprachenunterrichts. Natürliche Künstlichkeit: Von der Muttersprache zur Fremdsprache, Francke, Tübingen.

Cummins, James (1979): Linguistic interdependence and the educational development of bilingual children, in: Review of Educational Research, 49, 222–251

Cummins, James (2000): Language, Power and Pedagogy. Bilingual Children in the Crossfire, Multilingual Matters, Clevedon/England.

Gogolin, Ingrid (2006): Bilingualität und die Bildungssprache der Schule, in: Mecheril, Paul / Quehl, Thomas (Hrsg.): Die Macht der Sprachen. Englische Perspektiven auf die mehrsprachige Schule, Waxmann, Münster u.a., 79–85.

Gogolin, Ingrid (2009a): Zweisprachigkeit und die Entwicklung bildungssprachlicher Fähigkeiten, in: Gogolin, Ingrid / Neumann, Ursula (Hrsg.): Streitfall Zweisprachigkeit – The Bilingualism Controversy, Verlag für Sozialwissenschaften, Wiesbaden, 263–280.

Gogolin, Ingrid (2009b): Bildungssprache – The Importance of Teaching Language in Every School Subject, in: Tajmel, Tanja / Starl, Klaus (Hrsg.): Science Education Unlimited. Approaches to Equal Opportunities in Learning Science, Waxmann, Münster u.a.

Grießhaber, Wilhelm (2008): Zweitspracherwerb: Grundlagen. Spracherwerbsprozesse in L1 & L2, Münster 2007. Verfügbar unter http://spzwww.uni-muenster.de/~griesha/sem/07w-mse-zse/05-ZSE-071126-A.pdf (Zugriff 14.12.2008)

Leisen, Josef (1999): Methoden-Handbuch des Deutschsprachigen Fachunterrichts (DFU). Varus, Bonn.

Leisen, Josef (2010): Handbuch Sprachförderung im Fach – Sprachsensibler Fachunterricht in der Praxis, Varus, Bonn.

Markowitsch, Hans J. (1996): Neuropsychologie des menschlichen Gedächtnisses, in: Spektrum der Wissenschaft 9, 52–61.

Neugebauer, Claudia/ Nodari, Claudio (1999): Aspekte der Sprachförderung, in: Gyger, Mathilde / Heckendorn-Heinimann, Brigitte (Hrsg.): Erfolgreich integriert? Fremd- und mehrsprachige Kinder und Jugendliche in der Schweiz, Bernischer Lehrmittel- und Medienverlag, Bern, 161–175.

Stern, Elsbeth / Neubauer, Aljoscha (2007): Lernen macht intelligent – Warum Begabung gefördert werden muss, Deutsche Verlagsanstalt DVA, München.

Darstellen – Deuten – Darstellungen vernetzen

Ein fach- und sprachintegrierter Förderansatz
für mehrsprachige Lernende im Mathematikunterricht

Susanne Prediger & Lena Wessel

Zusammenfassung: Schwierigkeiten von Lernenden nichtdeutscher Erstsprache beim Verständnis mathematischer Aufgaben und Konzepte werden derzeit oft separiert konzeptualisiert und bearbeitet, entweder als mathematische oder als sprachliche Probleme. Es fehlen dagegen bislang theoretisch fundierte und empirisch erprobte Konzepte zur *fach- und sprachintegrierten* Förderung, die die besonderen Bedingungen der Mehrsprachigkeit von Lernenden berücksichtigen. Der Artikel stellt den Förderansatz Darstellen – Deuten – Darstellungen vernetzen am Beispiel einiger Aufgaben zum Umgang mit Brüchen vor und nutzt erste Fallbeispiele aus Design Experiments, um das situative Potential des Förderansatzes aufzuzeigen.

1 Forschungs- und Entwicklungsdesiderate zum Schulerfolg mehrsprachiger Lernender im Mathematikunterricht

Als Reaktion auf den wiederholten empirischen Befund, dass der Sprachstand in der Unterrichtssprache zur ursächlichen Hürde für den Schulerfolg in allen Fächern werden kann, wird in den letzten Jahren zunehmend gefordert, dass jeder Fachunterricht einen Beitrag zur Aneignung der mündlichen und schriftlichen Unterrichtssprache auf hohem, bildungssprachlichem Niveau leisten muss (z.B. MSWF 1999, Ahrenholz / Oomen-Welke 2008, andere Beiträge in diesem Band). Die so formulierte *Querschnittsaufgabe* der Sprachförderung in allen Fächern wird bildungspolitisch zum Beispiel in Nordrhein-Westfalen durch die verpflichtende Verankerung der Thematik in der Ausbildung für Lehramtsstudierende *aller* Fächer implementiert (MSW 2009). Diese Anforderung ist ebenso wichtig wie herausfordernd, weil es bislang relativ wenig empirisch fundierte Kenntnisse zu der Frage gibt, worin genau in Mathematik besondere sprachliche und fachliche Hürden für mehrsprachige Lernende bestehen und mit welchen (empirisch nachweislich wirksamen) Förderansätzen sie bewältigt werden können (vgl. Bredel 2005). Die internationale mathematikdidaktische Literatur zur Mehrsprachigkeit bietet vielschichtige Analysen der Probleme aus interkultureller Sicht (Barwell 2009, Barwell / Kaiser 2005), aber wenige umsetzbare und evaluierte Förderansätze, die unmittelbar auf die deutsche Situation übertragbar sind.

Davon unabhängig wurden Ansätze zur Sprachförderung im Mathematikunterricht entwickelt (z.b. Gallin / Ruf 1998, Maier / Schweiger 1999, Schütte
2001, Maier 2006, Fröhlich / Prediger 2008, u.v.a.), die allerdings das Phänomen
der Mehrsprachigkeit noch zu wenig einbeziehen (Ausnahmen z.b. Rudolph-Albert
et al. 2009, Borgioli 2008). Umgekehrt hat die Sprachdidaktik zwar interessante
Ansätze zur Sprachförderung für Deutsch als Zweitsprache im Fachunterricht vorgelegt (z.b. Ahrenholz 2010, Benholz / Lipkowski 2000, u.v.a.), hat aber bisher nur
wenig Eigenheiten der Mathematik berücksichtigt. Diese Lücke fehlender sprach-
und fachintegrierter Förderungen ist insofern problematisch, als fachliche und
sprachliche Verstehens- und Artikulationsprozesse intensiv ineinandergreifen (wie
in den empirischen Analysen später auch gezeigt werden kann), sich gegenseitig
bedingen und daher auch integriert gefördert werden sollten.

In diesem Beitrag soll daher ein *fach- und sprachintegriertes Konzept* zur Förderung mehrsprachiger Lernender in Mathematik theoretisch fundiert und am Bei-
spielbereich Anteile und Brüche konkretisiert werden, um einen Beitrag zum
Schließen dieser Lücke zu leisten. Ansatzpunkt des fach- und sprachintegrierten
Förderkonzepts ist die gezielte Vernetzung von Darstellungsformen, die im zweiten
Abschnitt unter Rückgriff auf theoretische und empirische Forschungsstände verschiedener Disziplinen erläutert und begründet werden soll.

2   Rolle von Darstellungen für das Lernen –
theoretische Hintergründe und empirischer Forschungsstand

2.1   Sprachebenen in linguistischer und sprachdidaktischer Perspektive:
Alltagssprache – unterrichtliche Bildungssprache – Fachsprache

Dass viele in Deutschland geborene Kinder sich zwar in ihrem Alltag gut verstän-
digen können, in der Schule aber dennoch sprachliche Hürden zu überwinden haben, wird mit einer von Cummins (1979) eingeführten Unterscheidung zweier
Sprachformen erklärt: Eine Beherrschung der Alltagskommunikationsfähigkeiten
(BICS – basic interpersonal communication skills) in der Zweitsprache bringt nicht
automatisch eine Beherrschung der unterrichtlichen Bildungssprache mit sich
(CALP – cognitive academic language proficiency, Cummins 1979 und 1986, bei
Habermas 1977 und Gogolin 2006 genannt Bildungssprache). Dies trifft insbesondere Kinder aus bildungsfernen Elternhäusern und solche mit nichtdeutscher Erst-
und / oder Muttersprache. Da fachliche Schulerfolge nachweislich mit dem bildungssprachlichen Sprachstand zusammenhängen (Baumert / Schümer 2001), ist
hier eine typische Hürde zum Schulerfolg identifizierbar.

Hinter den zwei unterschiedlichen Fähigkeiten stehen unterschiedliche sprachliche Register: das der Alltagssprache, das der Bildungssprache und dahinter das der Fachsprache. Auch wenn das bislang nur unscharf beschriebene bildungssprachliche Register aus sprachwissenschaftlicher Sicht weiterer Ausdifferenzierungen bedarf (vgl. Redder et al. 2010 und Gellert in diesem Band), lassen sich einige Charakteristika bereits festhalten: Kennzeichnend ist die konzeptionelle Schriftlichkeit (Koch / Oesterreicher 1985), die sich durch höhere Explizitheit und in höherer grammatikalischer Komplexität ausdrückt, z.b. durch Satz- und Textkonstruktionen mit häufiger Verwendung von (komplexen) Nominalkonstruktionen und Komposita, Passivkonstruktionen und unpersönlichen Ausdrucksweisen sowie durch vermehrte Konzentration inhaltstragender Strukturwörter (zusammengefasst bei Rösch 2003).

In Fallstudien mit erst- und zweitsprachigen Lernenden im Umgang mit deutschen mathematischen Textaufgaben konnte gezeigt werden, dass gerade diese Strukturmerkmale sprachliche Hürden darstellen. Insbesondere ist eine vermehrte Konzentration an sprachlichen Mitteln zu finden, die Mengen und Teil-Ganzes-Verhältnisse in ihrer jeweiligen Spezifik wiedergeben: Quantifikativa wie *alle*, *manche, jeder, je* sowie (auch z.T. in Kombination) Präpositionen wie z.B. *neben, an, um* (Gogolin / Roth / Schwarz 2004, Kaiser / Schwarz 2009).

Die genannten syntaktischen und wortschatzspezifischen Elemente der Bildungssprache sind auch Kennzeichen des fachsprachlichen Registers, das darüber hinaus geprägt ist von einer noch höheren Präzision und Prägnanz, einer eigenen Symbolsprache und von spezifischen, präzisen Definitionen ihrer fachsprachlichen Begriffe, die zum Teil von alltagssprachlichen Bedeutungen abweichen (Maier / Schweiger 1999). Fallstudien zeigen, welche Verstehenshürden die entstehenden Überschneidungseffekte aufwerfen können (Prediger 2004, S. 156).

Zur Konzeptualisierung der sprachlichen Herausforderungen im Mathematikunterricht entwickelte Clarkson (2009, S. 150) daher ein sechsgliedriges Modell für den Sprachstand in Erst- und Zweitsprache (L1 und L2) auf jeweils drei Sprachebenen, die hier mit Alltagssprache, unterrichtliche Bildungssprache und Fachsprache parallelisiert werden (vgl. grüne mittlere Ebenen in Abb. 1 unten). Dabei sind die Übergänge zwischen den Ebenen zwar fließend, gleichwohl hilft die analytische Unterscheidung strukturell. Ähnlich gibt es in der Regel auch zwischen Erst- und Zweitsprache vielfältige Korrespondenzen, die analytische Trennung hilft jedoch genau die Prozesse des Vernetzens in den Blick zu nehmen (s.u.).

2.2 Kognitionspsychologische und mathematikdidaktische Perspektive: Wechsel zwischen Repräsentationsformen als Basis für Verständnis

Während Linguistik und Sprachdidaktik die Differenzen zwischen Alltagssprache, Bildungssprache und Fachsprache als sprachliche Hürden für das fachliche Lernen betonen, fokussieren kognitionspsychologische und mathematikdidaktische Untersuchungen auch auf nichtverbale Repräsentationsformen und ihre Bedeutung für das Verstehen von Begriffen und Zusammenhängen. Ausgehend von Bruners (1971) Unterscheidung der enaktiven (gegenständlichen), ikonischen (bildlichen) und symbolischen Repräsentationsformen haben sich dabei unterschiedliche Systematisierungen etabliert, die auf dem gemeinsamen Befund beruhen, dass sich mathematische Begriffe erst durch die Kombination verschiedener Darstellungsformen vollständig ausbilden lassen (Lesh 1979, Goldin / Shteingold 2001, Duval 2006 u.v.m.). Dabei wird für die Sekundarstufe die symbolische Repräsentationsform oft in eine numerische und eine algebraische aufgeteilt und als gleichberechtigt neben bildliche und verbale gestellt.

Eine besondere Bedeutung für Mathematiklernen wird neben den bildlichen auch den verbalen Repräsentationen mathematischer Begriffe und Zusammenhänge zugesprochen, denn eine Verbalisierung symbolisch oder bildlich gegebener Zusammenhänge liefert einen entscheidenden Schlüssel zum individuellen Verständnis, insbesondere bei Benutzung der Alltagssprache (Maier / Schweiger 1999, Gallin / Ruf 1998). Insgesamt kann daher der Umgang mit verschiedenen Darstellungen (inkl. der verbalen Ebene) zum Aufbau inhaltlicher Vorstellungen zu mathematischen Konzepten maßgeblich beitragen und ist ein wichtiger Ansatzpunkt für eine Förderung.

2.3 Fach- und sprachintegriertes Modell der Darstellungsregister

Die verschiedenen Systematisierungen der für das Mathematiklernen relevanten Darstellungsregister (inkl. Repräsentationsformen und Sprachregister) werden für dieses Forschungsvorhaben in einem Modell integriert, das in Abb. 1 dargestellt ist. In Verfeinerung der von Leisen und von Kügelgen formulierten Modelle wird hier das verbale Register gemäß der sechsgliedrigen Sprachebenen von Clarkson (2009) nach Erst- und Zweitsprache (L1 und L2) aufgeteilt und in Beziehung gesetzt zu bildlichen und symbolischen Registern.

Im Gegensatz zu den Ebenenmodellen von Leisen (2003) und von Kügelgen (1994, S. 34) werden hier nur die verbalen Darstellungsregister untereinander als streng hierarchisch strukturiert angesehen. Die anderen Darstellungsregister werden als qualitativ gleichberechtigt betrachtet. Sie sind lediglich im Grad ihrer Abstrak-

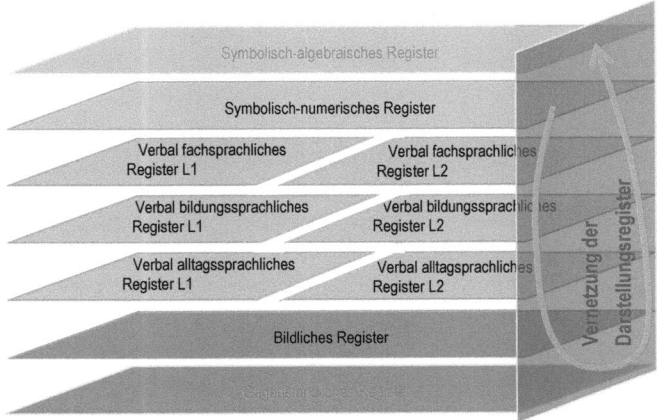

Abb. 1: Fach- und sprachintegriertes Modell der Darstellungsregister

tion gestuft wie in Abb. 1 angedeutet. Dabei können je nach Kontext und Thema die Abstraktionshierarchien auch anders verlaufen. Wenn zum Beispiel die bildlichen Darstellungen, wie oft in der Mathematik der Sekundarstufe, bereits Abstraktionen realer Zusammenhänge darstellen, ist das bildliche Register zwischen dem bildungs- und fachsprachlichen angesiedelt (vgl. Beispiel in Abb. 2 unten).

Für das hier zur Konkretisierung gewählte Thema Brüche sind das unterste und oberste Darstellungsregister aus curricularen Gründen von untergeordneter Bedeutung (das symbolisch-algebraische wird erst ab Klasse 8 entwickelt, die gegenständliche Darstellung wird zunehmend abgelöst), sie werden deswegen in hellgrauer Schrift dargestellt.

3 Darstellen – Deuten – Darstellungen vernetzen als Ansatz fach- und sprachintegrierten Mathematiklernens

Die Bildungsstandards für den mittleren Schulabschluss führen im prozessbezogenen Kompetenzbereich „(K4) Mathematische Darstellungen verwenden" auf dieses Modell bezogene Kompetenzen auf, die Schulabgänger der Klasse 10 verbindlich erwerben sollen: „verschiedene Formen der Darstellung von mathematischen Objekten und Situationen anwenden, interpretieren und unterscheiden; Beziehungen zwischen Darstellungsformen erkennen; unterschiedliche Darstellungsformen je nach Situation und Zweck auswählen und zwischen ihnen wechseln" (KMK 2003, S. 10).

Der Umgang mit Darstellungen ist nicht nur prozessbezogenes *Lernziel*, sondern gleichzeitig als Tätigkeit im Lernprozess auch für den Erwerb inhaltsbezogener Kompetenzen eine wichtige *Lernhilfe*. So haben psychologische und mathematikdidaktische Studien gezeigt, dass unterschiedliche Darstellungsformen mathematischer Zusammenhänge und die bewusste Übersetzung zwischen ihnen die Prozesse des Verstehens fachlicher Begriffe und Zusammenhänge unterstützen können, *wenn* Lernende die Wechsel tatsächlich bewältigen (Ainsworth / Bibby / Wood 2002, Duval 2006, fachübergreifend Schnotz 2001).

Dies ist allerdings kein Selbstläufer, sondern erfordert gezielte Unterstützung, denn die Kompetenzen der Lernenden zum Wechsel zwischen Darstellungsregistern streuen stark – sowohl inter-individuell (Goldin / Shteingold 2001) als auch intra-individuell zwischen den jeweiligen Darstellungsregistern. Insbesondere Schwierigkeiten in Mathematik gehen oft mit fehlenden Kompetenzen einher, unterschiedliche Repräsentationen zueinander in Beziehung zu setzen (Radatz 1989, Moser Opitz 2007, Prediger 2009).

Während in vielen Publikationen übergreifend von Darstellungs*wechsel* gesprochen wird, wird hier im Anschluss an von Kügelgen (1994) der Begriff *Darstellungsvernetzung* bevorzugt, um dem Facettenreichtum der darin zusammengefassten Tätigkeiten und Kompetenzen besser gerecht zu werden, auf die in bisherigen Forschungen ein unterschiedlicher Fokus gesetzt wurde. Darstellungsvernetzung umfasst demnach die Kompetenzen bzw. Tätigkeiten *Unterscheiden, Übersetzen, Wechseln, Zuordnen, in Beziehung setzen* von bzw. zwischen unterschiedlichen Darstellungen. Da sich die Fallstudie aus forschungsmethodischen Gründen zunächst auf die situativen Potentiale und nicht die längerfristigen Kompetenzzuwächse konzentriert, liegt der Fokus auf den sichtbaren Tätigkeiten. In erfolgreich umgesetzten Tätigkeiten zeigen sich Kompetenzen, umgekehrt kann von nicht ausgeführten Tätigkeiten nicht zwangsläufig auf fehlende Kompetenz geschlossen werden.

Auch aus sprachdidaktischer Sicht wird der Tätigkeit der Darstellungsvernetzung eine große Bedeutung zugesprochen. So arbeitet etwa von Kügelgen in seiner linguistischen Untersuchung mathematischer Problemlöseprozesse die Isoliertheit der Darstellungsregister als zentrale mentale Hürde heraus und bilanziert: „Die Problemlösung entsteht durch den mentalen Prozess der Vernetzung (in etwa: Übergänge und Rückbezüge) der Begriffsebenen und führt zum Zustand ihres dialektischen Aufgehobenseins ineinander" (von Kügelgen 1994, S. 34). Dies bezieht insbesondere den Übergang vom alltagssprachlichen zum bildungs- bzw. fachsprachlichen Register mit ein. Auch Leisen (2004, 2003) schlägt den Wechsel (und die Vernetzung) der Darstellungsformen als wichtige Lehr-Strategie vor, um fach- und sprachintegriertes Lernen zu initiieren. Dabei kommt der Verbalisierung symbolischer Ausdrücke in Situationsbeschreibungen eine besondere Bedeutung für den Aufbau inhaltlichen Verständnisses zu (Hußmann 2003, Prediger 2009, 2010b).

Für Lernende mit nichtdeutscher Erstsprache ergibt sich die besondere Herausforderung, dass verbalsprachliche Produktions- und Rezeptionsanforderungen meist in unterrichtlicher Bildungs- oder Fachsprache erwartet werden, während die individuelle Sprache des Verstehens eigentlich die (erstsprachliche) Alltagssprache ist (Clarkson 2009). Der Übergang zwischen den verschiedenen verbalsprachlichen Registern muss daher durch bildliche und symbolische Darstellungen gestützt werden, weil diese Register Entlastung bieten und für Strukturelemente der Bildungssprache sensibilisieren können (Prediger 2010a). Daher gilt es, auch im Fachunterricht Lerngelegenheiten zur Weiterentwicklung der unterrichtlichen Bildungssprache und der Fachsprache anzubieten und stets rückzubinden an das individuell alltagssprachliche Repertoire und die inhaltlichen Bedeutungen der neu zu erwerbenden mathematischen Begriffe und Konzepte.

4 Konkretisierung des Ansatzes am Beispiel eines verständigen Umgangs mit Brüchen und Anteilen

4.1 Empirischer Hintergrund zum (oft defizitären) Umgang mit Brüchen

Die Bruchrechnung gilt in der Mathematikdidaktik weltweit als ein besonders schwieriges Themengebiet, in dem die entwickelten Rechenfertigkeiten der Schülerinnen und Schüler aller Sprachhintergründe oft nur defizitär entwickelten Anwendungsfähigkeiten und Fähigkeiten zum verständigen Umgang mit Brüchen gegenüber stehen (z. B. Hasemann 1981, Aksu 1997, Prediger 2008, u.v.a.). Unter den verschiedenen Erklärungsansätzen für diese Schwierigkeiten (vgl. Padberg 2002 für Überblick) zählt der fehlende Aufbau inhaltlicher Vorstellungen als eine der zentralen Ursachen. Inhaltliche Vorstellungen werden bei Streefland (1991) und Fischbein (1989) modelliert als „mental models" im Sinne der *„meaningful interpretation* of a phenomenon or concept" (Fischbein 1989, S. 129), in der deutschsprachigen Tradition als Grundvorstellungen (vgl. Bender 1991, vom Hofe et al. 2006), beides zielt auf die gegenstandspezifisch notwendigen Übersetzungsscharniere zwischen symbolisch und verbal oder bildlich beschriebenen Zusammenhängen von Anteilen (Prediger 2010b). Insbesondere umfasst dies die Deutung von Brüchen als Anteile und ihre Bezüge auf die richtigen Ganzen (Prediger / Schink 2009), wie im empirischen Teil des Artikels noch deutlicher werden wird, aber auch intuitive Regeln und Mathematisierungsfähigkeiten (Prediger 2008).

4.2 Darstellungswechsel und -vernetzung bei Brüchen

Schon Lesh (1979) hat herausgestellt, dass für den Aufbau geeigneter Grundvorstellungen zu Brüchen die Vernetzung zwischen Darstellungen wichtig ist. Dies wurde in verschiedenen Förderansätzen aufgegriffen (z.B. Hefendehl-Hebeker 1996, Cramer / Bezuk 1991, Prediger 2006). Wie eng dabei Grundvorstellungen und konkrete gegenstandsspezifische Darstellungsvernetzungen verknüpft sind, zeigt das angedeutete Beispiel zum Vergleichen von Anteilen in Abb. 2.

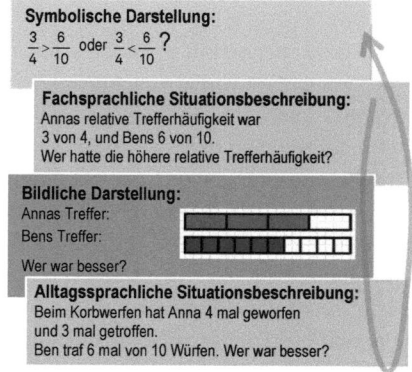

Abb. 2: Vergleichen von Anteilen in verschiedenen Darstellungen

Die fachsprachliche Situationsbeschreibung enthält insbesondere das zentrale fachliche Konzept der relativen Häufigkeit, das eine Erfassung der alltagssprachlich gegebenen Situation durch anteilige Betrachtung der Treffer erst ermöglicht. Die bildliche Darstellung durch gleichlange Streifen nutzt diese Grundidee der relativen Häufigkeit (Normierung hinsichtlich der Gesamtmenge), ohne auf das fachsprachliche Konzept explizit zugreifen zu müssen und stützt damit den Aufbau der entsprechenden Vorstellung. Die Frage „Wer war besser?" lässt sich durch Darstellungsvernetzung leicht beantworten, und die Übersetzung in verbale oder bildliche Register eröffnet auch einen Weg zur Klärung der symbolisch dargestellten Frage. Gerade für sprachlich und / oder fachlich schwächere Lernende müssen solcherart Verknüpfungen verschiedener Darstellungen daher immer wieder initiiert werden.

Dass entsprechend gezielt gestaltete Aufträge zur Darstellungsvernetzung bei Brüchen ein hohes situatives Potential für Reflexionen und für Vorstellungsweiterentwicklung haben, zeigen Detailanalysen auf der Mikroebene in einer Fallstudie mit Lehramtsstudierenden, die zur Zuordnung und Übersetzung verschiedener Darstellungen von additiven und multiplikativen Situationen aufgefordert waren (Prediger / Schink 2009).

In sprachlicher Hinsicht deutet das Beispiel auch an, wie durch die Beschäftigung mit solchen Texten über Anteile das bereichsspezifische bildungssprachliche Repertoire samt seiner komplexen Bedeutungen gefestigt werden kann (z.B. spezifische grammatikalische Strukturen wie partitive Genitiv-Nominalgruppen in „3/4 aller Würfe waren Treffer" und einschlägige Strukturwörter wie in „3 von 4").

4.3   Fazit zum fach- und sprachintegrierten Förderkonzept

Die empirische Forschungslage macht deutlich, dass Lernende mit nichtdeutscher Erstsprache für einen verständigen Umgang mit Brüchen sowohl sprachliche Hürden zu überwinden haben (insbesondere den Wechsel zwischen alltags-, bildungs- und fachsprachlichen Registern in Sprachrezeption und -produktion), als auch fachliche Hürden (die insbesondere durch aufzubauende adäquate Grundvorstellungen und die Bewältigung von Bedeutungswechseln der mathematischen Operationen charakterisierbar sind). Aufgrund der Bedeutung alltagssprachlicher Verbalisierungen für den Aufbau von Verständnis erscheint eine fach- und sprachintegrierte Förderung dringend geboten, weil eine einseitige Förderung die semantische Verwobenheit beider Bereiche zu wenig berücksichtigen kann.

Sprachwissenschaftliche, kognitionspsychologische und mathematikdidaktische Studien lassen Förderansätze vielversprechend erscheinen, die in einem integrierten Modell auf Vernetzungen unterschiedlicher Darstellungsregister fokussieren, dadurch Grundvorstellungen und ein bereichsspezifisches bildungssprachliches Repertoire samt seiner komplexen Bedeutungen aufbauen und gleichzeitig eine systematische Sensibilisierung für Unterschiede und Übersetzungsnotwendigkeiten zwischen Sprach- und Darstellungsformen mit sich bringen. Wie die empirischen Einblicke in Abschnitt 5 zeigen werden, sind Darstellungsvernetzungen dabei Lernhilfe und Lernstoff zugleich, denn die dazu nötige Fähigkeit muss gerade bei schwächeren Lernenden zwar erst aufgebaut werden, gleichzeitig bietet aber die Initiierung entsprechender Tätigkeiten für sich bereits Impulse zum Weiterlernen in sprachlicher und fachlicher Hinsicht.

5   Erste Einblicke in situative Potentiale des Förderansatz

In einer Studie im Rahmen des Forschungs- und Entwicklungsprojekts MuM (Mathematiklernen unter Bedingungen der Mehrsprachigkeit) wird das in Abschnitt 3 und 4 dargelegte Konzept der sprach- und fachintegrierten Förderung durch Darstellungsvernetzung ausgearbeitet und die Wirkungen der entwickelten Fördereinheit im Forschungsparadigma der fachdidaktischen Entwicklungsforschung (Gravemeijer / Cobb 2006) durch sogenannte Design Experiments (Cobb et al. 2003) in mehreren Zyklen beforscht. Adressaten der Förderung sind dabei türkischsprachige Schülerinnen und Schüler des sechsten Jahrgangs mit noch nicht hinreichend entwickelten Kenntnissen in der deutschen Bildungssprache. Ein erstes Ziel der Untersuchungen richtet sich auf die Analyse der prozessbezogenen Wirkungen des Ansatzes hinsichtlich seines situativen Potentials zur Anregung substantieller fachlicher und sprachlicher Tätigkeiten und ihrer Weiterentwicklung während der Arbeitsprozesse.

5.1 Material und Design der Interviewstudie

Die in der Interviewstudie verwendeten Materialien gehen zurück auf eine Aufgabenkonstellation von Prediger et al. (2012) aus dem Projekt KOSIMA. Die Grundlage bildet ein Text auf bildungssprachlichem Niveau, der komplexe Informationen eines UNO-Berichts über Anteile von Analphabetinnen wiedergibt (vgl. Abb. 3 links). Mathematisch herausfordernd daran ist, die 2/3 auf das richtige Ganze zu beziehen, nämlich auf das Viertel Analphabeten, also weder auf die Gruppe aller Menschen noch auf die Gruppe aller Frauen.

Die sprachlich unsaubere Gleichsetzung von Analphabeten (als Menschen, die nicht oder nur eingeschränkt lesen können) mit Nichtlesern (obwohl diese vielleicht nicht lesen *wollen*, also genau genommen eine andere Menschengruppe bezeichnen), wurde von allen Lernenden problemlos übergangen, aber dennoch in Folgeversionen des Textes geändert.

Für das Design Experiment im Interviewsetting wurde das Material adaptiert im Hinblick auf die Deutung und Vernetzung verschiedener Darstellungsregister. Im Design Experiment sind fünf zentrale Aufträge zu bewältigen:

1. *Schritt: Übersetzen Bildungssprache L2 → eigene Alltagssprache L2*: Im Anschluss an eine mündliche Kontextualisierung des Textes sollen die Lernenden den Text in eine einfachere alltagssprachliche Variante umformulieren.

2. *Schritt: Prüfen der Passung vorgegebene Alltagssprache L2↔ Bildungsspr a-che L2 / eigene Alltagssprache L2*: Zur Thematisierung typischer Fehlinterpretationen soll die Passung der Aussage des fiktiven Schülers Tobias zu dem Text geprüft werden. Tobias gibt die Beziehungen zwischen Teil und Ganzem falsch wieder: „Was, zwei Drittel aller Frauen können nicht lesen? Kann das überhaupt sein?"

3. *Schritt: Übersetzen Bildungssprache / Alltagssprache L2 → Bild*: Die im bildungssprachlichen Ausgangstext ausgedrückten (und bereits in Alltagssprache L2 verbalisierten) Beziehungen zwischen Anteilen sollen in einem Rechteckbild gezeichnet werden.

4. *Schritt: Prüfen der Passung vorgegebenes Bild↔ Text / eigenes Bild*: Zu prüfen ist die Passung des Bildes (aus Abb. 3 rechts) zum Text bzw. zum eigenen Bild.

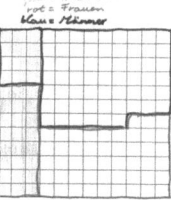

Analphabeten in der Welt
Nach einem Bericht der UNO sind 1/4 aller Erwachsenen dieser Welt Analphabeten, können also nicht
lesen. Damit können sie viele Berufe nicht erlernen.
2/3 aller Nichtleser sind Frauen.

Abb. 3: Zu erschließender Text mit Zeichnung einer fiktiven Schülerin

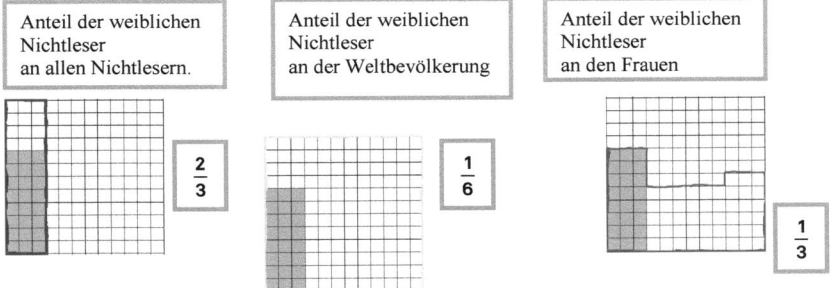

Abb. 4: Darstellungen des Zuordnungsauftrags im 5. Schritt

5. *Schritt: Zuordnen 3 Texte ↔ 3 Bilder ↔ 3 Bruchzahlen*: In dieser letzten Phase
müssen die Karten aus Abb. 4 mit verschiedenen Darstellungen einander zugeordnet werden. Derselbe Teil (Gruppe der nichtlesenden Frauen) wird jeweils
auf unterschiedliche Ganze bezogen (alle Nichtleser, alle Frauen, die Weltbe-
völkerung), wodurch jeweils ein anderer Anteil entsteht, der auch mit Bruchzahlen zu quantifizieren ist. Abschließend sollen die beiden Situationen „Zwei Drittel aller Frauen können nicht lesen" und „Zwei Drittel aller Nichtleser sind
Frauen" von den Lernenden nochmals gegenübergestellt werden. Dieser letzte
Teil des Interviews steht nicht im Fokus der hier vorgestellten Auswertung.

Dieses Setting für ein Design Experiment wurde in 25 halbstandardisierten Partner-
interviews mit Lernenden der sechsten Klasse an Haupt, Real- und Gesamtschulen
umgesetzt, davon 20 von Studierenden eines Diagnose-Seminars und 5 von der
zweiten Autorin. Die Interviews wurden videographiert, transkribiert und sequenti-
ell interpretierend ausgewertet hinsichtlich der Chancen und Herausforderungen in
den Prozessen des Darstellens, Deutens und Darstellung Vernetzens. Die noch an-
dauernde vertiefte Auswertung der 5 von der zweiten Autorin geführten Interviews

nutzt außerdem die Analyse der individuell konstruierten Anteil-Teil-Ganzes-Beziehungen (nach Schink 2011) und ist geleitet von folgenden Forschungsfragen:

- Welches situative Potential besitzt der Ansatz des Darstellens, Deutens und Darstellungen Vernetzens hinsichtlich der Anregung fachlicher und sprachlicher Tätigkeiten?
- Welche Erkenntnisgewinne der Lernenden während des Arbeitsprozesses lassen sich rekonstruieren?
- Wie greifen dabei sprachliche und fachliche Tätigkeiten, Fortschritte und Herausforderungen ineinander?

5.2 Fallbeispiel Amir und Ekim: Herausforderungen und Erkenntnisse beim Darstellen – Deuten – Darstellungen Vernetzen

Erste Ergebnisse der noch andauernden Datenauswertung werden am Fall zweier Jungen vorgestellt, um exemplarisch zentrale Phänomene im Verlaufskontext zu verdeutlichen.

Amir und Ekim (beide 12 Jahre alt) gehen in die sechste Klasse einer Realschule. Beide sind mit den Sprachen Deutsch und Türkisch in Deutschland aufgewachsen. Im Anschluss an die Phase der Kontextualisierung zu Beginn des Interviews formulieren die Jungen eine eigene, einfachere Fassung des Textes aus Abb. 3 links. Im ersten Schritt schreiben sie die ersten zwei Sätze des Textes in Abb. 5. Im ersten Transkriptausschnitt, der etwa bei Minute 6:36 einsetzt, macht Ekim zwei Vorschläge für die Umformulierung der Stelle „zwei Drittel aller Nichtleser sind Frauen":

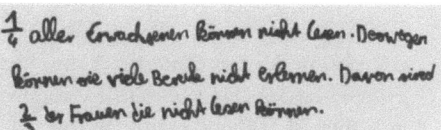

Abb. 5: Amirs und Ekims Umformulierung
des Textes aus Abb. 3

59	Ekim	Ah warte kurz. Ein Viertel [*unverständlich, flüsternd*]
60	Amir	Laut!
61	Ekim	Von ein Viertel sind zwei Drittel
62	Amir	Frauen
63	Ekim	die nicht lesen können. Äh, da schreiben wir noch: Davon sind zwei Drittel
64	Amir	Soll ich Komma? Mhm. [*verneinend*]
65	Ekim	Nein, glaub nicht. Davon sind zw-zwei Drittel [*flüsternd*], [*lauter:*] zwei Drittel Frauen, die nicht lesen können.
66	Amir	[*schreibt den dritten Satz im Text aus Abb. 5*]

Die mathematisch größte Herausforderung in dem Text ist, den Anteil zwei Drittel auf das richtige Ganze zu beziehen, das selbst wiederum durch einen Anteil beschrieben ist (Abb. 6 zeigt exemplarisch den Kern der diesbezüglichen Analyse nach Schink 2011).

Diese Beziehung erfasst Ekim in Z. 59 und formuliert sie in Z. 61 explizit: Die zwei Drittel sind auf das Ganze „ein Viertel" bezogen. In seinem zweiten Vorschlag in Z. 65 bezieht er diese Zahlen dann auf die zugehörigen Menschengruppen. Dazu ersetzt er das Viertel durch das in seiner Referenz unbestimmte Bezugswort „Davon" und stellt somit den sprachlich angemessenen Bezug zu den ersten beiden Sätzen ihres Textes (aus Abb. 5) her. Die zwei Drittel verbindet er sprachlich mit der Gruppe der nichtlesenden Frauen.

Analyse der individuell konstruierten mathematischen Anteil-Teil-Ganzes-Beziehungen
Ekims 1. Vorschlag (Z. 59-61)
•   Anteil: zwei Drittel
•   Teil: [nicht im Blick]
•   Ganzes: ein Viertel
Ekims 2. Vorschlag (Z. 65)
•   Anteil: zwei Drittel
•   Teil: Gruppe der „Frauen, die nicht lesen können"
•   Ganzes: „davon" (Gruppe aller Nichtleser)
Amirs Text (Z. 66)
•   Anteil: zwei Drittel
•   Teil: nicht explizit benannt, vermutlich auch Nichtleserinnen
•   Ganzes 1: „Davon" (Gruppe aller Nichtleser)
•   Ganzes 2: „der Frauen" (Gruppe aller Frauen)

Abb. 6: Auszug der Analyse

Als Amir dies auf dem gemeinsamen Arbeitsblatt verschriftlicht, fügt er allerdings kommentarlos eine Genitivkonstruktion ein: Statt Ekims Satz „Davon sind zwei Drittel Frauen, die nicht lesen können" (Z. 65) schreibt er „Davon sind zwei Drittel **der** Frauen, die nicht lesen können" (Abb. 5). So entsteht durch ein eingefügtes Wort eine Formulierung mit Bezügen zu zwei unterschiedlichen Ganzen. Sie ist somit weder mathematisch noch sprachlich kohärent.

Wie subtil solche Feinheiten sind, zeigt sich kurz später (in der nicht abgedruckten Z. 70): Als die Interviewerin Ekim auffordert, den entstandenen Text noch einmal laut vorzulesen, liest Ekim Amirs veränderte Formulierung flüssig ohne Irritation vor. Dass der Text durch ein sehr wichtiges Detail (Einfügen von „der") nicht mit seinem eigenen zweiten Vorschlag übereinstimmt, scheint Ekim nicht aufzufallen.

Insgesamt zeigt der Ausschnitt, wie die Aufforderung zum Übersetzen des bildungssprachlichen Textes in die eigene Schülersprache bei Amir und Ekim eine erste Reflexion über die strukturellen Zusammenhänge der gegebenen Anteile anregen kann. Doch obwohl Ekim die Beziehung zwischen den Bezugsgrößen zunächst korrekt für sich konstruiert, ist diese Einsicht und sein Feingefühl für sprachliche Tiefenschärfe in diesem Moment nicht stabil genug, um die Abweichung zu Amirs Formulierung zu bemerken.

Im zweiten Schritt sollen die Jungen nun zur schriftlich vorliegenden Aussage des fiktiven Schülers Tobias Stellung nehmen („Was, zwei Drittel aller Frauen können nicht lesen? Kann das überhaupt sein?"), der Auszug setzt ungefähr bei Minute 9:00 ein:

86	I	Mhm. [*zustimmend*] Ich würde gerne wissen, was ihr dazu meint. Kann das sein? Was er [*gemeint ist Tobias*] da gesagt hat?
87	Amir	Ja, aber ist ja nicht so [*unverständlich*]. Weil wenn man Auto fährt, man sieht 'n Schild nicht „Verboten". Da fährt man da jetzt einfach lang.
88	Ekim	Mhm. [*zustimmend*]
89	I	Und wenn er ehm ihr euch überlegt, dass er die gleichen Daten hat, der Tobias die gleichen Daten hatte, wie ihr, also den Text beziehungsweise 'n einfacheren Text, stimmen die Daten dann auch überein, mit dem Text, die Zahlen?
90	Amir	[*Pause 11sec*] Ja, oder? [*zu Ekim*]
91	Ekim	Also von ein Viertel sind ja zwei Drittel der also aller Frauen können nicht lesen und so. [*Pause 8sec*]
92	I	Wir machen einfach mal ne Zeichnung dazu. [....]

Amir wendet sofort ein, dass die von Tobias formulierte Aussage nicht zur Realität passt und begründet dies nicht mit Bezug auf den Text, sondern durch die lebensweltliche Überlegung, dass so viele Analphabetinnen zum Beispiel Schwierigkeiten im Straßenverkehr hätten (Z. 87). Hier gelingt die Aktivierung lebensweltlicher Vorerfahrungen zum Erfassen des Sinns mathematischer Aussagen.

Von der Interviewerin wieder auf die Passung zwischen Text und Tobias' Aussage geleitet (Z. 89), formuliert Ekim zunächst mit eigenen Worten die Beziehung richtig: „Von ein Viertel sind ja zwei Drittel" (Z. 91). Im weiteren Verlauf der gleichen Äußerung bezieht er die zwei Drittel allerdings auf die Gruppe aller Frauen, indem er Tobias' Genitivkonstruktion übernimmt („aller Frauen" in Z. 91). Es gelingt ihm hier noch nicht, Tobias' Fehler explizit zu identifizieren und zu benennen. Durch den neuen Impuls in Z. 92 ist nicht sicher rekonstruierbar, ob die Jungen Tobias letzthin zustimmen oder nicht.

Zusammenfassend wird deutlich, wie hoch für Ekim und Amir die Anforderung ist, die verschiedenen Beziehungen zwischen Teil und Ganzem (zum einen zwei Drittel als Anteil der Frauen an allen Nichtlesern und zum anderen die ähnlich konstruierte Formulierung „zwei Drittel aller Frauen können nicht lesen") sprachlich korrekt auszudrücken – insbesondere unter Berücksichtigung der entsprechenden mathematischen Fachsprache.

Im dritten Schritt fordert die Interviewerin die Jungen auf (in Z. 92 nach ca. 9:55 Minuten), die im Ausgangstext vorgegebenen Beziehungen zwischen den Anteilen in einem Rechteckbild darzustellen. Die Jungen teilen dazu das Rechteckfeld in vier gleich große Teilquadrate und markieren eins rot. Abb. 7 zeigt den nachgestellten Zwischenstand (in Z. 128). Der Aufforderung, die Zeichnung zu beschriften

Abb. 7: Bild

(in Z. 129), folgt ein dreiminütiger Prozess der genauen Klärung, der schließlich mit der Beschriftung „Das ist 1 von 4 großen und gleichen Teilen" (in Z. 163) endet. Der Transkriptauszug startet nach 16:30 Minuten mit einer Aufforderung der Interviewerin, die bildlich dargestellte Situation zurück auf den gegebenen inhaltlichen Kontext zu beziehen und auch die zwei Drittel mit aufzunehmen:

164	I	Ja. Das ist sehr gut. Und wenn wir das jetzt zurück auf den Text beziehen, könnt ihr mir auch eine Beschreibung geben, die die Situation aus dem Text wiedergibt? Nochmal mit der ehm Information, dass das ganze Quadrat alle Menschen auf der Welt sind?
165	Ekim	Also das [*zeigt auf ganzes Quadrat*] sind ja alle Erwachsenen und das [*zeigt auf rotes Viertel im Quadrat*] sind die Erwachsenen, die äh
166	Amir	die nicht lesen können
167	Ekim	genau. Die nicht lesen können. Und davon sind jetzt zwei Drittel Frauen, die nicht lesen können.
168	I	Mhm. [*zustimmend*] Zeichnet ihr das auch noch ein? Könnt ihr das noch einzeichnen?
169	Ekim	Zwei Drittel.
170	Amir	tel. [*Pause 4sec*] Ja.
171	Ekim	[*zu I*] Sollen wir das dann hier? [*zeigt auf das rot gefärbte Viertel im Quadrat, die Interviewerin reagiert nicht, Ekim beantwortet sich die Frage direkt ohne Pause selbst:*] Ja, ne? Das müssen wir ja.

Es folgt ein längerer Zeichenprozess, in dem die Jungen bis zur Minute 21:40 (Z. 219) das Bild in Abb. 8 fertig zeichnen. Dazu unterteilen sie das rote Viertel in drei (als gleich groß intendierte) Teile und färben zwei davon blau.

Abb. 8: Amirs und Ekims Bild (fertig in Z. 219)

Ekims Formulierungen in Z. 165 und Z. 167 zeigen, wie der Übergang zur bildlichen Darstellung eine Hilfestellung bieten kann, strukturelle Beziehungen korrekt zu verbalisieren: In Z. 165 ermöglicht Ekim das Zeigen auf bildliche Elemente die Nutzung deiktischer Mittel („das" und „das"), mit der er seine Gedanken über die Teile und Ganze präzise, wenn auch noch nicht explizit, formulieren kann. Auf dieser Basis gelingt ihm in Z. 167 die explizite Formulierung der strukturellen Beziehung zwischen Teil und Ganzem. Wiederum zeigt sich, wie das Ringen um explizite Formulierungen mit der Stabilisierung mathematischer Einsichten einhergehen kann. Die eigene Zeichnung kann helfen, die Situation auf den gegebenen inhaltlichen Kontext zu übertragen und die Übersetzung mental konstruierter Beziehungen in sprachliche Ausdrucksformen unterstützen.

Im anschließenden vierten Schritt überzeugen sich die beiden von der Passung der Zeichnung einer fiktiven Schülerin zum Text. Auch die kognitiv anspruchsvolle Zuordnungsphase mit der Vernetzung aller drei Darstellungsregister im fünften

Schritt gelingt kooperativ. Als die Interviewerin nach ca. 43 Minuten zurück zur Aussage von Tobias kommt und eine Gegenüberstellung der Situationen initiiert, äußern sich die Jungen dazu, was Tobias falsch gemacht hat:

354	Amir	[*nickt*] Mmh der hat da nicht die ein Viertel
355	Ekim	Genau.
356	Amir	eingezeichnet.

Amir weist mit seiner Aussage (in Z. 354) darauf hin, dass die Angabe „ein Viertel" eine Bedeutung hat, die nicht außer Acht gelassen werden darf. Zwar fällt ihm immer noch schwer, die Zusammenhänge fachsprachlich sauber zu erläutern, doch hat sich nun auch Amir im Zuge des langen Prozesses der Darstellungsvernetzung den Kern der mathematischen Beziehungen erarbeitet.

5.3 Weitere Ergebnisse aus der Interviewstudie

Hohes Potential zur Anregung sprachlich und fachlich substantieller Tätigkeiten
Ebenso wie bei Amir und Ekim zeigt die Aufgabenstellung auch in den anderen analysierten Interviews ein hohes Potential zur Anregung eigener sprachlicher und mathematischer Tätigkeiten. Dies beginnt bereits mit der gemeinsamen Umformulierung des Ausgangstextes in eine eigene Fassung, bei der die Lernenden bildungssprachliche Formulierungen reflektieren, mathematische Beziehungen hinterfragen und versuchen, beide verständlicher zu fassen. Abb. 9 zeigt im Vergleich verschiedener Umformulierungen, auf welch unterschiedliche Stellen sich die Lernenden dabei konzentrieren.

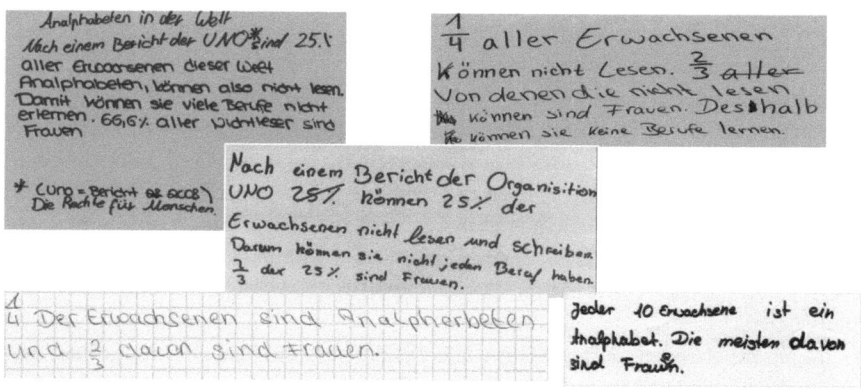

Abb. 9: Breites Spektrum der eigenständigen Umformulierungen

Der Aufmerksamkeitsfokus variiert von der Eliminierung des Fremdwortes Analphabeten über die Auflösung von Genitivkonstruktionen und unterschiedliche Umschreibungen der Brüche bis hin zur Klärung der komplizierten mathematischen Beziehungen der Anteile zueinander. Einige reproduzieren (wie in der Äußerung links unten) auch den später thematisierten Fehler des Bezugs der zwei Drittel auf das falsche Ganze. Auch die weiteren Aufträge zum Deuten und Darstellungen wechseln bzw. Passungen prüfen regen dazu an, sich substantiell mit dem Text auseinanderzusetzen.

Sprachliche und mathematische Komplexität der ausgedrückten Beziehung

Zumindest für die Gruppe der hier untersuchten Sechstklässlerinnen und Sechstklässler liegen die Hauptschwierigkeiten nicht in fremden Wörtern (das Wort Analphabet etwa verstehen zwar viele nicht sofort, doch können sie das Angebot zur Bedeutungserschließung unmittelbar aufgreifen, so dass es keine unüberwindbare Hürde darstellt) noch in der komplexen partitiven Genitivkonstruktion („zwei Drittel aller Nichtleser sind Frauen") als rein grammatikalische Hürde. Diese typisch bildungssprachlichen Herausforderungen werden von den meisten Kindern als schwierig eingestuft, aber inhaltlich verstanden und direkt übersetzt in eine „von"-Formulierung.

Grenzen des Verstehens werden hingegen bei der *mathematischen Bedeutung* der Satzkonstruktion „zwei Drittel aller Nichtleser sind Frauen" erreicht, auch wenn diese Grenzen oft erst durch die nicht auf Anhieb gelungene Abgrenzung zur Formulierung „zwei Drittel aller Frauen können nicht lesen" explizit werden. Für eine Unterscheidung beider Formulierungen ist eine sprachliche und mathematische Tiefenschärfe notwendig, die sich viele Kinder erst im Laufe des Prozesses erarbeiten.

Zahlreiche Interviewstellen (auch mit deutsch erstsprachigen Lernenden) belegen, dass die Deutung der Formulierung „zwei Drittel aller Nichtleser sind Frauen" kein reines Problem der sprachlichen Dekodierung ist, sondern vor allem ein mathematisches, wenn nämlich nicht hinterfragt wird, welche Personengruppe das jeweilige Ganze bzw. den jeweiligen Teil darstellt.

Im Laufe der Bearbeitungsprozesse wachsen bei den meisten Kindern langsam die Möglichkeiten zur fachlichen Klärung der mathematischen Bezüge, und zwar zusammen mit der sukzessiven Entfaltung entsprechender Darstellungsmittel. Insbesondere der Übergang zur bildlichen Darstellung kann eine

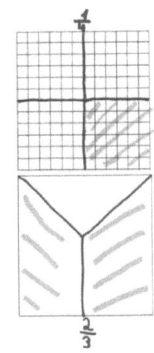

Abb. 10:
Zwischenstadium

große Hilfe darstellen, die untrennbar ineinandergreifenden sprachlichen und mathematischen Aspekte miteinander zu entwickeln. So zeigt etwa Abb. 10 ein interessantes Zwischenstadium der Klärung von Imer und Georgius, die die beteiligten Brüche 1/4 und 2/3 in zwei getrennte Bilder zeichnen, weil sie zwar bereits erfasst haben, dass sie zu unterschiedlichen Ganzen gehören, die Schachtelung ineinander aber noch nicht gelingt.

Insgesamt wird an den Transkriptauszügen von Emir und Akim deutlich, wie eng sprachliche und fachliche Aspekte in den Erarbeitungsprozessen der sukzessiven Klärung ineinandergreifen, und wie sich beide Ebenen miteinander entwickeln können, wenn dementsprechend Raum gegeben wird.

6   Fazit und Ausblick

Auch wenn die Analyse der Interviewdaten noch nicht abgeschlossen ist, zeigen bereits die ersten Ergebnisse, dass es sich unbedingt lohnt, mathematische Bearbeitungsprozesse in einer integriert sprach- und mathematikdidaktischen Perspektive zu betrachten, weil gerade das Ineinandergreifen sprachlicher und mathematischer Herausforderungen für einen verständnisorientierten und realitätsbezogenen Zugang zur Mathematik von besonderer Bedeutung ist.

Der sprach- und fachintegrierte Förderansatz Darstellen – Deuten – Darstellungen vernetzen erweist sich somit im ersten Zugriff als vielversprechend, muss aber sowohl bezüglich seiner situativen Potentiale als auch bezüglich seiner längerfristigen Wirkungen noch intensiv ausgelotet werden.

Dank

Wir danken Anastasia Mozgalina und Michael Meyer, die den Prozess der Entwicklung des Interviewsettings mitgestaltet haben. Außerdem danken wir den Studierenden aus den Seminaren von Lena Wessel und Michael Meyer, mit deren Datenmaterial wir arbeiten konnten, um die Fallstudie einzubetten.

Literatur

Ahrenholz, Bernt (Hrsg.) (2010): Fachunterricht und Deutsch als Zweitsprache, Narr, Tübingen.

Ahrenholz, Bernt / Oomen-Welke, Ingelore (Hrsg.) (2008): Deutsch als Zweitsprache, Schneider, Baltmannsweiler.

Ainsworth, Shaaron / Bibby, Peter / Wood, David (2002): Examining the Effects of Different Multiple Representational Systems in Learning Primary Mathematics, in: The Journal of the Learning Sciences, 11(1), 25–61.

Aksu, Meral (1997): Student performance in dealing with fractions, in: Journal of Educational Research, 90(6), 375–380.

Barwell, Richard (2009) (Hrsg.): Multilingualism in Mathematics Classrooms – Global Perspectives, Multilingual Matters, Bristol u.a.

Barwell, Richard / Kaiser, Gabriele (2005): Mathematics education in culturally diverse classrooms, in: Zentralblatt für Didaktik der Mathematik, 37(2), 61–63.

Baumert, Jürgen / Schümer, Gundel (2001): Familiäre Lebensverhältnisse, Bildungsbeteiligung und Kompetenzerwerb, in: Baumert, Jürgen / Klieme, Eckhard / Neubrand, Michael / Prenzel, Manfred / Schiefele, Ulrich / Schneider, Wolfgang / Stanat, Petra / Tillmann, Klaus-Jürgen / Weiß, Manfred (Hrsg.): PISA 2000. Basiskompetenzen von Schülerinnen und Schülern im internationalen Vergleich, Leske + Budrich, Opladen, 323–407.

Bender, Peter (1991): Ausbildung von Grundvorstellungen und Grundverständnissen – ein tragendes didaktisches Konzept für den Mathematikunterricht – erläutert an Beispielen der Sekundarstufen, in: Postel, Helmut / Kirsch, Arnold / Blum, Werner (Hrsg.): Mathematik lehren und lernen, Schroedel, Hannover, 48–60.

Benholz, Claudia / Lipkowski, Eva (2000): Förderung in der deutschen Sprache als Aufgabe des Unterrichts in allen Fächern, in: Deutsch Lernen, 1, 3–11.

Borgioli, Gina M. (2008): Equity for English Language Learners in mathematics classrooms, in: Teaching children mathematics, 15(3), 185–191.

Bredel, Ursula (2005): Sprachstandsmessung – eine verlassene Landschaft, in: BMBF (Hrsg.): Anforderungen an Verfahren der regelmäßigen Sprachstandsfeststellung als Grundlage für die frühe und individuelle Förderung von Kindern mit und ohne Migrationshintergrund, Bonn / Berlin, 77–119.

Bruner, Jerome S. (1971): Über kognitive Entwicklung, in: Bruner, Jerome S. / Olver, Rose R. / Greenfield, Patricia: Studien zur kognitiven Entwicklung, Klett, Stuttgart, 21–53.

Clarkson, Philip (2009): Mathematics Teaching in Australian Multilingual Classrooms, in: Barwell, Richard (Hrsg.): Multilingualism in Math. Classrooms - Global Perspectives. Multilingual Matters, Bristol, 145–160.

Cobb, Paul / Confrey, Jere / diSessa, Andrea / Lehrer, Richard / Schauble, Leona (2003): Design experiments in education research, in: Educational Researcher, 32(1), 9–13.

Cramer, Kathleen / Bezuk, Nadine (1991): Multiplication of fractions: Teaching for Understanding, in: Arithmetics Teacher, 3, 34–37.

Cummins, Jim (1979) Cognitive/academic language proficiency, linguistic interdependence, the optimum age question and some other matters, in: Working Papers on Bilingualism, 19, 121–129.

Cummins, Jim (1986): Language proficiency and academic achievement, in: Cummins, Jim / Swain, Merrill (Hrsg.): Bilingualism in education: aspects of theory, research and practice, Longman, London, 138–161.

Duval, Raymond (2006): A cognitive analysis of problems of comprehension in a learning of mathematics, in: Educational Studies in Mathematics, 61, 103–131.

Fischbein, Efraim (1989): Tacit Models and Mathematical Reasoning, in: For the Learning of Mathematics, 9(2), 9–14.

Fröhlich, Ines / Prediger, Susanne (2008): Sprichst du Mathe? Kommunizieren im Mathematikunterricht, in: Praxis der Mathematik in der Schule, 50(24), 1–8.

Gallin, Peter / Ruf, Urs (1998): Sprache und Mathematik in der Schule. Auf eigenen Wegen zur Fachkompetenz, Kallmeyer, Seelze.

Gogolin, Ingrid (2006): Bilingualität und die Bildungssprache der Schule, in: Mecheril, Paul / Quehl, Thomas (Hrsg.): Die Macht der Sprachen. Englische Perspektiven auf die mehrsprachige Schule, Waxmann, Münster u.a., 79–85.

Gogolin, Ingrid / Roth, Hans-Joachim / Schwarz, Inga (2004): Sprachstandsanalyse. Abschlussbericht zum DFG-Projekt „Mathematiklernen im Kontext sprachlich-kultureller Heterogenität", Kapitel IV, Hamburg.

Goldin, Gerald A. / Shteingold, Nina (2001): Systems of Representations and the Development of Mathematical Concepts, in: Cuoco, Albert A. / Curcio, Frances R. (Hrsg.): The Roles of Representation in School Mathematics, NCTM, Boston, 1–13.

Gravemeijer, Koeno / Cobb, Paul (2006): Design research from the learning design perspective, in: van den Akker, Jan / Gravemeijer, Koeno / Mckenney, Susan / Nieveen, Nienke (Hrsg.): Educational Design research: The design, development and evaluation of programs, processes and products, Routledge, London, 45–85.

Habermas, Jürgen (1977): Umgangssprache, Wissenschaftssprache, Bildungssprache, in: Jahrbuch der Max-Planck-Gesellschaft zur Förderung der Wissenschaften, 36–51.

Hasemann, Klaus (1981): On difficulties with fractions, in: Educational Studies in Mathematics, 12(1), 71–87.

Hefendehl-Hebeker, Lisa (1996): Brüche haben viele Gesichter, in: Mathematik lehren 78, 20–48.

Hußmann, Stephan (2003): Umgangssprache – Fachsprache, in: Leuders, Timo (Hrsg.): Mathematikdidaktik. Praxishandbuch für die Sekundarstufe I und II, Cornelsen Scriptor, Berlin, 60–74.

Kaiser, Gabriele / Schwarz, Inga (2009): Können Migranten wirklich nicht rechnen? Zusammenhänge zwischen mathematischer und allgemeiner Sprachkompetenz, in: Schüler, Themenheft Migration, 68–69.

KMK (2003): Bildungsstandards im Fach Mathematik für den Mittleren Schulabschluss, Beschluss vom 4.12.2003 der KMK, Luchterhand, München.

Koch, Peter / Oesterreicher Wulf (1985): Sprache der Nähe – Sprache der Distanz. Mündlichkeit und Schriftlichkeit im Spannungsfeld von Sprachtheorie und Sprachgebrauch, in: Romanistisches Jahrbuch 36(85), De Gruyter, Berlin, 15–43.

Leisen, Josef (2004): Der Wechsel der Darstellungsformen als wichtige Strategie beim Lehren und Lernen im deutschsprachigen Fachunterricht, in: Fremdsprache Deutsch, 30, 15–21.

Leisen, Josef (Hrsg.) (2003): Methodenhandbuch – Deutschsprachiger Fachunterricht, Varus, Bonn.

Lesh, Richard (1979): Mathematical learning disabilities, in: Lesh, Richard / Mierkiewicz, Diane / Kantowski, Mary Grace (Hrsg.): Applied mathematical problem solving, Columbus, OH, 111–180.

Maier, Hermann (2006): Mathematikunterricht und Sprache. Kann Sprache mathematisches Lernen fördern?, in: Grundschule, 4, 15–17.

Maier, Hermann / Schweiger, Fritz (1999): Mathematik und Sprache. Zum Verstehen und Verwenden von Fachsprache im Unterricht, oebv und hpt Verlagsgesellschaft, Wien.

Ministerium für Schule und Weiterbildung (2009): Gesetz zur Reform der Lehrerausbildung vom 12. Mai 2009, in: Gesetz- und Verordnungsblatt für das Land Nordrhein-Westfalen – Nr. 14 vom 25.5.2009.

Ministerium für Schule und Weiterbildung, Wiss. und Forschung des Landes NRW (Hrsg.) (1999): Förderung in der deutschen Sprache als Aufgabe des Unterrichts in allen Fächern. Empfehlungen, Ritterbach, Frechen.

Moser Opitz, Elisabeth (2007): Rechenschwäche/Dyskalkulie. Theoretische Klärungen und empirische Studien an betroffenen Schülerinnen und Schülern, Haupt, Bern.

Padberg, Friedhelm (2002): Didaktik der Bruchrechnung, Spektrum, Heidelberg.

Prediger, Susanne (2004): Mathematiklernen in interkultureller Perspektive, Profil-Verlag, München / Wien.

Prediger, Susanne (2006): Vorstellungen zum Operieren mit Brüchen entwickeln und erheben. Vorschläge für vorstellungsorientierte Zugänge und diagnostische Aufgaben, in: Praxis der Mathematik in der Schule, 48(11), 8–12.

Prediger, Susanne (2008): The relevance of didactic categories for analysing obstacles in conceptual change: Revisiting the case of multiplication of fractions, in: Learning and Instruction, 18(1), 3–17.

Prediger, Susanne (2009): Inhaltliches Denken vor Kalkül – Ein didaktisches Prinzip zur Vorbeugung und Förderung bei Rechenschwierigkeiten, in: Fritz, Annemarie / Schmidt, Siegbert (Hrsg.): Fördernder MU in der Sek. I, Weinheim, 213–234.

Prediger, Susanne (2010a): Zur Rolle der Sprache beim Mathematiklernen – Herausforderungen von Mehrsprachigkeit, in: Stiftung Mercator (Hrsg.): Deutsch als Zweitsprache (DaZ) in der Lehrerausbildung in Nordrhein-Westfalen. Bedarf – Umsetzung – Perspektiven, Essen.

Prediger, Susanne (2010b): „Aber wie sag ich es mathematisch?" – Empirische Befunde und Konsequenzen zum Lernen von Mathematik als Mittel zur Beschreibung von Welt, in: Höttecke, Dietmar (Hrsg.): Entwicklung naturwissenschaftlichen Denkens zwischen Phänomen und Systematik. Jahrestagung der GDCP, LIT, Berlin, 6–20.

Prediger, Susanne / Schink, Andrea (2009): "Three eighths of which whole?" – dealing with changing referent wholes as a key to the part-of-part-model for the multiplication of fractions, in: Tzekaki, Marianna et al. (Hrsg.): Proceedings of the 33rd Conference of the International Group for the Psychology of Mathematics Education, Vol. 4, Thessaloniki, 409–416.

Prediger, Susanne / Schink, Andrea / Schneider, Claudia / Verschraegen, Jan (2012): Kinder weltweit – Anteile in Statistiken, erscheint in: Prediger, Susanne / Barzel, Bärbel / Hußmann, Stephan / Leuders, Timo (Hrsg.): Mathewerkstatt 6, Cornelsen, Berlin.

Radatz, Hendrik (1989): Schülervorstellungen von Zahlen und elementaren Rechenoperationen, in: Beiträge zum Mathematikunterricht, Franzbecker, Bad Salzdetfurth, 306–309.

Redder, Angelika / Schwippert, Knut / Hasselhorn, Markus / Forschner, Sabine / Fickermann, Detlef / Ehlich, Konrad (2010): Grundzüge eines nationalen Forschungsprogramms zu Sprachdiagnostik und Sprachförderung, ZUSE-Diskussionspapier Nr. 1, Zuse, Universität Hamburg.

Rösch, Heidi (Hrsg.) (2003): Deutsch als Zweitsprache. Grundlagen, Übungsideen, Kopiervorlagen zur Sprachförderung, Schroedel, Hannover.

Rudolph-Albert, Franziska / Karaca, Deniz / Ufer, Stefan / Heinze, Aiso (2009): Sprachliches und fachliches Lernen im Mathematikunterricht, in: MNU Primar, 129–131.

Schink, Andrea (2011): Vom flexiblen Umgang mit dem Ganzen – Ein Beitrag zur Didaktischen Rekonstruktion zum vorstellungsorientierten Umgang mit Brüchen, Dissertation in Vorbereitung, TU Dortmund.

Schnotz, Wolfgang (2001): Wissenserwerb mit Multimedia, in: Unterrichtswissenschaft, 29, 292–318.

Schütte, Sybille (2001): Rechengeschichten statt Textaufgaben: Mathematik und Sprache verbinden, in: Selter, Christoph / Schipper, Wilhelm (Hrsg.): Offener Mathematikunterricht. Grundschulzeitschrift, 54–59.

Streefland, Leen (1991): Fractions in Realistic Mathematics Education: A Paradigm of Developmental Research, Kluwer, Dordrecht.

vom Hofe, Rudolf / Kleine, Michael / Blum, Werner / Pekrun, Reinhard (2006): The effect of mental models ("Grundvorstellungen") for the development of mathematical competencies, in: Bosch, Marianna (Hrsg.): Proceedings CERME 4, 142–151.

von Kügelgen, Rainer (1994): Diskurs Mathematik. Kommunikationsanalysen zum reflektierenden Lernen, Lang, Frankfurt.

Vom Nutzen der Erstsprache beim Mathematiklernen

Fallstudien zu Chancen und Grenzen erstsprachlich gestützter mathematischer Arbeitsprozesse bei Lernenden mit Erstsprache Türkisch

Michael Meyer & Susanne Prediger

Zusammenfassung: Während international schon vielfach belegt wurde, dass die Nutzung der Erstsprache fachliche Denk- und Verstehensprozesse fördern kann, ist die Nutzung der Erstsprache Türkisch für Schülerinnen und Schüler im deutschen Mathematikunterricht bislang weder in der Unterrichtspraxis noch in der Forschung stark im Blickfeld. Dieser Beitrag stellt erste explorative Ansätze und tentative Ergebnisse aus Interviewstudien vor, in denen Kleingruppen von Lernenden mit Erstsprache Türkisch in unterschiedlich gestalteten zweisprachigen Settings mathematische Aufgaben bearbeiten. Die Analysen beziehen sich auf beide Bedeutungen von „Nutzen" der Erstsprache: Zum einen auf Bedingungen, die ein Forschungssetting erfüllen muss bzw. sollte, damit Lernende die Erstsprache überhaupt nutzen, zum anderen auf Nutzen im Sinne der Chancen und Grenzen für die mathematischen Bearbeitungsprozesse.

1 Nutzen der Erstsprache für Mathematiklernen – Stand der Forschung und Formulierung von Forschungsfragen

1.1 Bedeutung der Erstsprache für den Zugang zur Mathematik

Die Lehrsprache des deutschen Mathematikunterrichts ist nahezu ausschließlich Deutsch, obwohl rund ein Fünftel aller Schülerinnen und Schüler mit einer anderen Erstsprache bzw. Muttersprachen[1] aufwachsen (Chlosta / Ostermann 2008). Die Zahl stützt die inzwischen oft formulierte Forderung nach gezielterer Förderung der deutschen Sprachkenntnisse in allen Fächern (z.B. im Nationalen Integrationsplan, Bundesregierung 2010, S. 47–60, und in vielen anderen Beiträgen in diesem Band). Ergänzend wird in der Forschung aber auch gefordert, umgekehrt den Unterricht zu öffnen für eine konsequentere Nutzung der erstsprachlichen Ressourcen der zwei- oder mehrsprachigen Lernenden (Gogolin / Lange 2010).

---

[1] Als ‚Erstsprache' bezeichnen wir die von den Kindern und Jugendlichen in ihrem Alltag bevorzugt verwendete Sprache. Zu dem nach Chlosta und Ostermann thematisierten Fünftel gehört auch diejenige Gruppe Kinder und Jugendlicher mit nichtdeutscher Muttersprache (die in der Regel in zweiter oder dritter Generation in Deutschland leben), deren Erstsprache dennoch Deutsch ist. Diese Gruppe ist jedoch nicht im Fokus dieses Artikels.

Auch für den Erwerb mathematischer Fähigkeiten wurde die Bedeutung der Erstsprache in internationalen Studien betont (Überblick in Barwell 2009). Als empirische Belege werden oft korrelative Zusammenhänge herangezogen zwischen bildungssprachlichem Niveau der Erst- und Zweitsprache und mathematischer Kompetenz (Secada 1992, S. 638), aber auch Fallstudien (Clarkson 1992), die Cummins (1979b) Schwellenhypothese speziell für Mathematik stützen (vgl. Heinze et al. in diesem Band).

Differenziertere Belege können Fall- und Interventionsstudien liefern, die genauer untersuchen, *wie* die Nutzung der Erstsprache auf das Mathematiklernen Einfluss nimmt. Bisherige Fallstudien haben vor allem auf erweiterte Partizipationsmöglichkeiten zweisprachiger Lernender im Unterrichtsdiskurs fokussiert, die oft im Zusammenhang mit dem Phänomen des Code-Switchings auftreten: zum Beispiel in Südafrika (Setati / Duma 2009) oder bei Lateinamerikanern in Kalifornien (Moschkovich 2007), wo alle Beteiligten in der Klasse mehrere Sprachen teilen, die offizielle Landessprache aber nicht die Erstsprache der Lernenden ist. Dabei zeigt sich Code-Switching als soziale Praxis des flexiblen Wechselns der Sprache in mehrsprachigen Communities (Moschkovich 2007, S. 129), die die Partizipation zweisprachiger Schülerinnen und Schüler deutlich erleichtern kann (MacGregor / Moore 1991, S. 54f; Setati / Duma 2009). Code-Switching kompensiert nicht nur individuelle Defizite, sondern kann – als Ausdruck einer Kompetenz zur kontextspezifischen Differenzierung von Sprachmodi (Moschkovich 2007) – auch eine Bereicherung der sprachlichen Ausdrucksmöglichkeiten darstellen.

Uns interessiert darüber hinaus der *kognitive und metakognitive Wert der Nutzung* der Erstsprache, wie er etwa in der Fallstudie von Clarkson (2007) zu mathematisch erfolgreichen vietnamesischen Kindern aufgezeigt wurde. Darin wird der metakognitive Wert der Rückübersetzung in die Erstsprache während des Aufgabenbearbeitungsprozesses deutlich, insbesondere für die Erschließung von Beziehungen und Bedeutungen mathematischer Konzepte. Kern (1994) arbeitet in einem vergleichbaren Setting die kognitive Entlastung heraus, die sich durch die Nutzung der Erstsprache in Denkprozessen ergibt, etwa für das Kurzzeitgedächtnis. Gleichzeitig beschreibt er auch ausgeweitete Möglichkeiten, Verknüpfungen zur Lebenswelt der Schülerinnen und Schüler herzustellen und so ihre lebensweltlichen Vorerfahrungen für mathematische Lernprozesse fruchtbar zu machen.

Die Untersuchungsergebnisse aus anderen Ländern passen sich plausibel ein in zahlreiche mathematikdidaktische Untersuchungen und Ansätze, die – unabhängig von Aspekten der Mehrsprachigkeit – die Bedeutung der Alltagssprache für Konstruktion und Bedeutungserschließung mathematischer Konzepte betonen (z.B. Freudenthal 1983, Maier / Schweiger 1999) und daher immer konsequenter die Alltagssprache Deutsch für mathematische Lernprozesse als Anknüpfungspunkt aktivieren (z.B. Gallin / Ruf 1990, Kuntze / Prediger 2005, Fröhlich / Prediger 2008). Vorrangig an deutsche Muttersprachler gerichtet, erfüllen diese Ansätze zwar auch für zweisprachige Lernende durchaus eine wichtige deutschfördernde Funktion (z.B. Knapp / Pfaff / Werner 2010), für die Anknüpfung an das eigene Denken könnte jedoch der Einbezug *aller* Erstsprachen von Nutzen sein. Hierzu liegen allerdings für den deutschsprachigen Mathematikunterricht kaum Untersuchungen vor (eine Ausnahme bildet die kleine Studie Rudolph-Albert et al. 2009).

Einen weiteren Begründungsstrang für die Integration der Erstsprache in den Fachunterricht bildet neben dem erleichterten *Zugang* zur Mathematik auch die erhoffte *Transferwirkung* auf außermathematisches Denken (Prediger 2004). Der Einbezug der Muttersprache in den mathematischen Lernprozess ermöglicht eine Erweiterung der muttersprachlichen (semantischen und lexikalischen) Ressourcen um neu erworbene fachliche Konzepte. Diese Erweiterung ist Voraussetzung zum einen für eine Nutzung des im Mathematikunterricht Gelernten im außermathematischen Denken, zum anderen für eine bildungssprachliche Konsolidierung der Muttersprache in lexikalischer, aber auch struktureller Hinsicht (etwa durch eine größere Sensibilisierung für die Bedeutung einzelner Präpositionen für die Beschreibung struktureller Zusammenhänge, vgl. Prediger / Wessel in diesem Band).

Zusammenfassend zeigen die hier angedeuteten verschiedenen Stränge bestehender empirischer und theoretischer Arbeiten viele Chancen auf, die sich durch die Nutzung der Erstsprache für das Mathematiklernen ergeben könnten. Dieser Beitrag berichtet von einer ersten explorativen Studie innerhalb des Dortmunder MuM-Projekts (Mathematiklernen unter Bedingungen der Mehrsprachigkeit), in der mögliche Wirkungen, Chancen und Grenzen empirisch ausgelotet werden.

1.2 Forschungsfragen der explorativen Studie

Angesichts der Unterschiedlichkeit der Sprachkontexte weltweit müssen Ansätze zum zweisprachigen Mathematikunterricht, die in anderen Ländern entwickelt und erprobt wurden, jeweils sorgfältig geprüft werden hinsichtlich ihrer Übertragbarkeit auf die spezifischen Bedingungen des deutschen Sprachkontexts (Setati / do Carmo Santos 2010). Entscheidende Rahmenbedingungen bilden dabei die Sprachbiographien der zweisprachigen Schülerinnen und Schüler in Deutschland, von denen viele der zweiten oder dritten Einwanderergeneration angehören. Die meisten beherrschen daher die deutsche Alltagssprache relativ gut, erreichen in der deutschen und erstsprachlichen Bildungssprache dagegen deutliche Grenzen (Cummins 1979a, Gogolin 2009). Dies gilt insbesondere für die größte Minderheitssprachengruppe, nämlich diejenigen mit Erstsprache Türkisch, auf die in diesem Artikel aus forschungspragmatischen Gründen fokussiert wird.

Ungeachtet sonstiger Spezifika des Sprachkontexts deutscher Schulklassen (etwa der vorrangigen Monolingualität der deutschen Lehrkräfte, vgl. Gogolin 1994) wurde zunächst unter Laborbedingungen untersucht, inwiefern türkisch-deutschsprachige Kinder der Klassen 4 und 6 die Erstsprache beim Mathematiktreiben fruchtbar nutzen können. Konkret wurden mit der explorativen Fallstudie folgende Forschungsfragen verfolgt:

1. Wie nutzen Lernende das Angebot, beim Bearbeiten mathematischer Aufgaben ihre Erstsprache nutzen zu dürfen bzw. zu sollen und welche Gründe für die Reaktionen lassen sich rekonstruieren?
2. Auf welche Weisen und für welche Zwecke nutzen sie die Erstsprache bei der Sprachrezeption und -produktion?
3. Welche Nutzen ergeben sich jeweils für die mathematischen Bearbeitungsprozesse? Welche Grenzen zeigen sich, auch im Hinblick auf den spezifisch deutschen Sprachkontext?

Eine auf Forschungsfrage 1 reduzierte Vorstudie diente der nicht trivialen Entwicklung eines geeigneten zweisprachigen Untersuchungssettings (Abschnitt 2), bevor die Hauptstudie allen drei Forschungsfragen nachzugehen ermöglichte (Abschnitt 3).

2   Vorstudie zur Entwicklung geeigneter Untersuchungsdesigns für freiwillige oder forcierte Nutzung der Erstsprache

2.1   Untersuchungsdesign mit variierenden zweisprachigen Settings

Zur *Datenerhebung* haben wir die Methode eines klinischen Interviews gewählt, die gegenüber schriftlichen Tests den Vorteil hat, durch ihre Laborbedingungen eine bessere Steuerung des Geschehens zu ermöglichen und somit die Arbeitsprozesse der Lernenden im Detail genauer zu beobachten als im realen Klassenzimmer. Die halboffenen Interviews wurden von Studierenden im Rahmen ihrer Bachelorarbeiten durchgeführt und dauerten zwischen 45 und 60 Minuten.

Um auch Kommunikationsprozesse zwischen Lernenden zu erfassen, bearbeiteten jeweils zwei bis drei Sechstklässlerinnen und Sechstklässler gemeinsam die Aufgaben. Ausgewählt wurden *Kinder* mit Mutter- und Erstsprache Türkisch, die von sich sagten, auch Türkisch lesen zu können (dies reduzierte die Zahl der in Frage kommenden Kinder erheblich). Alle Kinder in den Interviews sind in Deutschland aufgewachsen, sprechen zu Hause meist gemischt Deutsch und Türkisch, verfügen über solide alltagssprachliche Deutschkenntnisse und variierende bildungssprachliche Kenntnisse.

Alle 21 Interviews wurden entlang derselben Aufgabenstellung geführt. Ausgehend von der textintensiven, offenen *Modellierungsaufgabe* „Wer soll was bezahlen?" (aus Marxer / Prediger 2012) sollten die Kinder ein oder mehrere mathematische Modelle für die Verteilung der Einkaufskosten einer Wohngemeinschaft entwickeln. Im Text angegeben waren der unterschiedliche Verbrauch der vier Bewohner und die Gesamtkosten (ausführlicher beschrieben in Marxer / Prediger / Schnell 2010).

Die *zweisprachigen Settings* der Interviews unterschieden sich hinsichtlich verschiedener Optionen der Türkischnutzung in Sprachrezeption und Sprachproduktion (vgl. Abb. 1): In der *Sprachrezeption* wurde eine Türkischnutzung auf freiwilliger Basis ermöglicht, indem in einigen Interviews die Aufgabenstellung in deutscher und türkischer Formulierung gleichzeitig an die Lernenden gegeben wurde. In anderen wurde sie am Ende forciert, indem zu Beginn nur mit der deutsch formulierten Aufgabenstellung gearbeitet wurde, um dann im nächsten Schritt den Text in Türkisch nachzuliefern und seine Betrachtung verpflichtend zu machen, etwa mit folgender Aufforderung: „Ich habe hier noch eine weitere Aufgabe bekommen, die sehr ähnlich aussieht. Allerdings kann ich die nicht lesen. Könnt ihr die auch bearbeiten?" Die Optionen zur *Sprachproduktion* variierten mit der Anwesenheit eines zweiten Interviewers, der selbst einen türkischen Hintergrund hatte, wobei in jeder Spalte die unteren Optionen der Tabelle 1 die oberen jeweils mit einschließen: Ohne türkischsprachige Gesprächspartner wurde eine türkische Arbeitssprache *untereinander zwar ermuntert* (für die Erarbeitungsphasen), doch waren Erläuterungen an die Interviewerin stets auf Deutsch zu geben.

Freiwillige türkische Sprachproduktion wurde auch durch die konsequente Anwesenheit eines türkischsprachigen Gesprächspartners ermöglicht, während die *Forcierung der türkischen Sprachproduktion* einen Kunstgriff erforderte:

Tab. 1: Optionen der Türkisch-Nutzung für die zweisprachigen Settings der Vorstudie

Türkisch in der Sprachrezeption...	Türkisch in der Sprachproduktion...
-	... **untereinander ermuntert** für Erarbeitung untereinander auch türkisch ermuntert, für Erläuterung nur deutsch
... **freiwillig ermöglicht** gleichzeitiges Angebot der deutsch und türkisch formulierten Versionen der Texte	... **freiwillig ermöglicht** Anwesenheit eines zweisprachigen Gesprächspartners als Übersetzer
... **verzögert forciert** Versionen nacheinander mit Aufforderung zum Vergleich	... **verzögert forciert** Auftauchen eines nur türkischsprachigen Gesprächspartners

Ein türkischsprachiger Interviewer holte nach einer Weile die Interviewerin aus dem Raum und gab sich als ‚Hausmeister' mit Schwierigkeiten in Deutsch aus. Entsprechend ließ er sich auf Türkisch die Aufgaben und die Lösungen von den Lernenden erklären. Mit dem Hausmeister sollte ein Kontextwechsel in sprachlicher und kultureller Hinsicht ermöglicht werden, um den Kontext Mathematikunterricht zu verlassen. Er kam nicht gleich zu Beginn, sondern verzögert, um zumindest erst auch Raum zu geben für eine freiwillige Sprachproduktion im Erarbeitungsprozess.

Die zweisprachigen Settings der Vorstudien kombinierten jeweils eine Option zur Sprachrezeption und eine zur Sprachproduktion und wurden dann auf ihre Eignung hin analysiert. Dazu wurden die Interviews videographiert und zur *qualitativen Datenauswertung* in Ausschnitten transkribiert. Die Analyse der Transkripte erfolgte (durch die Autoren) entsprechend des interpretativen Paradigmas (Voigt 1984, S. 81ff.) im Hinblick auf die erste Forschungsfrage. Die rekonstruierten Reaktionen und Nutzungsweisen wurden im Hinblick auf die verschiedenen Optionen zur Sprachrezeption und -produktion verglichen, auch wenn beim Vergleich stets zu berücksichtigen war, dass jede Kindergruppe nur ein Setting erlebte.

2.2   Ergebnisse: Reaktionen auf Türkisch-Angebote in Sprachrezeption und -produktion und forschungsmethodische Konsequenzen

Die Reaktionen auf die Angebote zur freiwilligen türkischsprachigen *Sprachrezeption* zeigen ein nahezu einheitliches Bild: Lagen die Texte gleichzeitig in beiden Sprachen vor, dann arbeiteten nahezu alle Lernenden mit dem deutsch formulierten Text. Einige Kinder lasen ausschließlich den Aufgabentext in Deutsch und gaben bei freier Wahl an, dass sie es schlicht gewohnt seien, Mathematikaufgaben auf Deutsch zu lösen oder dass sie den auf Deutsch formulierten Text besser verstehen könnten. Andere wiederum verglichen die beiden Texte zunächst und entschieden sich dann für den deutsch formulierten, weil er „einfacher sei". Einzelne Schülerinnen wählten die türkische Version, u.a. weil dort „ein Viertel" leichter zu verstehen sei (wörtlich übersetzt bedeutet der Ausdruck „dörtte bir" mit der Lokativ-Kasusendung „-te" für „in" hier „eins in vier", im türkischen allerdings in der Reihenfolge „vier-in eins"). Ein Mädchen wechselte erst später zu dem deutschen Text, um besser mit ihrer Partnerin zusammen arbeiten zu können. Von den meisten Kindern wurde der türkisch formulierte Text nur zur Hilfe genommen, um die Bedeutung bestimmter Worte zu ermitteln, wie „ein Viertel" oder „auswärts essen". Häufiger wurde die Bedeutung dieser Worte jedoch durch eine Frage an die Interviewenden geklärt.

Vergleichbare Phänomene waren bei *verzögert forcierter Sprachrezeption* erkennbar: Die Kinder gingen den Text durch und legten ihn mit Kommentaren wie „da steht ja das Gleiche" wieder beiseite. In keinem Fall wurde der Text für die weitere Arbeit genutzt. In einem Interview verstand ein Junge den Text vollkommen anders und erarbeitete auf Grund seines Missverstehens eine vollständig neue Lösung. Die Situation klärte sich erst auf, als er mit dem Partner den Text verglich.

Auch bezüglich der fakultativen *Sprachproduktion* (ermuntert oder freiwillig ermöglichtes Setting) zeigten sich die Lernenden zurückhaltend. In den sechs Interviews musste die Interviewerin in der Regel die Sprachproduktion in der Erstsprache der Kinder explizit einleiten, die darauf mit nur knappen Antworten reagierten. Als Gesprächspartner wurde er fast nur zur Klärung von Vokabeln (z.B.: „auswärts essen") konsultiert.

Durch die *verzögerte Forcierung der Sprachproduktion* konnten die Kinder in dem künstlichen Interviewsetting des auftauchenden ‚Hausmeisters' dazu gebracht werden, ihre auf Deutsch gefundenen Ergebnisse schließlich auch in der Erstsprache zu erklären. Diese war erwartungsgemäß meist durchdrungen von Momenten des Borgens deutscher mathematischer Fachbegriffe oder breiterer Momente des Code-Switchings (Moschkovich 2007, Özdil 2010). Die Erklärungen zeigten jedoch auch, dass die Kinder sich auf den Rahmungswechsel in die außermathematische Welt einließen und zum Beispiel zunächst Erklärungen ohne Zahlen anboten.

Insgesamt, so das Fazit der Vorstudie, wurden in dem Forschungssetting die Optionen zur freiwilligen Sprachnutzung wenig angenommen, so dass diese für die Verfolgung der Forschungsfragen unter kurzfristigen Laborbedingungen als ungeeignet erscheinen (ähnliche Erfahrungen machten Wlotzka / Ralle 2008 auch im Klassenraum mit dem kurzfristigen Einsatz türkischsprachiger Anleitungen für chemische Experimente). Zur Bewertung dieses Ergebnisses ist allerdings die *Analyse möglicher Gründe* wichtig. Denn sie deutet zum einen darauf hin, dass die (wenig genutzte) erstsprachliche Sprachrezeption und -produktion mit der subjektiven schriftsprachlichen Sicherheit in Türkisch zusammenhängt, zum anderen aber geprägt ist von einer sich längerfristig etablierenden Kultur der Deutschsprachigkeit des Mathematikunterrichts. Kinder nutzen häufig die Sprache, die sie aus dem Unterricht gewohnt sind (Clarkson 2007, S. 194), dies ist für künstliche kurzfristige Forschungssetting nur begrenzt zu ändern. Dieser zweite, im derzeitigen Schulsystem verankerte Grund scheint noch entscheidender als die individuelle Sicherheit, zumal viele Kinder eine durchaus höhere türkischsprachige Kommunikationsfähigkeit zeigten, als sie sich selbst zusprachen.

Die Wirksamkeit von Sprachwechseln für die mathematischen Denk- und Arbeitsprozesse scheint in Bezug auf die Sprachproduktion eher rekonstruierbar zu sein als auf die Sprachrezeption. Dies ist sicherlich auch auf die konkrete Lernsituation zurückzuführen, in der die zentralen Herausforderungen für die meisten in einer geeigneten Mathematisierung der Situation lagen, weniger im Textverständnis selbst.

Als Konsequenz dieser Erfahrungen wurde zum einen die verzögert forcierte Sprachnutzung im Design der Hauptstudie verstärkt. Zum anderen wurde für Settings mit intendierter freiwilliger Sprachnutzung mehr in die Herstellung eines geeigneten Rahmens investiert. Dieser sollte die Andersartigkeit des sprachlichen Settings im Interview gegenüber dem im Mathematikunterricht etablierten gezielter verdeutlichen und so dazu beitragen, dass die Kinder das Sprachangebot annehmen und nicht etwa als Prüfungssituation missverstehen.

3 Studie zu forcierter Nutzung des Türkischen in mathematischen Bearbeitungsprozessen

3.1 Design der Hauptstudie

Aufgrund der Ergebnisse der Vorstudie wurde das Design der Hauptstudie in folgenden Punkten geändert: Zur Konzentration der mathematischen Anforderungen auf das Textverstehen wurden die Interviews entlang einer Aufgabenstellung zu komplizierten Anteilen geführt (der erste Text ist abgedruckt in Abb. 1, die begleitenden Fragestellungen werden von Prediger / Wessel in diesem Band vorgestellt).

Die Optionen des zweisprachigen Settings (aus Tab. 1) wurden hinsichtlich der Sprachrezeption auf die *verzögert forcierte Option* reduziert. Es wurde also in jedem Interview nachträglich eine türkisch formulierte Textversion mit der Aufforderung zum Vergleich beider Texte hinzugenommen. Hinsichtlich der *Sprachproduktion* wurden alle Optionen ausgeschöpft, aber insbesondere für die Option ohne türkischsprachigen Gesprächspartner (*untereinander ermuntert*) mehr in die Etablierung eines glaubwürdigen Rahmens investiert: Um noch deutlicher zu machen, dass die Interviewsituation sich von der gewohnten Situation in der Klasse unterscheidet und die Nutzung von Türkisch als Mittel der Wahl nicht nur möglich, sondern auch gewollt ist, bat die Interviewleitung die Kinder zu Beginn, ihr das Zählen auf Türkisch beizubringen. Zusätzlich wurde explizit das Nutzen der türkischen Sprache für den gemeinsamen Erarbeitungsprozess zugelassen.

Auf diese Weise sollte eine zweisprachige Rahmung hergestellt werden. Diese veränderte insbesondere auch die mit dem Kompetenzgefüge zwischen Kindern und Interviewleitung zusammenhängenden Rollen.

Analphabeten in der Welt
Ein Viertel aller Erwachsenen dieser Welt sind Analphabeten, können also nur sehr schlecht lesen und schreiben.
Damit können sie viele Berufe nicht lernen.
Zwei Drittel aller nichtlesenden Menschen sind Frauen.
(Uno-Bericht 2008)

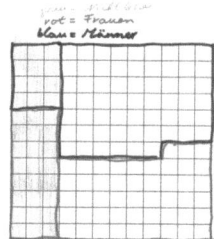

Abb. 1: Zu erschließender Text mit Zeichnung der fiktiven Schülerin Lena

Die Lernenden bekamen die Möglichkeit, auch ohne mathematischen Experten zu kommunizieren, so dass im offiziellen Gespräch auch inoffizielle Momente *forciert ermöglicht* wurden. Zudem wurde die Wahl der Kinder ausgeweitet auf Klasse 4 (mit anderer Aufgabenstellung, vgl. Episode 2).

Im Folgenden werden erste Ergebnisse der noch andauernden Analyse der Daten vorgestellt. Die Daten stammen aus 31 Interviews mit Kindern mit türkischem Migrationshintergrund aus den Klassenstufen 4 und 6.

3.2   Erste Einblicke in Resultate aus Fallstudien

Episode 1: Dilara und Elina konstruieren mathematische Beziehungen auf Türkisch

Die beiden Schülerinnen, die hier Dilara und Elina genannt werden, gehen in eine 6. Hauptschulklasse. Nachdem sie der Interviewerin das Zählen auf Türkisch bis 5 beigebracht haben, bekommen sie den deutsch formulierten bildungssprachlichen Text aus Abb. 1 links und den Auftrag, ihn so umzuformulieren, dass er leichter verständlich ist. Abb. 2 zeigt die Scans ihrer ersten Texte, in denen sie auf eine Wiedergabe der zahlenmäßigen Anteile verzichten.

Um die in der offiziellen Kommunikation unterdrückten Anteile mithilfe einer Darstellungsvernetzung wieder zu fokussieren, erhalten sie im nächsten Schritt die in Abb. 1 rechts abgedruckte Zeichnung einer fiktiven Schülerin Lena, die sie auf Übereinstimmung mit dem Text hin prüfen sollen.

Zum Vergleich müssen sie zunächst die dargestellten mathematischen Beziehungen der beteiligten Teile und Anteile im Bild (rechts in Abb. 1) für sich konstruieren.

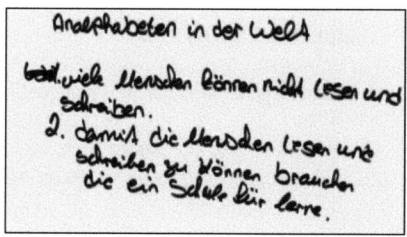

Abb. 2: Dilaras und Elinas umformulierte Texte

In einem Zwiegespräch auf Türkisch finden die beiden Mädchen heraus, dass der graue Teil die Gruppe der Analphabeten darstellt. Als sie dies der Interviewerin mitteilen, diskutieren sie zunächst (auf Deutsch), ob gleich viele Frauen wie Männer in dem Bild dargestellt sind. Die Episode 1 setzt ein, nachdem die Schülerinnen der Interviewerin widersprechen und vermuten, es seien mehr Frauen. Die Aussage könnte bereits als Vergleich der relativen Anteile gedacht sein, sprachlich wird der Vergleich aber erst im folgenden Transkriptauszug erarbeitet.[2]

1	I	Mhm. die können schreiben und lesen.
2	Elina	Und die nicht, also nicht schreiben und lesen. *(zeigt auf die grauen Flächen im Bild)*
3	I	Genau ja. *(nickt)*
4	Elina	Ben anladım .. bak şimdi .. adamlar, dime' *(zeigt nach oben links auf dem Bild)* ehmm eh .. eh daha çok yapabiliyor *(zeigt nach oben rechts auf dem Bild)*
		Ich habs verstanden .. guck mal jetzt .. die Männer, nicht wahr' *(zeigt nach oben links auf dem Bild)* ähmm äh .. die können mehr machen *(zeigt nach oben rechts auf dem Bild)*

Nachdem Elina zunächst mit der Interviewerin spricht, wechselt sie plötzlich ohne öffentlichen Kommentar die Sprache. Wir deuten diesen abrupten Sprachwechsel derart, dass sich die türkische Sprache in diesem Interview schon als Arbeitssprache der Wahl etabliert hat. Die Gründe für den Wechsel der Sprache können vielfältig sein. Ob nun die Interviewerin, die selbst nicht Türkisch spricht, ausgeschaltet und ein privater Bereich hergestellt werden soll oder ob sie einfach nur besser oder lieber in ihrer Erstsprache verbalisieren und / oder Zusammenhänge erarbeiten können, bleibt hier unklar.

5	Dilara	*(nickt)*
6	Elina	Azı da yapamıyor *(zeigt nach oben links auf dem Bild)*... kadınların arasında *(zeigt abwechselnd unten rechts und links auf dem Bild)* ... kadınlar da-
		Und die wenigeren können nicht *(zeigt nach oben links auf dem Bild)* ... innerhalb der

---

2   Alle Transkripte sind zugunsten der Lesbarkeit geglättet. Die türkischen Äußerungen der Schülerinnen sind durch eine deutsche Übersetzung in grau ergänzt. Im späteren Text werden die aus dem Türkischen übersetzten Äußerungen ebenfalls in grau präsentiert.

7	Dilara	Frauen *(zeigt abwechselnd unten rechts und links auf dem Bild)* ... und die Frauen Tamam da buraya baksana bir *Ja ok, aber guck doch mal hier*
8	Elina	Kadınlarda- eh yarısı yapabiliyor yarısı yapamıyor *(spricht schnell)* ... *Bei den Frauen- äh die eine Hälfte kann, die andere Hälfte kann nicht (spricht schnell).*

Mit den türkischen Worten für „die wenigeren" bringt Elina in Z. 6 eine Relation zum Ausdruck. Diese Relation scheint sie auf den Anteil der Nicht-Leserinnen im Vergleich zu den Lesern unter den Männern zu beziehen. Der anschließende Vergleich unter den Frauen lässt auf eine angenommene Gleichverteilung zwischen den Leserinnen und Nicht-Leserinnen unter den Frauen schließen. In Z. 9 bezieht sich Dilara dann vermutlich auf die Interviewerin. Leider kann der genaue Bezugspunkt rückwirkend nicht endgültig geklärt werden. Die Interviewerin hatte zuvor lediglich gesagt, dass in der Abbildung gleich viele Männer und Frauen seien. Unabhängig davon ist der Vergleich der Anzahl der Frauen und der Männer kein Inhalt des weiteren Gespräches.

9	Dilara	Bak kadında- *(schaut auf das Bild, bricht ab)* dediği doğrudu bak aynı ama kadınlarda do- daha çoğu yapamıyor *(zeigt unten rechts auf das Bild)* *Guck bei der Frau (schaut auf das Bild, bricht ab) ... was sie gesagt hat, war richtig guck ist das Gleiche aber bei den Frauen können das die meisten nicht machen (zeigt unten rechts auf das Bild)*
10	Elina	Tamam da şimdi bak yapamıyor. Ama- *Ja gut aber guck jetzt die können nicht. Aber-*
11	Dilara	Tamam. Kadınlarda daha çoğu yapamıyor erkeklerde daha çoğu yapabiliyor *Gut. Bei den Frauen können die meisten nicht machen, bei den Männern können die meisten.*

In Z. 9 kann man Dilara bereits unterstellen, dass sie die (Nicht-)Leser unter den Männern mit den Lesern unter den Frauen vergleicht. In Z. 11 spricht die Schülerin nun zwei Vergleiche an: Zum einen denjenigen unter den Frauen, zum anderen denjenigen unter den Männern. Dies tauchte in der vorherigen deutschsprachigen Diskussion nicht auf.

12	Elina	Bak yapamıyor bak *(zeigt nach unten rechts)* *Guck, können nicht, guck (zeigt nach unten rechts)*
13	Dilara	Tamam *(fast schreiend)* ama bak bunlar şimdi böyle şu çizgileri silsek mesela olmasa aynı olurdu .. yarıdan yarıya, dime' *(zeigt auf den trennenden Strich zwischen dem oberen rechten und dem unteren rechten Bereich)* *Ok (fast schreiend) aber guck die jetzt wenn wir so diese Striche wegradieren würden, wenn die zum Beispiel nicht da wären, dann wäre das gleich. Von Hälfte zu Hälfte, nicht wahr (zeigt auf den trennenden Strich zwischen dem oberen rechten und dem unteren rechten Bereich)*
14	Elina	Hm burası Strich olm (..) *Hm Hier (..) kein Strich*
15	Dilara	Ama kadınların ehm kadınlarda daha eh çoğu çokları- eh kadınlarda çok olanları şey eh yazıp okuyamıyolar ama erkeklerde çoğu çoğuları oku yazıp okuyabiliyorlar *Aber von den Frauen eh bei den Frauen noch eh die Mehrheit- eh bei den Frauen, die*

		mehr sind eh Dings eh können nicht schreiben und lesen aber die meisten bei den Männern können les schreiben und lesen
16	Elina	Azlarıda okuyamıyolar ama.
		Die wenigeren können aber nicht lesen.
17	Dilara	Tamam. Kadınlarda da azları okuyabiliyo .. erkeklerde az
		Ja ok. Von den Frauen können wenigere lesen .. bei den Männern
18	Elina	Okuyamıyor az ahh evet azları okuyabiliyor.
		Können nicht lesen ahh doch die wenigeren können lesen.
19	Dilara	Burda azları okuyo burda azları okumuyo. ..
		Hier lesen die wenigen hier lesen die wenigen nicht. ...

Zuvor hatten Elina und Dilara mit „weniger" oder „die meisten" Relationen ausgedrückt. Jeweils bezogen sich die Schülerinnen dabei auf die Männer oder die Frauen. Lediglich in Z. 9 könnte bereits ein Vergleich von Leserinnen und Lesern von Dilara formuliert worden sein. In dieser Sequenz (Z. 15–19) ist das „Umdrehen" der Relata jedoch deutlicher zu erkennen: Mit dem Wort „die wenigeren" scheint sie auszudrücken, dass der Anteil der Nichtleser an den Männern geringer ist als der der Nichtleserinnen an den Frauen.

20	Elina	Tamam şimdi anlat.
		Okay jetzt erzähl.
21	Dilara	Sen beni anladın'
		Du hast mich verstanden'
22	Elina	Eheh *(verneinend) (lacht)* ah. Eh anladım da..sen anlat işte belki iş yapar... karşımdaki şey beni bozuyo heyecanlandırıyo *(lacht)* hadi.
		Ähäh *(verneinend) (lacht)* ah. Äh ich habs ja verstanden.. erzähl du doch, vielleicht bringt es mir was ... das Dings gegenüber ist nicht mein Fall, das macht mich nervös *(lacht)* komm mach schon.

Elina weigert sich, die Relationen auszudrücken, die Dilara in der vorherigen inoffiziellen Partnerarbeit verbalisierte. Da Elina in ihren Äußerungen stets die Relation („wenigere"), jedoch nicht die Relata (z.B.: Männer und / oder Frauen) angibt, lässt sich vermuten, dass sie entgegen ihrer Aussage die mathematischen Inhalte nicht verstanden hat.

23	Dilara	Ich glaub- also wir meinen *(zeigt auf Elina)* so ähm das bei den Frauen also das bei den Männern viele lesen können und bei den- nein
24	Elina	Frauen nicht
25	Dilara	Dass beide gleich sind aber bei den Frauen die meisten nicht lesen und schreiben und bei den Männern schon.

Insgesamt zeigt die Episode, wie sehr die beiden Mädchen um eine Klärung der komplexen Beziehungen der Gruppe der Analphabetinnen ringen, und zwar in Relation zu a) den Frauen und b) dies im Vergleich zu dem Anteil bei den Männern. Zur Beschreibung der Beziehung aktivieren sie weder auf Deutsch noch auf Türkisch im Unterricht gelernte mathematische Anteilskonzepte, sondern nutzen beispielsweise die türkische Bezeichnung für „wenigere", um die relativen Anteile qualitativ miteinander zu vergleichen, z.B.: „Die wenigeren können aber nicht lesen." und: „Hier lesen die wenigen hier lesen die wenigen nicht." Ohne die mathematischen Fachvokabeln stellen sie kommunikativ eine geteilt geltende Bedeutung (s. Voigt 1998, S. 203) des Vergleichs her, auch wenn sie sich derer zunächst selbst nicht ganz sicher sind (Z. 21–24).

Zur Herstellung dieser im Interviewverlauf neuen Bedeutung kreieren sie eigene erstsprachliche Sprachmittel und erarbeiten sich dabei in der Erstsprache mathematische Zusammenhänge, die sprachlich und konzeptionell sehr komplexer Natur sind. Als sie die erkannten Zusammenhänge danach der Interviewerin vermitteln, wählen sie mit dem deutschen Wort „meisten" (Z. 25) ein (wenn auch weiterhin nur qualitatives) gängiges Konzept zur Beschreibung von Anteilen, welches in sprachlicher Hinsicht besser passt als „mehrerer".

Die Episode bietet ein interessantes Beispiel, wie die eigenständige Entwicklung der sprachlichen Mittel ineinandergreift mit der Klärung mathematischer Beziehungen. Dabei zeigt sich die Verschränkung der kognitiven und der sprachlichen Ebene (vgl. Meyer 2010). Eigeninitiativ wird Türkisch hier genutzt zur Erarbeitung mathematischer Zusammenhänge, die dann erst nachträglich mit deutschsprachigen Fachvokabeln ergänzt werden.

Zumindest diese zwei Mädchen, die auch zuvor im Interview in die türkische Sprache wechselten, nutzen ihre Erstsprache erfolgreich bei der Konstruktion mathematischer Beziehungen, obwohl diese im Fachvokabular nicht sehr reichhaltig ist. Nicht geschlossen werden kann natürlich aus dem Transkriptausschnitt, dass den Mädchen diese Konstruktion nicht auch in Deutsch möglich gewesen wäre.

Episode 2: Sena und Büsra ringen um Formulierungen konstruierter Beziehungen

Noch deutlicher wird der Zugewinn beim Nutzen der Erstsprache in dem Interviewausschnitt von Sena und Büsra. Die zwei Mädchen aus einer Klasse 4 einer städtischen Grundschule beschäftigen sich mit einem stark fachsprachlich geprägten Text, in dem „eine Zahl mit sich selbst malgenommen" und mit dem Produkt seiner „Nachbarzahlen" verglichen wird. Die Schülerinnen interpretieren dies zunächst durch Zahlenbeispiele wie 5·6, bekommen dann aber von der Interviewerin erklärt, dass eigentlich 5·5 gemeint ist. Als die Bedeutung der fachsprachlichen Wendung an Beispielen geklärt ist, versuchen die beiden zunächst ohne Erfolg, den Zusammenhang zwischen dem Beispiel und dem Text durch eine eigene Formulierung für die fachsprachliche Wendung zu erklären. Nun setzt das folgende Gespräch ein:

1	I	Wieso kannst du das nicht erklären?
2	Sena	Ich weiß nicht.
3	Büsra	Ich kann vielleicht helfen. Sie kann mir das auf Türkisch sagen, ich auf Deutsch danach.
4	I	Ja, das wäre auch gut. Kannst du besser Türkisch als Deutsch?
5	Sena	Beides gleich.

6	I	Beides gleich? Achso. Ja, dann versuch das mal so.
7	Sena	Ben hep ehh .. eh .. ben ehh ben aynı eh şeyi nein ehm .. ben eh a- eh a aynı sayıları almalıyım .. Bunu böyle anlatamıyorum.
		Ich immer ähh .. ähh .. ich äh ich die gleiche Sache nein ähm .. ich äh gl- äh gleiche Zahlen muss ich nehmen .. Das kann ich nicht so erklären.
8	Büsra	Nasıl şimdi? hani şey mi so ya hani yazıyoya aynı sayıyı alcan .. onu Almancadan anlatamıyon mu?
		Wie jetzt? also Dings so da steht ja du musst die gleiche Zahl nehmen .. kannst du das nicht auf Deutsch erklären?
9	Sena	Ntha .. ben ik- eh ikisinle eh iki eh şeyi aynı seyi yapcam. ondan sonra mal rechnen yapcaktım
		Nein .. ich bei- äh mit beiden äh zwei äh Dings die gleiche Sache werde ich machen. und dann wollte ich mal rechnen
10	Büsra	Anlamadım
		Hab ich nicht verstanden
11	Sena	Bak. ben. mesela sen burda beş kere beş yaptın ya.
		Guck. ich. Zum Beispiel hast du ja hier fünf mal fünf gemacht.
12	Büsra	Hm *(bejahend)*
13	Sena	İk- iki tane aynı sayıyı aldın. öyle işte.
		Zw- zwei Stück du hast die gleiche Zahl genommen. so halt.
14	Büsra	Bunu mu sen şimdi anlatamıyon?
		Das kannst du jetzt nicht erklären?
15	Sena	Evet
		Ja

Die Szene zeigt, wie die Kinder durch die türkische Sprache die Möglichkeit gewinnen, etwas auszudrücken, bei dem sie vorher Probleme hatten: eine allgemeine Bezeichnung für eine Variable und ihre (multiplikative) Beziehung auf sich selbst. Sena nutzt die von Büsra vorgeschlagene Möglichkeit, von der türkischen Sprache Gebrauch zu machen. Nach einigen Ansätzen formuliert die Schülerin in Z. 13 die Gleichzeitigkeit des Zugriffs übersetzt mit „zwei Stück du hast die gleiche Zahl genommen". Ihre Zufriedenheit mit dieser Formulierung bringt die Schülerin direkt im Anschluss durch die türkischsprachigen Worte für „so halt" auch öffentlich (zumindest für ihre Mitschülerin) zum Ausdruck.

Über die Episoden hinaus

Jenseits des oben dargestellten kognitiven Nutzens der Erstsprache zeigten sich in anderen Episoden durch deren Verwendung auch Chancen im Hinblick auf eine verstärkte Teilhabe an der Interaktion während des Interviews. So finden sich Szenen, in denen die Kinder die Sprache wechseln, um ohne die Rezeption der Interviewerin interagieren zu können. Der Sprachwechsel ermöglicht hier auch Momente der Privatheit. In einem Interview (ohne Übersetzer) etabliert sich schnell die Regel, dass die Schüler nach jeder Aufforderung der Art „Ansonsten könnt ihr auch zusammen überlegen." ins Türkische wechseln.

Noch wichtiger für gesteigerte Lerngelegenheiten erscheint das Phänomen eines zunächst eher stillen Jungen, der nach kurzen Phasen der intimen türkischen Verständigung deutlich intensiver an der deutschsprachigen Interaktion partizipiert als zuvor. Die gemeinsame Bearbeitung der Aufgabe in der Erstsprache könnte ihm also die Sicherheit gegeben haben, nun auch an der offiziellen Kommunikation teilzunehmen.

Trotz des rekonstruierbaren interaktiven und kognitiven Nutzens der Erstsprache für die Konstruktion oder Formulierung mathematischer Beziehungen zeigen sich in allen Episoden erwartungsgemäß auch deutliche Grenzen, weil das türkische fachsprachliche Register insbesondere bzgl. fachsprachlicherer Termini nicht entwickelt ist. Senas Strategie in Z. 9, Fachwörter wie „mal rechnen" aus dem Deutschen zu borgen, zeigt sich in vielen Interviews als effektiv. Das Borgen ist eine typische Strategie zweisprachiger Lernender (Özdil 2010), die allerdings nur dann erfolgreich sein kann, wenn die fachsprachlichen Mittel in der deutschen Sprache bereits zuvor erworben wurden. Auch wenn diese Voraussetzung nicht erfüllt ist, überwinden viele Kinder Wortfindungsprobleme effektiv mit Wortvariablen wie „Dings" oder „Dinge", um Konzepte wie „Zahl" ausdrücken zu können (wie in Z. 8f. der Episode 2). Die schwerer dehnbaren fachsprachlichen Grenzen liegen dagegen nicht auf der Ebene einzelner Worte, sondern komplexerer Wendungen zum Ausdruck mathematischer Beziehungen, wie in den beiden oben dargestellten Episoden.

Trotz der (durch nicht entwickelte Fachsprache sichtbaren) Schwierigkeiten eröffnen sich durch den Einsatz der Erstsprache immer wieder auch neue Möglichkeiten. Nicht nur, dass die Lernenden freier sprechen können (insbesondere wenn die Lehrperson nicht folgen kann, z.B. beschweren sich die beiden Schülerinnen aus der ersten Episode ständig über die „störende Kamera"), sie ermöglicht ihnen auch, eine neue Sprache zu finden, um zusammen mathematische Zusammenhänge erarbeiten zu können.

4   Fazit und Ausblick

Verbesserter Zugang zur Mathematik, nicht Sprachförderung per se, sollte das primäre Ziel sein, an dem sich Maßnahmen zur Sprachförderung *im Mathematikunterricht* zunächst einmal messen lassen müssen. Für Südafrika entwirft Setati (z.B. in Setati / Duma 2009) zur Umsetzung dieser Forderung das Idealbild eines Mathematikunterrichts, in dem Sprache „transparent" wird in dem Sinne, dass die Beteiligten über die konkrete, gerne auch lebendig code-switchende Sprachnutzung hinweg sehen und sich auf den Bedeutungskern der sprachlichen Äußerung statt auf ihre äußere Form konzentrieren. Dazu soll jeder Beteiligte die Sprache wählen, in der ihm der situationsspezifische Ausdruck am leichtesten fällt. Auch in Kalifornien wird mit ähnlichen Argumenten für die Lernenden lateinamerikanischer Herkunft ein konsequent zweisprachiger Mathematikunterricht angestrebt (Moschkovich 2007).

Natürlich unterscheidet sich der Sprachkontext deutscher Schulklassen erheblich von dem südafrikanischer oder amerikanischer mehrsprachiger Klassen: Während etwa in Kalifornien viele englisch-spanischsprachige Klassen zwei gemeinsame Sprachen teilen, sind in deutschen Klassen entsprechender Stadtteile meist mehrere Sprachen gleichzeitig vertreten, die nicht von allen geteilt werden. Während südafrikanische Lehrkräfte oft die fünf oder mehr Sprachen ihrer Kinder ebenfalls sprechen, sind deutsche Lehrkräfte vorrangig monolingual deutsch aufgewachsen (Gogolin 1994). Während sich in Kanada und Australien die Förderaktivitäten vorrangig auf Einwanderer der ersten Generation mit sehr geringen Kenntnissen der Unterrichtssprache beziehen, sind viele der mehrsprachigen Lernenden in deutschen Schulen aus der zweiten und dritten Generation, beherrschen daher die Alltagskommunikation in beiden Sprachen gut, die deutsche und muttersprachliche Bildungssprache dagegen nicht immer (Gogolin 2009). Daher ist die Übertragbarkeit internationaler Ansätze auf die spezifischen Bedingungen des deutschen Sprachkontextes jeweils sorgfältig zu prüfen. Augenfällig ist dies etwa für die Nicht-Umsetzbarkeit von Setatis Ansatz des flexiblen Wechselns zwischen mehreren geteilten Sprachen in der mündlichen Kommunikation südafrikanischer Klassen.

Wer nun die Zögerlichkeit herausstreicht, mit der viele Kinder ihre Erstsprache Türkisch in unserer Vorstudie freiwillig für die Bearbeitung mathematischer Aufgaben genutzt haben, wird vielleicht die Einbindung der Erstsprache für kein realistisches und ertragreiches Szenario im deutschen Mathematikunterricht halten. Wir dagegen interpretieren die ersten Ergebnisse unserer noch andauernden Untersuchung anders durch folgende, in weiteren Studien zu vertiefende Hypothesen:
1. Dass Lernende in künstlichen kurzfristigen Forschungssettings eine jahrelang etablierte Kultur der Einsprachigkeit beim Mathematiklernen nicht sofort aufbrechen, ist zu erwarten – sei es zurückzuführen auf jahrelange Gewohnheit oder die spezifischen Interviewkonstellationen. Die Effekte zeigen in unseren Augen nur, dass sich Forschung in diesem Bereich um geeignete Settings intensiv bemühen muss. Die Ergebnisse der Hauptstudie verdeutlichen, dass mit relativ geringen Mitteln Sprachnutzung anregbar und damit beforschbar ist. Dabei scheint der Kunstgriff des türkischen „Hausmeisters" weniger wichtig als die Herstellung einer wertschätzenden Rahmung gegenüber der türkischen Sprache. Die Tatsache, dass wir bei der Auswahl von Szenen, in denen kognitiver Nutzen gezeigt werden kann, bisher vorrangig auf Situationen ohne türkischsprachigen Interviewer gestoßen sind, deutet darauf hin, dass die Türkischsprachigkeit der

Lehrkraft in einigen Fällen auch hinderlich sein könnte, indem sie ein „freies Sprechen" unter den Lernenden (vgl. die Äußerung von Elina in Episode 1, Z. 22) verhindert.

2. Es gibt eine Reihe von Szenen aus unseren Untersuchungen, in denen der interaktive, kognitive und metakognitive Nutzen der Erstsprache für die mathematischen Denk-, Verstehens- und Verbalisierungsprozesse nachweisbar ist. In Episode 2 deuten wir den Wechsel ins Türkische als Mittel zur Findung von Formulierungen für konzeptionell bereits durchdrungene Zusammenhänge, womit er vor allem dem Aufbau fachsprachlicher Fähigkeiten zuträglich ist. Episode 1 deutet eher den Fall an, dass sprachliche und gedankliche Mittel zur Klärung struktureller Beziehungen in den Arbeitsprozessen von Schülerinnen und Schülern parallel miteinander verschränkt entwickelt werden können bzw. müssen (vgl. auch Prediger / Wessel in diesem Band und Prediger 2010 für den mathematikdidaktischen Hintergrund). Die Nutzung der Erstsprache kann hier einerseits Chancen zur Förderung des Verstehens mit sich bringen, andererseits, unter der Bedingung des Fehlens entsprechender Sprachmittel, kann sie sich gerade dadurch auch als lernhinderlich erweisen. Diese wichtige Grenze ist am besten durch konsequente und frühzeitige Nutzung der Erstsprache vom Schuleintritt an zu überschreiten.

3. Da die erstsprachliche Sprachrezeption die Qualität der Prozesse in unseren Fallstudien wenig verändert hat, werden sich unsere Folgeuntersuchungen auf die Sprachproduktion konzentrieren. Die meisten analysierten Szenen, in denen wir einen Gewinn mittels des Nutzens der Erstsprache erkennen, stammen aus Situationen, in denen die Kinder mit der rein deutschsprachigen Interviewerin alleine waren (s. auch die beiden dargestellten Episoden). Dies berechtigt uns zudem zu der Hoffnung, dass die Etablierung einer Kultur der Verwendung der Erstsprache unter den Lernenden auch ohne mehrsprachige Lehrkräfte möglich und nützlich sein kann.

Zu guter Letzt sei noch einmal herausgestellt, dass Sprachförderung nicht nur dem Zugang zur Mathematik dienen muss, sondern umgekehrt ein sprachsensibler Mathematikunterricht auch zur Entwicklung der deutschen und / oder erstsprachlichen Bildungssprache beitragen kann: Die intensive Beschäftigung mit strukturellen Zusammenhängen kann eine Voraussetzung für die erforderliche Präzision der Formulierung struktureller Zusammenhänge sein (s. Prediger / Wessel in diesem Band).

Dank

Wir danken Lena Wessel und Anastasia Mozgalina fürs Mitdenken bei der Entwicklung der Interviewsettings sowie Nadine Krägeloh und Sarah Scholz für die Bereitstellung ihrer Interviews. Außerdem haben wir vom Datenmaterial vieler weiterer Studierender gelernt, die bei Michael Meyer ihre Bachelorarbeit zu dem Thema geschrieben haben.

Literatur

Barwell, Richard (2009) (Hrsg.): Multilingualism in Mathematics Classrooms – Global Perspectives, Multilingual Matters, Bristol.

Bundesregierung (2010): Der Nationale Integrationsplan. Neue Wege – Neue Chancen, Berlin.

Chlosta, Christoph / Ostermann, Torsten (2008): Grunddaten zur Mehrsprachigkeit im deutschen Bildungssystem, in: Ahrenholz, Bernt (Hrsg.): Deutsch als Zweitsprache, Schneider Verlag, Baltmannsweiler, 17–30.

Clarkson, Philip (1992): Language and Mathematics. A comparison of bilingual and monolingual students, in: Educational Studies in Mathematics, 23, 417–429.

Clarkson, Philip (2007): Australian Vietnamese students learning mathematics: high ability bilinguals and their use of their languages, in: Educational Studies in Mathematics, 64, 191–215.

Cummins, Jim (1979a): Cognitive/academic language proficiency, linguistic interdependence, the optimum age question and some other matters, in: Working Papers on Bilingualism, 19, 121–129.

Cummins, Jim (1979b): Linguistic interdependence and the educational development of bilingual children, in: Review of Educational Research, 49(2), 222–251.

Freudenthal, Hans (1983): Didactical phenomenology of mathematical structures, Kluwer, Dordrecht.

Fröhlich, Ines / Prediger, Susanne (2008): Sprichst du Mathe? Kommunizieren im Mathematikunterricht, in: Praxis der Mathematik in der Schule, 50(24), 1–8.

Gallin, Peter / Ruf, Urs (1990): Sprache und Mathematik in der Schule. Auf eigenen Wegen zur Fachkompetenz, Kallmeyer, Seelze.

Gogolin, Ingrid (1994): Der monolinguale Habitus der multilingualen Schule, Waxmann, Münster / New York.

Gogolin, Ingrid (2009): Zweisprachigkeit und die Entwicklung bildungssprachlicher Fähigkeiten, in: Gogolin, Ingrid / Neumann, Ursula (Hrsg.): Streitfall Zweisprachigkeit – The Bilingualism Controversy, Verlag für Sozialwissenschaften, Wiesbaden, 263–280.

Gogolin, Ingrid / Lange, Imke (2010): Durchgängige Sprachbildung. Eine Handreichung. FörMig Material, Band 2, Waxmann, Münster u.a.

Kern, Richard G. (1994): The role of mental translation in second language reading, in: Studies in second language acquisition, 16, 441–461.

Knapp, Werner / Pfaff, Harald / Werner, Sybille (2010): Verstehen durch Schreiben. Anlage einer empirischen Studie zum produktiven Umgang mit mathematischen Textaufgaben, in: Ahrenholz, Bernt (Hrsg.): Fachunterricht und Deutsch als Zweitsprache, Narr, Tübingen, 239–255.

Kuntze, Sebastian / Prediger, Susanne (2005): Ich schreibe, also denk' ich. Über Mathematik schreiben, in: Praxis der Mathematik in der Schule, 47(5), 1–6.

MacGregor, Mollie / Moore, Robert (1991): Teaching Mathematics in the Multicultural Classroom. A Resource for Teachers and Teacher Educators, Melbourne University, Institute of Education.

Maier, Hermann / Schweiger, Fritz (1999): Mathematik und Sprache. Zum Verstehen und Verwenden von Fachsprache im Unterricht, oebv und hpt Verlagsgesellschaft, Wien.

Marxer, Michael / Prediger, Susanne (in Vorbereitung für 2012): Wer soll wie viel bezahlen? Rechnungen darstellen und diskutieren, erscheint in: Prediger, Susanne / Barzel, Bärbel / Hußmann, Stephan / Leuders, Timo (Hrsg.): mathewerkstatt, Klasse 6, Cornelsen, Berlin.

Marxer, Michael / Prediger, Susanne / Schnell, Susanne (2010): Wie verteilen wir die Müllgebühren? – Bildungswirksame Erfahrungen beim Entwickeln und Diskutieren normativer Modellierungen, in: Praxis der Mathematik in der Schule, 52(36), 19–25.

Meyer, Michael (2010): Worte und ihr Gebrauch. Analyse von Begriffsbildungsprozessen im Mathematikunterricht, in: Kadunz, Gert (Hrsg.): Sprache und Zeichen. Die Verwendung von Linguistik und Semiotik in der Mathematikdidaktik, Franzbecker, Hildesheim, 49–82.

Moschkovich, Judit (2007): Using two languages when learning mathematics, in: Educational Studies in Mathematics, 64, 121–144.

Özdil, Erkan (2010): Codeswitching im zweisprachigen Handeln. Sprachpsychologische Aspekte verbalen Planens in türkisch-deutscher Kommunikation, Waxmann, Münster u.a.

Prediger, Susanne (2004): Intercultural Perspectives on Mathematics Learning – Developing a Theoretical Framework, in: International Journal of Science and Mathematics Education, 2(3), 377–406.

Prediger, Susanne (2010): „Aber wie sag ich es mathematisch?" – Empirische Befunde und Konsequenzen zum Lernen von Mathematik als Mittel zur Beschreibung von Welt, in: Höttecke, Dietmar (Hrsg.): Entwicklung naturwissenschaftlichen Denkens zwischen Phänomen und Systematik. Jahrestagung der GDCP, LIT, Berlin, 6–20.

Rudolph-Albert, Franziska / Karaca, Deniz / Ufer, Stefan / Heinze, Aiso (2009): Sprachliches und fachliches Lernen im Mathematikunterricht, in: MNU Primar, 129–131.

Secada, Walter G. (1992): Race, ethnicity, social class, language and achievement in mathematics, in: Grouws, Douglas. A. (Hrsg.): Handbook of Research on Mathematics Teaching and Learning, MacMillan, New York, 623–660.

Setati, Mamogheti / do Carmo Santos Domite, Maria (2010): Mathematics education and language diversity. Discussion document for ICMI Study 21. Verfügbar unter www.icmi-21.co.za (Zugriff 21.4.2011).

Setati, Mamokgethi / Duma, Bheki (2009): When language is transparent: Supporting mathematics learning multilingual contexts, in: Tzekaki, Marianna / Kaldrimidou, Maria / Sakonidis, Haralambos (Hrsg.): Proceedings of the 33rd Conference of the International Group for the Psychology of Mathematics Education, PME, Thessaloniki, Vol. 5, 65–72.

Voigt, Jörg (1984): Interaktionsmuster und Routinen im Mathematikunterricht: theoretische Grundlagen und mikroethnographische Falluntersuchungen, Beltz, Weinheim.

Voigt, Jörg (1998): The Culture of the Mathematics Classroom: Negotiating the Mathematical Meaning of Empirical Phenomena, in: Seeger, Falk / Voigt, Jörg / Waschescio, Ute (Hrsg.): The Culture of the Mathematics Classroom, Cambridge UP, Cambridge, 191–220.

Wlotzka, Petra / Ralle, Bernd (2008): Experimentieren in der Muttersprache, in: Unterricht Chemie, 106/107, 62–65.

‚Arbeitssprache' Türkisch im mathematisch-naturwissenschaftlichen Unterricht der deutschen Schule – ein Plädoyer

Jochen Rehbein

Zusammenfassung: Am Beispiel des Türkischen wird die Rolle einer Immigrantensprache im normalen mathematisch-naturwissenschaftlichen Grundschulunterricht erkundet. Nach der Diskussion einiger Forschungsansätze wird ein evokatives Feldexperiment vorgestellt, bei dem türkische Schülerinnen und Schüler einer 4. Hamburger Schulklasse bei einer Gruppenarbeit ohne Lehrerin audiovisuell aufgenommen wurden. Die Sprache der Aufgabenstellung und zu schreibenden Resultate war Deutsch, die Sprache der Erarbeitung der Resultate (‚Arbeitssprache') war den Kindern freigestellt. Zu erwarten war, dass die Kinder nach vier Jahren in einer deutschsprachigen Schule hauptsächlich das Deutsche verwenden würden; das Gegenteil trat jedoch ein. An einigen Ausschnitten aus der Transkription wird die Kommunikation der Kinder beim Problemlösen analysiert. Dabei zeigt sich, dass sich die Konzepte ‚Arbeitssprache' und ‚Denksprache', die in einer vorausgegangenen Studie von Grießhaber, Özel und Rehbein (1996) eingeführt wurden, keineswegs auf die beiden verwendeten Sprachen Türkisch und Deutsch eins zu eins abbilden lassen. Vielmehr ist relevant, dass Türkisch als Arbeitssprache den Kindern jenen Diskurstyp ermöglicht, in dem sie probehandeln können (*Handlungsraum des Probehandelns*). Daher, so die verallgemeinernde Folgerung des Beitrags, sollten Schülerinnen und Schüler mit Migrationsgeschichte eine Chance erhalten, ihre jeweiligen Familiensprachen als ‚Arbeitssprachen' in einem *Handlungsraum des Probehandelns* im Rahmen des normalen Unterrichts zu praktizieren.

Nach Angaben des Bundesamtes für Statistik hatten im Jahre 2009 etwa ein Drittel der deutschen Schulanfänger und -anfängerinnen eine Migrationsgeschichte, die meisten von ihnen kommen aus Familien, in denen eine andere Sprache als Deutsch gesprochen wird. Dieses sprachlich-intellektuelle Potential stößt jedoch dort, wo es gefördert und ausgebaut werden sollte, also in Politik, Migrationsforschung und Zweitsprachdidaktik, auf immer weniger Gegenliebe. Gerade deshalb sollte auf europäischer Ebene eine „Charta für die Förderung von Immigrantensprachen in Kindergarten und Schule" realisiert werden, ähnlich, wie sie für die autochthonen Sprachen Europas in einer „European Charter for Regional or Minority Languages" 1998 vom Europarat in Kraft gesetzt wurde. Auch könnten durch die Verwendung von Immigrantensprachen als Medien des Lehrens und Lernens Kinder mit Deutsch als Erstsprache bzw. dominanter Sprache an vielen Sprachen des eigenen Landes frühkindlich gewissermaßen im Selbstlauf partizipieren.

1   Fragestellung und Fragen

1.1   ‚Arbeitssprache' – ‚Denksprache'

Dieser Artikel geht von der These aus, dass es für Kinder von Vorteil sein kann, die
Sprachen, die sie im Elternhaus erworben haben, auch für problemlösendes Lernen
in der Schule zu verwenden, insbesondere der Grundschule. Dies gilt insbesondere
dann, wenn es nicht das Deutsche ist (Rehbein 2001); insofern ist er auch ein Beitrag gegen die Chancenungleichheit (Ramsegger / Wagener 2008).

In einer früheren Arbeit (Grießhaber / Özel / Rehbein 1996), auf der der größte
Teil der folgenden Ausführungen aufbaut, hatten wir den Unterschied zwischen
einer ‚Denksprache' und einer ‚Arbeitssprache' im Schulunterricht als den Unterschied von „thematischem" und „nicht-thematischem Diskurs" wie folgt erläutert:
„Wir fassen unter dem thematischen Teil die propositionalen Elemente des Diskurses und die damit verbundene Wissensprozessierung: Darauf bezieht sich die
‚Denksprache'. Unter *‚Arbeitssprache'* verstehen wir die [schülerseitigen unter-
richts- J.R.] organisatorischen Anteile der Kommunikation." (ebd. S. 10). Es wird
sich im Folgenden herausstellen, dass Komponenten der ‚Arbeitssprache' sehr viel
mehr in die Wissensprozessierung eingreifen als in der früheren Arbeit angenommen.

Schon 1996 hatten wir bei der Analyse einer Transkription aus dem naturwissenschaftlichen Unterricht einer Gruppe zweisprachiger türkischer Schülerinnen
und Schüler einer 4. Hamburger Grundschulklasse festgestellt, dass sich das Konzept ‚Arbeitssprache' keineswegs eins zu eins auf das Türkische und das Konzept
‚Denksprache' eins zu eins auf das Deutsche umlegen lassen. Wie die Sprachen auf
diese Konzepte genau verteilt sind, ist im Folgenden anhand einiger Ausschnitte
aus derselben Unterrichtsstunde zu diskutieren, wobei das Konzept ‚Arbeitssprache' hinsichtlich ihrer Funktionen zu präzisieren und zu erweitern ist. Vorweg lässt
sich sagen, dass eine Reihe von Denkprozessen, bei Schülerinnen und Schülern mit
Migrationsgeschichte *mittels der Arbeitssprache* in Gang gesetzt werden.

Hinsichtlich der ‚Denksprache' ist auf die Genese des Denkens aus der Kommunikation zwischen Mutter und Kind hinzuweisen, wie sie Wygotski (1964) formulierte (vgl. Redder 2004, Rehbein / Meng 2007). Wygotski sieht die Basis des
Denkens in der Interaktion. Wir werden im Folgenden zu zeigen versuchen, dass
das *Verstehen* (der sprachlich-interaktiven und der nicht-sprachlichen Realität) beide Bereiche, d.h. Sprache und Denken, verbindet und dass darin wahrscheinlich die
Voraussetzung für die Übertragbarkeit von Denkergebnissen aus der Erst- in die
Zweitsprache besteht (Rehbein 1987, Rehbein / Meng 2007). Ist also in der Arbeitssprache ein Sachverhalt verstanden, ist dieses Verständnis auch in die andere
Sprache übertragbar. Umgekehrt kann aber der Versuch, Übertragungen gewisser-

maßen aus der ‚Nicht-Arbeitssprache' didaktisch zu erzwingen, eher zu Blockaden führen.

1.2 Türkisch als ‚Denksprache'

Die Arbeiten der Gruppe um Antje-Katrin Menk in den 1970er Jahren hat die Rolle der Sprache für einen effektiven Mathematikunterricht stets hervorgehoben (Kurth / Menk 1979, Heil / Kay / Kurth / Nikolai / Menk / Mönch-Bucak 1979). In ihren Experimenten wurde das Türkische auch partiell als „medium of instruction" eingesetzt, da die Schülerinnen und Schüler zu einem erheblichen Teil die Grundschule (ilk okul) der Türkei besucht hatten und oft nicht über ausreichende Kenntnisse im Deutschen verfügten. Ausgangspunkt war dabei die (seinerzeit oft noch) monolinguale „erste Generation". Inhaltlich-methodisch ging es vor allem um das Vermitteln fachsprachlicher Begriffe. Im Rahmen des Ansatzes von Wygotski wurde dabei eine enge Verzahnung von sprachlichem Begriff und mentalem Konzept angenommen. Entsprechend geht es bei der Vermittlung von Konzepten dann auch darum, die Muttersprache mit einzusetzen. Diesem Ansatz ist im Prinzip zuzustimmen, jedoch ist er nicht wirklich mehrsprachig orientiert, so dass sich die Frage stellt, ob Schülerinnen und Schüler, die zielsprachig Deutsch aufwachsen sollen, Türkisch „als Mittel der Instruktion" und damit als Arbeitssprache benötigen. Denn die Gesamttendenz des Unterrichts besteht ja darin, das Fachlernen auf Deutsch zu ermöglichen und Türkisch als Zwischenstadium zu verwenden. Insbesondere zeigt sich aber, dass in dem Menk'schen Konzept die Rolle des *Bewusstwerdens durch und mittels Kommunikation in der Arbeitssprache* für das unterrichtliche Lernen keine Rolle spielt, wie im Folgenden herauszuarbeiten ist.

1.3 Sprachliche Handlungsmuster im Mathematikunterricht

Rainer v. Kügelgen (1994) arbeitete die Rolle von Strukturen des *sprachlichen Handelns* im Mathematikunterricht heraus. Die von ihm videographierte und untersuchte Schülergruppe bestand aus Schülerinnen und Schülern im Pubertätsalter, die meist erst einige Jahre zuvor nach Deutschland gekommen waren. Das Deutsche war Unterrichtssprache. Von Kügelgens Untersuchung war seinerzeit eine der wenigen Studien, in der didaktische Prozesse von der Kommunikationsstruktur her beleuchtet wurden. An der großen Zahl konkreter Transkriptanalysen v. Kügelgens wird deutlich, wie etwa je nach *sprachlicher Realisierung* durch das *Teilmuster der Frage* bei den ausländischen Schülerinnen und Schüler kreative Problemlösungen oder auch unproduktive (und z.T. falsche) Aufgaben-Erfüllungs-Wege hervorgebracht werden können. Man kann auch die Arbeiten der Gruppe um Bauersfeld (z.b. Bauersfeld / Krummheuer / Voigt 1988) als Vorarbeiten anführen, jedoch ist es darin nicht gelungen, das *Nebeneinander* von didaktisch-kognitions-psychologischer Konzeption und der ethnomethodologischen Konversationsanalyse aufzulösen. Sie haben gleichwohl den Anstoß für eine ganze Forschungsrichtung innerhalb der Mathematikdidaktik gegeben, die genau den Zusammenhang von Interaktion und Mathematik ausgebaut hat, die interaktionistische Unterrichtsforschung (Susanne Prediger, persönliche Mitteilung). Neuerdings werden Kommunikationsstrukturen im Mathematikunterricht auch in den Erstsprachen der Schülerinnen und Schüler untersucht (z.b. Barwell 2009, Farrugia 2009, Staats 2009; s. auch Leonard 2008), wenn auch kaum in Deutschland. Eine frühe experimentelle Feldstudie ist die von Grießhaber, Özel und Rehbein (1996).

1.4 BICS und CALP versus Codeswitching als Arbeitssprache

Die grundlegende Unterscheidung von „basic interpersonal communicative skills" (BICS) und „cognitive academic linguistic proficiency" (CALP), die Cummins in verschiedenen Arbeiten bei einer Betrachtung der sprachlichen Fähigkeiten von Kindern sprachlicher Minderheiten in der Schule aufnimmt und die sich in der Argumentation für die schulische Förderung von Minderheitensprachen niederschlägt, ist mit dem Konzept der Arbeitssprache nicht unvereinbar. Zwar werden nach der hier vertretenen Auffassung gerade die kognitiven Prozesse durch den Gebrauch einer Arbeitssprache initiiert und ermöglicht, aber Cummins (2008) konstatiert ein wichtiges Wechselverhältnis der beiden Kompetenzen BICS und CALP und fordert deshalb für Immigranten-Kinder zu Recht die Unterstützung nicht nur von CALP, sondern auch von BICS. Dem ist zuzustimmen.

Gleichwohl wird in den Untersuchungen von Cummins meist von einem traditionellen (normativen) Grammatikkonzept Gebrauch gemacht, wenn überhaupt von sprachlichen Formen die Rede ist. Ein antizipierender Blick in die sprachlichen Daten unten zeigt nun, dass die Kinder in der Kommunikation *eine auf dem Türkischen basierende* „Mischsprache" verwenden, um zu ihren Arbeitsresultaten auf Deutsch zu gelangen. Aus meiner Sicht ist dies eine kreative Verwendung der Erstsprache, die auch in anderen schulischen Kontexten zu beobachten war (vgl. Jørgensen 2003, Jørgensen / Holmen 2000 usw. sprechen in diesem Zusammenhang von „languageing"). Dies ist jener Gebrauch der Erstsprache, der für Kinder der „zweiten und weiterer Generationen" typisch ist und der von Özdil (2010) unter dem Terminus 'Codeswitching' anhand eines breiten Corpus untersucht wurde. Özdil konnte zeigen, dass mehrsprachige Kinder in der Kommunikation mit anderen mehrsprachigen Kindern die ihnen verfügbaren Sprachen auf der Ebene der sprachlichen Planung synthetisieren und sich auf diese Weise mentale Prozesse gemeinsam erschließen. Wenn also ein Codeswitching als Arbeitssprache verwendet wird, so scheint dies geradezu ein Indiz auf zugrundeliegende mentale Prozesse, d.h. auf zugrunde liegende problemlösende Operationen, zu sein. In den folgenden Transkriptionen zeigt sich im Übrigen, dass die Kinder eine mündliche Kontaktvarietät des Türkischen (Rehbein / Herkenrath / Karakoç 2010, Özdil 2010 u.a.) verwenden.

1.5 Sprachenfraktionierung im monolingual orientierten Unterricht

Im Allgemeinen ist die Interaktion im mathematisch-naturwissenschaftlichen Unterricht oft vom Typ der *problemlösenden Rede*. Dabei sind sprachliche Handlungen und Verfahren wie *Instruieren, Erläutern, Erklären, Argumentieren, Schließen, Zerlegen, Rekonstruieren* usw. mit den zugehörigen Illokutionen interessant; denn mit diesem Redetyp gehen wiederum mentale Operationen einher wie *Wissen erschließen, Wissen aufbauen, synthetisieren, disponierend bearbeiten* und vor allem die Organisierung und Konkretisierung des *verbalen Planens*. Hinzuzunehmen ist auch die *metasprachliche Rede* (vgl. u.a. Bialystok 1991, Eviatar / Ibrahim 2000) mit *Kommentieren, Zusammenfassen, Ankündigen, Worterklären, Vergleichen* usw., ein Redetyp, der *auf sprachliche Formen bezogene grammatische Fähigkeiten, Text- und Diskursorganisation, operative Verfahren, die Organisation von Thema und Rhema* usw. enthält. All diese Elemente sprachlichen Handelns sind alltagssprachlich basiert, die Kommunikation in der Schule funktionalisiert sie (Ehlich / Rehbein 1986). Elemente, die Karl Bühler (1934) einmal unter *empraktische Rede* fasste, d.h. die in die Handlungspraxis eingebettete Rede, wie *Ausrufe, Zurufe, Aufforderungen, Kommandos, Beschimpfungen, sprachliches Zeigen, Grüßen, Anreden* usw. zusammen mit mentalen Funktionen der *Handlungssteuerung und -kontrolle* ereignen sich in der Alltagssprache, werden aber auch für den Unterricht in Anspruch genommen.

Bei einem monolingual-nationalsprachlich ausgerichteten Konzept für die Wirklichkeit eines mehrsprachigen Schulunterrichts werden im negativen Fall die verschiedenen Bereiche sprachlichen Handelns auf verschiedene Sprachen verteilt: die *Muttersprachen* oder auch *Erstsprachen* auf die empraktische, die informierende und bewertende Rede reduziert, die problemlösende Rede, das Zentrum des schulischen Bildungsprozesses, bleibt dem *Deutschen* vorbehalten. Im Curriculum der Schülerinnen und Schüler mit nichtdeutscher Muttersprache führt eine Nicht-Berücksichtigung der Erstsprache also zu einer *Fraktionierung ihrer Sprachen* auf verschiedene Rede- oder auch sprachliche Funktionsbereiche, damit auch zu einer Fraktionierung ihrer mehrsprachigen Handlungsfähigkeiten mit einer häufigen Erschwerung im Be- und Verarbeiten problemlösender Rede, der Arbeitssprache.

Pointiert gesagt: Die sprachpädagogisch erzwungene Zweitsprache kann demzufolge den Ausbau der Denksprache und damit mentaler Prozesse blockieren. Dem wäre eine mehrsprachige Sprachentwicklung entgegenzuhalten, die eine Fraktionierung der Sprachen durch den Ausbau der verschiedenen Redebereiche abbaut, die komplexen Sprachfunktionen in beiden Sprachen angemessen entwickelt und damit die mentalen Operationen entwicklungsgemäß mehrsprachig anlegt. Die BICS- und CALP-Theorie mit ihrer strikten Typisierung von alltäglichen Interaktionsskills und kognitiver Profizienz kann einer Sprachenfraktionierung demgegenüber geradezu Vorschub leisten.

2 Handlungskonstellation und Handlungsmuster der Gruppenkommunikation

Die zugrunde liegende Versuchskonstellation wurde seinerzeit im Rahmen meines Projekts „Entwicklung narrativer Diskursfähigkeiten im Deutschen und Türkischen im familiären und schulischen Kontext (ENDFAS)" (Leitung W. Grießhaber und J. Rehbein) in Absprache mit der deutschen Lehrerin entwickelt und mit den türkischen Kindern im Rahmen eines auf Deutsch erteilten mathematisch-naturwissenschaftlichen Unterrichts durchgeführt (genauer Grießhaber / Özel / Rehbein 1996). Die deutsche Lehrerin hatte acht türkischen Schülerinnen und Schülern Versuchsmaterial mit den Teilen einer Taschenlampe und jedem einzelnen ein vorbereitetes Arbeitsblatt mit zwei auf Deutsch formulierten Aufgaben ausgegeben (Abb. 1). Die Taschenlampenteile waren auf jedem Arbeitsblatt farbig abgebildet (Materialabbildung) und einzeln nummeriert, die Benennungen der Teile (Namen) waren in einem darunter stehenden doppelt gerahmten Kasten separat auf Deutsch aufgezählt. In einem ersten Aufgabenteil sollten die Kinder die zutreffenden Benennungen der Taschenlampenteile in die mit entsprechenden Nummern versehenen Leerzeilen eintragen (daraus stammen die Ausschnitte unten). Im zweiten Aufgabenteil sollten die Schülerinnen und Schüler unter Bezug auf den doppelt eingerahmten Text des Arbeitsblattes zwei Fragen zum elektrischen Strom beantworten. Der gesamte Text des Arbeitsblattes mit der Aufgabenstellung war also in deutscher Sprache gehalten, die Antworten sollten ebenfalls auf Deutsch eingetragen werden. Vier der acht türkischen Schülerinnen und Schüler arbeitete *in der Gruppe ohne Lehrerin* in einem durch eine Glaswand vom restlichen Klassenzimmer abgetrennten Raum, die vier anderen sollten die Aufgaben in Einzelarbeit lösen. Die gesamte Aufnahmezeit umfasst ca. 60 Minuten (eine Unterrichtsstunde und die anschließende Pause).

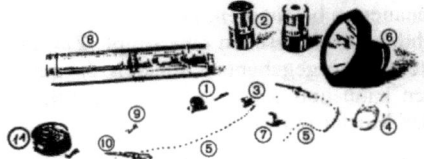

Die Abbildung zeigt dir Teile einer richtigen Taschenlampe.
Du mußt die Namen dieser Teile wissen, damit du mit deinen Mit-
schülern und deinem Lehrer darüber sprechen kannst.
Suche aus dem Versuchsmaterial die Dinge heraus, die auch in der
Abbildung zu sehen sind! Stelle die Namen der Gegenstände fest!
Schreibe die Nummern auf und dazu die Namen der Gegenstände!

Glühlampe, Kabel, Schalter, Fassung, Batterie, Draht, Feder, Gehäuse, Deckel, Krokodilklemme, Kappe

Beispiel, wie du schreiben kannst:

1. *Schalter*   6 *Deckel*
2. *Batterie*   7 *Gehäuse*
3. *Glühlampe*   8 *Fassung*
4. *Draht*   9 *Feder*
5. *Kabel*   10 *Krokodilklemme*
      11 *Kappe*

Unterstreiche die Teile, von denen du meinst, daß sie auch zu einer
richtigen Taschenlampe gehören!
Baue jetzt eine Taschenlampe aus den Teilen zusammen!

Eine Glühlampe leuchtet nur dann, wenn e l e k t r i s c h e r
S t r o m hindurchfließt. Wir können diesen elektrischen Strom
nicht sehen und nicht hören. Wir können aber sagen:
   Wenn die Glühlampe leuchtet, dann fließt elektrischer Strom.

Bei deinen Versuchen liefert die Batterie den elektrischen Strom.
Wir verwenden die Batterie deshalb als Stromquelle, weil dies
nicht gefährlich ist. Benutze deshalb auch bei deinen Versuchen immer
eine Batterie!
Überall werden sonst Steckdosen als Stromquellen verwendet. Du darfst
aber für deine Versuche nie die Steckdose als Stromquelle verwenden,
weil das gefährlich sein kann.

[Zusatzfrage auf dem Arbeitsblatt:]
Lest Euch durch, was im unteren Kasten steht, und beantwortet
dann folgende Fragen (auch schriftlich):
1. Woran kann man erkennen, dass elektrischer Strom fließt?
2. Worauf musst Du achten, wenn Du mit Strom experimentierst?

Abb. 1: Das Arbeitsblatt

Eine Konstellation wie die entworfene ermöglicht den Kindern, die *Arbeits-sprache frei zu wählen*. Ein grundlegender Vorteil gegenüber einem lehrerzentrier-ten Unterricht, wie er z.b. in den Transkripten von Redder (1982) und von von Kügelgen (1994) zum Ausdruck kommt, ist, dass die Lernenden verschiedene Lö-sungswege ausprobieren, sich wechselseitig beobachten und korrigieren können. Das sprachliche Handeln beim Problemlösen wird also durch die Praxis der Ju-gendlichen entschieden. Die Handlungskonstellation setzt sich aus folgenden Kom-ponenten zusammen (vgl. Abb. 1):

1. Das Handlungsfeld ‚Materialbaukasten' mit Bauteilen einer Taschenlampe
2. Die fotografierten Bauteile mit ihren mit eingekreisten Zahlen auf dem oberen Teil des Arbeitsblatts
3. Das Handlungsfeld ‚schriftliche Textaufgabe' (Arbeitsblatt) mit den Teilen
    a) doppelt gerahmter Kasten mit 11 Fachtermini in ungeordneter Reihenfolge
    b) von 1 bis 11 nummerierte Leerstellen zum Eintragen der Fachtermini
    c) eine zweite Textaufgabe im unteren Kasten (die später bearbeitet wird)
4. Der Interaktionsraum der Kinder mit der Sprachenentscheidung sowie der Kooperation untereinander mit Bezug auf die drei Handlungsfelder 1., 2., 3.
5. Eine umfassendere Konstellation mit
    a) Teil des Klassenzimmers und der Gruppenbildung und
    b) dem Zweck der Videoaufnahme (das Bewusstsein der Aufnahme tritt wiederholt auf, wenn sie sich gegenseitig zum Deutschsprechen ermahnen) (zum Konzept der Konstellation, s. Rehbein 1977, Ehlich / Rehbein 1979, Bührig 1992).

Strukturiert und verändert wird die Konstellation durch das Aufgabe-Lösungs-Mu-ster (vgl. Ehlich / Rehbein 1986), ein nach v. Kügelgen (1994) grundlegendes kommunikatives Muster des Mathematikunterrichts.

Die Aufgabe selbst – ein Text auf Deutsch – ist eine Benennungsübung von nummerierten Materialteilen mit gegebenen Fachtermini, die allerdings auf unter-schiedliche Weise gelöst werden kann und damit unterschiedliche Handlungslinien für den Durchgang durch das Muster ermöglicht. Alle Handlungslinien enden mit dem Eintragen des Namens in die betreffende nummerierte Leerstelle und damit jeweils ein Durchgang durch das Muster, dem ein weiterer folgen kann.

Bevor ich an zwei Beispielen (B2) und (B3) die Gruppendiskussion betrachte, charakterisiere ich zunächst in einem ersten Beispiel (B1) den türkischen Sprach-gebrauch der Kinder. Ein anderer Ausschnitt wurde von Grießhaber, Özel und Rehbein (1986) besprochen.

3 Ein erster Ausschnitt aus der Transkription

Über die Lernbiographie der Kinder ist folgendes bekannt:

Ayla (Ay): Mädchen, 10 Jahre, geboren in Hamburg, wohnt in einer türkischen Nachbarschaft namens „Klein-Istanbul". Der Vater ist Arbeiter, die Mutter Hausfrau, beide kommen aus Ordu / Schwarzes Meer, mit beiden spricht Ayla Türkisch, mit ihren drei Geschwistern Deutsch und Türkisch. Die Alphabetisierung erfolgte zuerst auf Türkisch: Sie hat zwei Jahre die Grundschule (ilk okul) in der Türkei besucht, dann zwei Jahre in der Grundschule in Cranz / Hamburg Türkisch und Religion auf Türkisch (6 St./Woche) gehabt. Sie hört oft türkischen Rundfunk, sieht türkische Videos, dolmetscht den Eltern das deutsche Fernsehen, liest türkische und deutsche Bücher (Stadtbücherei) und bekommt Geschichten auf Türkisch erzählt. Ayla hat ihr Deutsch ihrer Einschätzung nach von ihrer Lehrerin gelernt, hat ausschließlich türkische Spielkameraden, stuft ihr Türkisch als sehr gut ein. Später möchte Ayla lieber in der Türkei leben.

Emel (Em): Mädchen, 10 Jahre, geboren in Hamburg, spricht mit Eltern und Großeltern Türkisch, mit den drei älteren Geschwistern Deutsch und Türkisch, wohnt in einer gemischt deutsch-türkischen Nachbarschaft. Sie hat vier Jahre in der deutschen Grundschule Türkisch und Religion auf Türkisch (6–7 St./Woche) gehabt, fährt in den Ferien häufiger in die Türkei (weitere Daten stehen aus technischen Gründen nicht zur Verfügung).

Metin (Me): Junge, 10 Jahre, geboren in Hamburg, der Vater ist Arbeiter, die Mutter Hausfrau und kommt aus Samsun / Schwarzes Meer. Metin wohnt in einer gemischt deutsch-türkischen Nachbarschaft, seine Alphabetisierung erfolgte auf Türkisch und Deutsch, er hat vier Jahre in der deutschen Grundschule Türkisch und Religion auf Türkisch (6–7 St./Woche) gehabt, hätte lieber weniger Türkisch. Mit dem Vater und seinen Geschwistern spricht Metin Türkisch und manchmal Deutsch, mit der Mutter Türkisch. Er hört immer den türkischen Rundfunk, sieht nachmittags deutsches Fernsehen und dolmetscht es seiner Familie, liest türkische und deutsche Bücher und Hefte, manchmal werden ihm Geschichten auf Türkisch erzählt, manchmal Kindergeschichten auf Deutsch. Metin sieht türkische Videokassetten, hat ausschließlich türkische Spielkameraden, sie sprechen aber beim Spielen Deutsch. Metin hat sein Deutsch seiner Einschätzung nach von der Lehrerin gelernt, stuft sein Türkisch und sein Deutsch als sehr gut ein, möchte später lieber in der Türkei leben.

Sedat (SE): Junge, 10 Jahre, geboren in Hamburg, der Vater ist Arbeiter und kommt aus einem Dorf bei Trabzon / Schwarzes Meer, die Mutter ist Hausfrau. Er spricht mit beiden Eltern Türkisch, die Eltern sprechen mit ihm Lasisch (das er gut verstehen und ein wenig sprechen kann), mit den zwei jüngeren und drei älteren

Geschwistern spricht er immer Deutsch, Alphabetisierung zuerst auf Türkisch, dann auf Deutsch. Sedat hat vier Jahre in der deutschen Grundschule Türkisch und Religion auf Türkisch (6–7 St./Woche) gehabt, hätte lieber weniger Türkisch, ist in den Ferien oft in der Türkei, sieht nachmittags deutsches Fernsehen und dolmetscht es seiner Familie, liest manchmal die türkische Tageszeitung Hürriyet, türkische und deutsche Bücher (aus der Schulbücherei), sieht sich türkische Videos an und hat ausschließlich deutsche Spielkameraden. Sedat hat sein Deutsch seiner Einschätzung nach von der Lehrerin gelernt, stuft seine Türkisch-Kenntnisse als mittel, seine Deutsch-Kenntnisse als sehr gut ein.

Bemerkungen zu den Transkriptionskonventionen

Die Transkription folgt dem Verfahren der Halbinterpretativen Arbeitstranskription (HIAT), (Ehlich / Rehbein 1976, 1982), die Computerdarstellung dem Programm EXMARaLDA (Rehbein / Schmidt / Meyer / Watzke / Herkenrath 2004; Schmidt 2006).

Abkürzungen: [v]: verbale Handlungslinie; [il]: betreffende äußerungsbezogene Übersetzung; [nv]: nonverbale Kommunikation; /: Reparaturzeichen; ...: Abbruchzeichen; [: Kommentarzeichen; ( ): einfache runde Klammern enthalten Hörvermutungen der Transkribierenden; (( )): Doppelklammern enthalten Beschreibungen; •, ••, •••: kurze Pausen; (1s)): Pausen ab 1 Sekunde aufwärts; o----o: zeitliche Erstreckung eines Phänomens; lH, rH: linke Hand, rechte Hand. /12/: Die Zahlen (Segmentnummern) oberhalb der jeweiligen verbalen Handlungslinie eines Aktanten in der Partiturfläche zählen die jeweilige Äußerung in der Reihenfolge ihres Auftretens; Segmente werden im analysierenden Text geschrieben als (sx). – NÜK: Nationale Übergangsklasse.

211186/Cranz/NÜK/Kl.4
„Der elektrische Stromkreis"
GA

Projektname: Cranz 1986,
Transkription Konvention: HIAT;
Aufnahmedatum: 21111986;
aufn. Personen: Rehbein, Aksoy;
Ausstattung: Akai GX-F71,
VCR NV 8200;
Transkriptionsdatum I: Dez. 86,
handschriftlich, Aksoy, 1:100;
Datum der computergest. Transkr:
300999, SyncWriter, Çelik, 1:100

Se: Sedat

Me: Metin

Em: Emel

Ay: Ayla

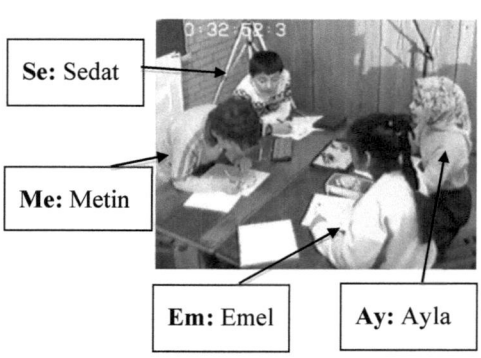

(B 1)

[3]

Em [v]	„Watt" yazardı.
Em [il]	stünde „Watt" darauf.

/14/ /15/ /17/

Me [v]	Ah˙ Lambası acayip. Gagel.
Me [il]	Die Lampe ist merkwürdig.

/13/ /16/

Se [v]	Kabel • beş. Kabel, • ben Kabel
Se [il]	Kabel ist fünf. Kabel, ich schreibe Kabel.

[4]

/19/ /23/

Ay [v]	Ben de. Beş.
Ay [il]	Ich auch! Fünf.

/20/ /21/

Em [v]	Kabel. [• Kaç numara Kabel?
Em [il]	Welche Nummer ist Kabel?

/18/

Me [v]	Gabel.

/22/

Se [v]	yazıyorum. Kabel?
Se [il]	

[in einem herrischen Ton]

[5]

/26/

Ay [v]	Hani?
Ay [il]	Wo?

/24/ /28/

Em [v]	Ne beşi]? [On]!
Em [il]	Von wegen fünf? Zehn!

/27/

Me [v]	Tabi, beş Kabel.
Me [il]	Natürlich, fünf ist Kabel.

/25/

Se [v]	[Doch, beş].
Se [il]	Doch, fünf.

[trotzig]

[6]

	/29/		/30/		/31/	/32/	/33/	/34/	/35/		/36/	/37/	/38/	/39/
Ay [v]						Beş!					On.	• Aha·		
Ay [il]						Fünf.					Zehn.	• Aha·		
Em [v]			On!					On!						Okay?
Em [il]			Zehn.					Zehn!						Okay?
Me [v]	[Beş, be]!				Kabel beş.		Beş.		Haydi, lan!				O şey burda.	
Me [il]	Fünf, Mann!				Kabel ist fünf.		Fünf.		Los, Mann!				Das Ding (ist) hier.	

[7]

		/40/		/41/	/42/	/43/	/44/
Ay [v]		Hani nerde?					
Ay [il]		Na, wo ist das?					
Em [v]	Tamam?				((atmet aus)).	[Hangisi, bu mu, bu mu]?	
Em [il]						Welches ist das, dieses oder das?	
Me [v]				[Ee bu].			Bu.
Me [il]				Äh das.			Dies.

[auf

[8]

		/45/	/46/		/47/	/48/	/49/	/50/
Ay [nv]								o-
Me [v]		•• Di mi?	Beş.			Bu beş, bu on.		Hé·
Me [il]		•• Nicht?	Fünf.			Dies ist fünf, dies ist zehn.		Ja.
Se [v]					Hangi, nerde?		Bunlar ikisi aynısı.	
Se [il]					Welches, wo?		Diese zwei sind gleich.	

der Abbildung.]

[9]

	/51/	/52/	/53/	/54/	/55/	/56/
Ay [v]		Kabel beş.				Kappe.
Ay [il]		Kabel ist fünf.				
Ay [nv]	schlägt mit dem Kabel mehrmals auf den Tisch -o o- pfeift -o					
Me [v]	Ama han...		Evet.		Be/ bu da şey,	
Me [il]	Aber welch...		Ja.		Fün/das ist Dings,	
Se [v]				Eyi, beşi yapalım.		
Se [il]				Gut, laßt uns fünf machen.		

4 Einige linguistische Aspekte der Arbeitssprache

Auf der Grundlage des obigen Transkriptausschnitts, aber auch vor dem Hintergrund des gesamten Transkripts, erläutere ich im Folgenden einige linguistische Charakteristika der von den Kindern verwendeten Sprache. Sicherlich dürften weitere Phänomene zu entdecken sein (zu verschiedenen Phänomenen des Deutschlandtürkischen Rehbein / Herkenrath / Karakoç 2009).

4.1 Zeigwörter (Deixeis)

Mittels Zeigwörtern führen und organisieren die Kinder wechselseitig ihre Aufmerksamkeit auf die Objekte des Materialkastens (Objekt-Deixis), einschließlich der Identifikation der gedruckten Ausdrücke und der abgebildeten Objekte (mittels Textdeixis). Diese deiktische Lenkung der Aufmerksamkeit eines wahrnehmenden Hörers wird sprachpsychologisch als ‚Fokussieren' bezeichnet (vgl. Ehlich 1979, Redder 2000). Dies sind im Türkischen in dem Dreier-Feld „bu" (dies), „şu" (wohl / bestimmt das), „o" (das) und ihre kasusbezogenen Ableitungen und Zusammensetzungen; im vorliegenden Fall wird charakteristischerweise meist die Nähe-Deixis „bu" (dieser/e/es) verwendet (vgl. Sağın-Şimşek / Rehbein / Babur 2009; Rehbein 2011).

Metin sagt mit deutscher Wortstellung: „Belki budur Feder" (Vielleicht ist das Feder) (s119). Gleichzeitig ermöglicht die Deixis eine schnelle Verständigung. Sind Zuordnungen strittig, wird die Deixis benutzt; so fragt Emel nach der Nummerierung eines Objektes: „Hangisi, bu mu, bu mu?" (Welche [Nummer] ist es, dies oder dies?) (s43), und Metin erläutert ihr: „Bu beş, bu on" (Dies ist fünf, dies ist zehn) (s48). – An anderer Stelle fragt Emel: „Feder, hani Feder?" (Feder, wo ist die Feder?) (s125), woraufhin Ayla mit der Ortsdeixis antwortet: „Aha, burada" (Aha, hier ist (sie)) (s127).

In (s171)/35–(s184)/37 haben wir die ganze Variationsbreite türkischer Deixis-Verwendungen. So benutzt Ayla für ihre Vermutung „şu" (wohl dies), wenn sie sagt: „Kappe şu olmasın?" (Soll Kappe wohl dies sein?) (s171), wobei sie die deutsche Intonationsfrageform statt der türkischen „mi"-Fragepartikel verwendet. Metin kombiniert die Nähedeixis „bu" (dies) mit Interrogativen: „bu . ney?" (was ist dies?) (s176), auch Sedat fragt: „Bu ney?" (Was ist dies?) (s180). Bei einer besonderen, bewusst machenden Fokussierung wird die „şu" (wohl dies)-Deixis im determinierenden Akkusativ benutzt; so Metin: „Şunu unuttuk" (dies haben wir vergessen) (s177) oder Emel in Verbindung mit dem Hortativ: „Şunu da Kappe diye yazalım!" (Lasst und dies [Objekt auf der Abbildung] als „Kappe" schreiben!). Ayla verwendet die Ferne-Deixis „o" (das) in der türkischen Inversions-Konstruktion. „Kappe değil mi o, kız?" (Kappe, nicht wahr, [ist] das, Mädchen?) (s174): die übliche Anrede „kız" (Schwester, Mädchen usw.) zeigt, auf das Objekt, über das gesprochen wird, der Fokus gerichtet wird und nicht direkt auf das Objekt (das wäre die „bu"-Deixis).

Wichtig sind zwei Aspekte: Erstens gehören zum Verweisraum der Zeigwörter das materielle Wahrnehmungsfeld des Versuchsmaterials und die Materialabbildungen auf dem Arbeitsblatt. Zweitens verwenden die Schülerinnen und Schüler zwar die deutschen Benennungen der Objekte, verankern jedoch die kommunikative Handlung in der Situation selbst mittels Zeigwörtern auf Türkisch. Die Frage stellt sich, ob die Schülerinnen und Schüler die Sprachen innerhalb einer Äußerung wirklich wechseln und nicht vielmehr bei der Verständigung über die Gegenstände, deren Benennung und Bezifferung in der türkischen Sprache bleiben – und damit der Praxis ihrer Familiensprache folgen. Es soll hinzugefügt werden, dass die Zeigwörter zu den ersten Wörtern des frühkindlichen Spracherwerbs gehören und besonders tief im sprachlichen Wissen eingebettet sind. Zudem gehören sie zu jener Gruppe von Ausdrücken, die in vielfältiger Weise die Verbindung, d.h. die Konnektivität, von Text und Diskurs prozessieren.

Kommen wir zu einem Aspekt der Denksprache: Die Zeigwörter dienen häufig dazu, ein konkretes oder ein vermutetes Objekt, einen Redegegenstand im Wahrnehmungsraum, im Textraum, im Vorstellungsraum oder im Rederaum zu verankern, darauf jeweils die Aufmerksamkeit des Hörers zu richten und dann eine Prädikation darüber zu machen. Auf diese Weise dienen Zeigwörter als erste Ankerpunkte von Propositionen, die ihrerseits Ausdrucksformen von Denkinhalten sind. Die Etablierung der propositionalen Gehalte mittels deiktischer Ausdrücke ist damit auf jeden Fall im Türkischen basiert.

4.2 Expeditive Prozeduren

Ausrufe der Überraschung, der Erkenntnis, des Erstaunens, der Verwunderung usw. („Allah Allah!" (Me, 16), „acayip şey!" (merkwürdiges Ding! (Ay, 4).), mit denen die Lernenden die Mitschülerinnen und -schüler auf die emotionale Verarbeitung bestimmter Probleme lenken – charakteristisch für kooperative Gruppenarbeit ohne Lehrer – sind fast durchgehend türkisch.

Ebenso sind kurze Aufforderungen wie „bakh!" (guck), „bakalım" (gucken wir mal), „dikkat et" (pass auf) usw., mit denen die nicht-sprachlichen Handlungen der anderen gesteuert werden, auf Türkisch.

Ein großer Teil der sprachlichen Handlungen im obigen Ausschnitt beruht auf Zeigwörtern und Aufforderungen (die von Bühler 1934 als „empraktische Rede" charakterisierte Kommunikation) sowie auf Ausrufen zur gegenseitigen kommunikativen Lenkung (Ehlich 1986) und vollziehen sich auf Türkisch.

Flüche wie z.b. „Allah belani versin" (Verdammt!) (s195) gehören auch in diesen Typ sprachlichen Handelns auf Türkisch.

4.3 Deutsche Wortetiketten

Die deutschen Benennungen des Arbeitsblatts sind fast durchgehend fachliche bzw. vorfachliche Ausdrücke, also Lexeme, die sprachfunktional in das sprachliche Symbolfeld gehören. Diese Benennungen werden von den Schülerinnen und Schülern beim Eintragen in die bezifferten Zeilen in ihre türkischen Äußerungen „eingebaut". Hier kann man alle deutschen Nomina aufführen, die in dem Transkript genannt werden; sie werden als solche in das Türkische integriert. Man kann bei einer derartigen Verwendung des Deutschen weder von einem Sprachenwechsel (Codeswitching) noch von „Lehnwort" sprechen (engl. „borrowing", z.B. bei Poplack 1988), mit dem ein bestimmtes Ausdrucksbedürfnis (in der türkischen L1) zu füllen wäre, ebenso wenig wie von einem kreativen Gebrauch der L2. Vielmehr planen und führen die Schülerinnen und Schüler die empraktischen Äußerungen (Rehbein 1987) auf Türkisch aus, die deutschen fachlichen bzw. vorfachlichen Ausdrücke werden lediglich als „Etiketten" benutzt, die hin- und hergeschoben werden. Und obwohl die Schülerinnen und Schüler in den meisten Fällen kaum mehr als vage Vorstellungen (Assoziationen) über deren Bedeutung haben dürften, thematisieren sie die Begrenztheit des eigenen (L2-)Sprachwissens über diese Wörter nur selten. In der modernen Sprachkontakttheorie (Matras 2009) werden Entlehnungen als Beleg dafür aufgefasst, dass Mehrsprachige einen Zugriff auf sprachliche Repertoires mehrerer Sprachen haben. Dies ist sicherlich im vorliegenden Fall zu belegen.

4.4 Aspekte der Syntax

Auffällig ist die große Zahl von Nominalsatzkonstruktionen, in denen kein explizites Finitum anzutreffen ist, z.B. „Aha, burada" (Aha, hier [ist sie]) (s127); verbalisiert ist lediglich der Lokativ der Ortsdeixis „burada" (an diesem Ort). Dies liegt sicherlich an der Konstellation, dass Objekte im Wahrnehmungsraum prädiziert werden. Sie lassen sich ohne finite Endungen einfacher traktieren; dennoch stellen die jeweiligen Zuordnungen Propositionen dar und werden keineswegs lediglich als Verweiswörter verwendet (wie etwa im fremdsprachlichen Handeln beim Einkaufen nur auf Objekte gezeigt wird). Hier sind die deiktischen Ausdrücke allemal in syntaktische Konstruktionen eingebaut und etablieren *Propositionen*.

Frage-Konstruktionen: Interessant ist nun, dass an manchen Stellen eine deutsche Syntax bevorzugt wird, so in der deutschen Intonationsfrage (s171) ohne „mi"-Partikel, oder auch „Kaç numara Kabel?" (Welche Nummer ist Kabel?): Hier dürfte die Stellung des Interrogativs „kaç" (nicht in situ) deutschen Regeln folgen. Die Matrixkonstruktion: „Biliyor musun nasıl belli ediliyor. bu içinde var mi, içinde yok mu?" (Weißt du, wie man deutlich macht, ob es hier drin ist oder ob es hier nicht drin ist?) (s160) gibt eine Abfolge der von „biliyor musun" (weißt du) abhängigen und finit-subordinierenden Konstruktion, die der Matrix folgt; auch die weitere zweite abhängige Konstruktion folgt. Auch „ben biliyom, was das heißt" (ich weiß, was das heißt) (s107) ist eine dem Deutschen folgende Matrixkonstruktion.

Assertive Konstruktionen: Auch „Ağam yapıyor böyle" (Mein großer Bruder macht [das] so) (s166) dürfte Zweitstellung des Finitums haben. In Fällen wie diesen ist die (finite) subordinierte Konstruktion an der kopf-initialen Konstruktion des Deutschen orientiert. Insofern haben wir Türkisch auf der Basis der deutschen Syntax vor uns. Oben wurde bereits gesagt: „Belki budur Feder" (Vielleicht ist das Feder) (s119) hat mit postfinitem Subjekt „Feder" deutschorientierte Wortstellung.

Dies ist m.E. ein Fall von „languageing" (Jørgensen 2004) oder auch der kreativen Verwendung der Sprache (Rehbein / Herkenrath / Karakoç 2009), die an die von Matras und Bakker (2003) initierten „mixed language debate" anschließt (umfassend Matras 2009).

4.5   Sprachliche Formeln

„Kappe haben wir schon, nä?" (s164) stellt Emel im Schülerdeutsch fest. „Was soll das?" (s98), „Was heißt das?" (s102) zitiert Metin deutsche Zurechtweisungen. „Was ist denn Feder?" (s104) ist eine typische Frageformel mit der Partikel „denn". „Beispiel, wie du schreiben kannst." (s143): Hier ist „Beispiel" noch dem türkischen Repertoire verhaftet, die formelhafte Wendung, die dann folgt, ist ein Switch ins Deutsche. Es ist dies ein Beispiel für ein Codeswitching auf der Ebene der sprachlichen Planung, wie es von Özdil (2010) ausführlich untersucht wurde.

5 Kommunikatives Probehandeln in der Arbeitssprache: Zwei Transkriptausschnitte

(B2)

[21]

				/114/	/115/
Ay [v]				Feder.	• •

	/108/	/109/		/110/
Em [v]	Feder.	Was ist denn Feder?		Lan, dur ki!
Em [il]				Mann, hör mal auf!

		/111/	/112/	/113/
Me [v]		Feder.	Durun, bakım!	• Feder.
Me [il]			Moment, laßt mich sehen.	
Me [nv]	o- legt das Teil ins Versuchsmaterial zurück -o			

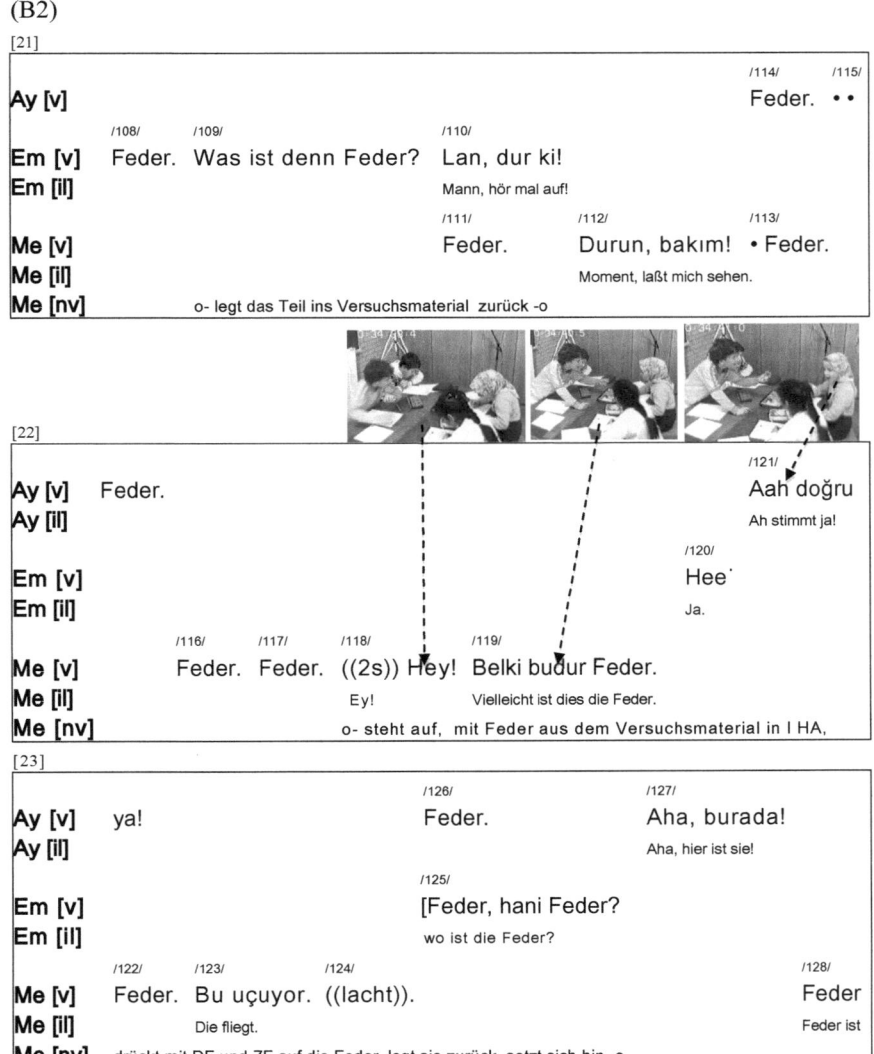

[22]

					/121/
Ay [v]	Feder.				Aah doğru
Ay [il]					Ah stimmt ja!

				/120/
Em [v]				Hee˙
Em [il]				Ja.

	/116/	/117/	/118/	/119/
Me [v]	Feder.	Feder.	((2s)) Hey!	Belki budur Feder.
Me [il]			Ey!	Vielleicht ist dies die Feder.
Me [nv]	o- steht auf, mit Feder aus dem Versuchsmaterial in l HA,			

[23]

		/126/	/127/
Ay [v]	ya!	Feder.	Aha, burada!
Ay [il]			Aha, hier ist sie!

		/125/
Em [v]		[Feder, hani Feder?
Em [il]		wo ist die Feder?

	/122/	/123/	/124/		/128/
Me [v]	Feder.	Bu uçuyor.	((lacht)).		Feder
Me [il]		Die fliegt.			Feder ist
Me [nv]	drückt mit DF und ZF auf die Feder, legt sie zurück, setzt sich hin -o				

[auf der Abbildung, meint sie.

[24]

	/129/		/133/
Ay [v]	Dokuz mu?		Hà,
Ay [il]	Neun?		Ach ja,

	/130/	/132/	
Em [v]	Hee, dokuz.	.	
Em [il]	Ja, neun.	Ja.	

		/131/	
Me [v]	dokuz, • Feder.	Feder dokuz, he?
Me [il]	neun.	Feder ist neun, ja?

[25]

Ay [v] doğru ya!
Ay [il] das stimmt.

	/136/	/137/	
Em [v]	Dokuz.	• • Der • der • • Draht.
Em [il]	Neun.	

/134/			/138/
Me [v] (Dokuz).			„Der", sen „der" mi
Me [il] (Neun).			„Der", schreibst du immer „der"?
Me [nv]			o----------------- schaut auf zu Em -----

/135/
SS [v] ((-------------------- alle schreiben --

[26]

	/140/	
Em [v]	Ulan, ney/ Begleiter yazılmaz.	
Em [il]	Mann, was/Begleiter schreibt man nicht.	

/139/		/141/
Me [v] yazıyorsun hep? „Der", „der"?		Sen
Me [il]		Du sagst
Me [nv] ------------------o		

SS [v] --- alle schreiben ----------------------)).

[27]

	/142/	/143/	
Ay [v]	Begleiter yazmıyor.	Beispiel, wie du schreiben
Ay [il]	Begleiter steht hier nicht.	
Ay [nv]		o------------- liest im Text -------------

		/144/	
Em [v]		Kroka/ • • • • ka •
Em [nv]		o--------------------- liest im Text ----

Me [v] diyorsun „der Feder".
Me [il] „der Feder".
Me [nv]   o- über das Versuchsmaterial -o

Mit „Feder" (s108) thematisiert Emel lesend den nächsten Fachterminus aus dem doppelt gerahmten Kasten des Arbeitsblatts. Ihre halblaut an sich und die anderen gerichtete Nachfrage „Was ist denn Feder?" (s109) ist auf Deutsch, dies entweder, weil es eine formelhafte Wendung des Aufgabenstellens ist oder weil womöglich der deutsche Versuchsleiter gerade vorbeikommt. Emels Frage löst bei Metin einen Prozess des Nachdenkens und eine erhöhte Perzeptionstätigkeit auf den Materialkasten aus: „Feder. Durun, bakım! (Moment, lasst mal sehen!) • Feder." (s111-113). Ayla wird angeregt, laut zu rätseln: „Feder. • • Feder." (s114/115). Metin wiederum ruft einen Einfall aus: „Héy!" (s118), der ihn zu einer auf Türkisch geäußerten Vermutung über ein bestimmtes Objekt im Materialkasten führt: „Belki budur Feder" (Vielleicht ist dies die Feder) (s119). Diese Objektidentifizierung wird mit den Abbildungen über den betreffenden Partiturflächen des Transkripts dokumentiert.

Metins Vermutung wird von Ayla mit einer Verstehensinterjektion rückbestätigt: „Aah doğru ya!" (Ah stimmt ja!) (s121). Dann hält Metin das Objekt 'Fassung' aus dem Materialkasten hoch, betastet und identifiziert es und kommentiert ironisch: „Feder. Bu uçuyur" (Feder. Die fliegt.) (s122/123), womit er die Homonymie im Deutschen von alltagssprachlichem Ausdruck 'Feder' und Fachterminus 'Feder' (die ihn zum Lachen bringt (s124)) für die Gruppe auf Türkisch semantisiert.

Nun kommt eine Phase des wechselseitigen Rückversicherns: Zunächst erfolgt die Suche nach der zugehörigen Nummer des mit dem Terminus 'Feder' identifizierten Objekts durch Emel und Ayla (s125–127), nicht durch Metin, um den Terminus einzutragen, mit der Interjektion der verstehenden Wahrnehmung und einer Deixis auf die Leerstelle im Arbeitsblatt: „Aha, burada" (Aha, hier!) (s127). Metin konstatiert erst da die Richtigkeit explizit: „Feder dokuz, • Feder" (Feder ist neun, • Feder) (s128). Daraufhin wird Aylas Kontrollfrage in Echo-Form: „Dokuz mu?" (Neun?), zugleich an Metin und an alle gerichtet, von Emel bejaht: „Hee, dokuz" (Jaa, neun) (s130). Metin sucht nach Rückbestätigung: „Feder dokuz, he?" (Feder ist neun, ja?) (s131), die Emel emphatisch bestätigt: „He" (Ja!) (s132), gefolgt von Aylas eher an sich selbst gerichteter verstehender Bestätigung: „Hà, doğru ya!" (Ach ja, das stimmt!) (s133) und repetiert durch Metin: „Dokuz" (Neun) (s134) und Emel: „Dokuz" (Neun) (s135).

Beim Schreiben des Eintrags wird von Metin das Problem eines „Begleiters" aufgeworfen, aber von Emel und Ayla als irrelevant aussortiert.

In diesem Abschnitt der Gruppenarbeit zeigt sich, wie Problemlösungen auf Türkisch kollektiv gesucht und gefunden, wechselseitig bestätigt und verworfen werden. Die Kinder bringen ihr Wissen aus unterschiedlichen Quellen in das Gespräch ein und evaluieren es wechselseitig. Das Türkische dient dabei der Verbalisierung von Wahrnehmungen, Wissen und Erkenntnissen und deren Kontrolle; es ist die Sprache der Kommunikation, in der und durch die die denksprachlichen Prozesse, die sich halblaut vollziehen, angestoßen werden. Diese operieren metasprachlich auf den deutschen, gewissermaßen objektsprachlichen Begriffen.

(B 3)

[39]

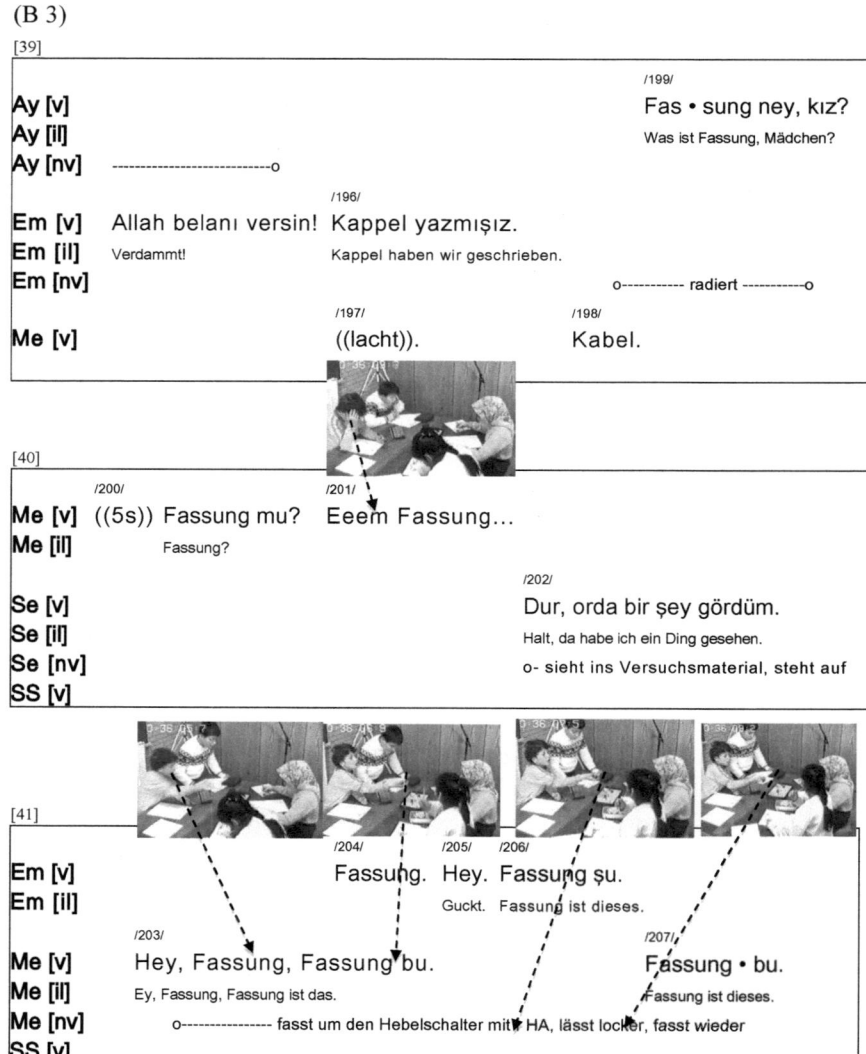

```
                                                              /199/
Ay [v]                                              Fas • sung ney, kız?
Ay [il]                                             Was ist Fassung, Mädchen?
Ay [nv]    --------------------------o

                               /196/
Em [v]    Allah belanı versin! Kappel yazmışız.
Em [il]   Verdammt!           Kappel haben wir geschrieben.
Em [nv]                                           o---------- radiert -----------o

                               /197/              /198/
Me [v]                         ((lacht)).         Kabel.
```

[40]

```
          /200/              /201/
Me [v]    ((5s)) Fassung mu? Eeem Fassung...
Me [il]          Fassung?

                                          /202/
Se [v]                                    Dur, orda bir şey gördüm.
Se [il]                                   Halt, da habe ich ein Ding gesehen.
Se [nv]                                   o- sieht ins Versuchsmaterial, steht auf
SS [v]
```

[41]

```
                              /204/       /205/  /206/
Em [v]                        Fassung.    Hey.   Fassung şu.
Em [il]                                   Guckt. Fassung ist dieses.

          /203/                                           /207/
Me [v]    Hey, Fassung, Fassung bu.                       Fassung • bu.
Me [il]   Ey, Fassung, Fassung ist das.                   Fassung ist dieses.
Me [nv]    o--------------- fasst um den Hebelschalter mit HA, lässt locker, fasst wieder
SS [v]
```

[42]

		/210/
Ay [v]		Sekize yazıyo(m).
Ay [iI]		Zu acht schreibe (ich).
Ay [nv]	o- wirft den Draht auf den Tisch -o	

			/212/
Em [v]			Hani, nerde
Em [iI]			Zeig, wo steht

	/208/	/209/	/211/
Me [v]	• • Bu Fassung.	Sekiz.	Bu Fassung.
Me [iI]	• • Das ist die Fassung.	Acht.	Das ist Fassung.
Me [nv]	fester, lockert ------------------------o		
SS [v]			

[43]

		/217/	/219/
Ay [v]		Draht?	Kro/ •
Ay [nv]		o- nimmt d Draht in die HA, bemerkt daran	

	/215/	/218/
Em [v]	yazıyor Fassung?	• • • Ha˙ Schalter?
Em [iI]	Fassung?	• • • Ach so˙

	/213/	/214/
Me [v]	Fas • sung.	((2s)) Fassung.

		/220/
Se [v]		Dörtü yaptın mı,
Se [iI]		Hast du vier gemacht,

	/216/
SS [v]	((alle schreiben)).

An dem Beispiel (B3) sollen verschiedenen Verfahren der Bewusstwerdung exemplifiziert werden, indem sich die Kinder die Bedeutung des Fachbegriffs ‚Fassung' erarbeiten. Ayla fragt ihre Nachbarin Emel laut nach dem Terminus auf dem Arbeitsblatt, den sie nicht kennt: „Fassung ney, kız?" (Was ist Fassung, Mädchen?) (s199). Das folgende Schweigen von 5 Sekunden demonstriert auch Emels Nichtwissen, aber zugleich den Beginn ihres Nachdenkens. Metin macht ein Erklärungsversuch: „Fassung mu? Eeem Fassung..." (s200/201): der Abbruch seiner Äußerung indiziert jedoch nicht das Ende seiner Nachdenken-Aktivität, sondern eher dessen Initiierung. Sedat scheint sich dagegen noch nicht auf den gemeinsamen Handlungsfokus 'Fassung' eingestellt zu haben (s202). Kurz darauf entsteht bei Metin blitzartig eine Entdeckung: „Hey, Fassung, Fassung bu!" (s203): Er greift dabei in den Materialkasten, hält das Objekt 'Fassung' hoch und imitiert, wie man eine Fassung *anfassen* kann. Dies ist die sprachliche Handlung einer Wort-

Erläuterung (Rehbein 1982) durch nonverbale ostentative Signale. Hier kommt wiederum Alltagswissen ins Spiel, das für die Erläuterung des deutschen Fachterminus herangezogen wird. Metins metasprachliche Tätigkeit wird mit den Abbildungen über den betreffenden Partiturflächen des Transkripts dokumentiert.

Emels Verbalisierung ist ebenfalls interessant. Zunächst als halblaute Thematisierung „Fassung" (s204), dann als ein Bewusstwerden: „Hey˙ Fassung şu!" (Guckt! Fassung ist das wohl.) (s205/206), das kommunikativ an alle gerichtet ist. Darin drückt sich die Rezeption der durch Metin gegebenen nonverbalen Erläuterung (in s203) als Erkenntnis der Funktion des Bauteils 'Fassung' aus. Hier ist das oben (in Abschnitt 4.1) über die türkische Deixis „şu" (das) Gesagte hervorzuheben, denn in dieser speziellen Deixis drückt sich das besondere Bewusstwerden des durch die Deixis fokussierten Objekts 'Fassung' aus.

Nach der Identifizierung erfolgt wieder das gemeinsame schriftliche Eintragen als Problemlösung, etwa bei Emel: „Hani, nerde yazıyor Fassung?" (Also, wo steht Fassung?) (s212); sie kann die Lösung aber selbst finden: „Ha˙" (Ach so) (s 215). Alle machen den schriftlichen Eintrag als Lösung dieses Durchgangs.

An diesem Beispiel ist der kommunikativ basierte Prozess der Bewusstwerdung zu sehen, der sich aufgrund der nonverbalen Wort-Erläuterung und des Kommentierens auf Türkisch vollzieht. Die Signale des Sich-Bewusstwerdens sind ebenfalls auf Türkisch. Der Fachbegriff selbst, über den sich die Schülerinnen und Schüler kollektiv auf Türkisch klar geworden sind, ist der deutsche Begriff 'Fassung'.

6   Ein mehrsprachig konstituierter Raum des Probehandelns für Türkisch als Arbeitssprache

In der Gruppenkommunikation prozessieren die Kinder das Aufgabe-Lösungs-Muster weitgehend auf Türkisch; dies ist auch die Sprache, in der sie zu problemlösendem Handeln kommen. Da Handlungsmuster zur Tiefenstruktur der Kommunikation zählen und zum Teil sprachübergreifend sind (Hohenstein 2006), sind es nicht zuletzt die komplexen sprachlichen Handlungsmuster, die eines der zentralen Transfermechanismen jenes Wissens darstellen, das für die Problemlösetätigkeit aktiviert wird und bei den Kindern erwerbsmäßig zunächst im Türkischen verankert ist. Allgemein lassen sich mehrere Zwecke, für die Sprache(n) im Handeln eingesetzt werden, unterscheiden:

– einen organisatorischen und die Kooperation lenkenden Bereich (I),
– einen Bereich, in dem Aufgabe und Lösungsvorschläge sprachlich repräsentiert sind (II). In beiden Zweckbereichen erfolgt kein dauerhafter Wechsel ins Deut-

sche, vielmehr werden eine Reihe deutschsprachiger Elemente ins Türkische eingebaut, bisweilen ganze Äußerungen auf Deutsch eingeschoben;
- einen dritten Bereich, in dem die mittels Sprache bearbeiteten Objekte (hier die Taschenlampenteile) sprachlich repräsentiert sind (III).

Bezogen auf das Aufgabe-Lösungs-Muster ist die Sprache, in der die Lösung erarbeitet wird, die Arbeitssprache Türkisch (L1) (I), und die Sprache(n), in der die Aufgabe beim Aufgabenlösen von den Kindern sprachlich repräsentiert wird, Türkisch, ein codeswitchendes Türkisch und Kontakttürkisch, d.h. mehrsprachig (II und III). Im besprochenen Fall ist L1 Arbeitssprache auch dann, wenn L2 die bearbeitete Sprache ist. Die bearbeitete Sprache wird dabei nicht übersetzt oder transferiert, sondern als Rohmaterial behandelt und im Formaspekt sprachlich oft nicht integriert.

Die Schüler nehmen in L2 weniger eine produktiv-kreative Planbildung der sprachlichen Handlungen vor, als dass sie sprachliche Routinen applizieren bzw. deutsche Fachtermini als Wort-Etiketten verwenden. Die mit Sprache verbundenen Prozesse des Verbindens propositionaler Elemente zu Propositionen von Feststellungen und Beobachtungen sind im komplexen Bereich eher an das Türkische gebunden.

Das Verhältnis der Kinder zu der Arbeitssprache Türkisch ist jedoch widersprüchlich: Es ist nicht das Türkische, sondern das Deutsche, das – obwohl L2 – von den Schülerinnen und Schülern selbst als die Sprache der Problemlösung bzw. der Aufgabenlösung angesehen wird, obwohl sie selbst die Erstsprache verwenden, um zu den Lösungen zu kommen. Türkisch wird von ihnen selbst offenbar als Sprache eines unterrichtlichen Nebendiskurses, allenfalls eines Begleitdiskurses, angesehen, obwohl sie einen Teil ihrer Denkprozesse auf Türkisch durchführen. So scheinen sie die sprachpolitisch-offizielle negative Bewertung ihrer eigenen Erstsprache verinnerlicht zu haben. Immer wieder ermahnen sich die Kinder gegenseitig: „Almanca konuşalım!" (Lasst uns Deutsch sprechen!), wenn ein deutscher Erwachsener in der Nähe ist. Wenngleich auch in dieser Hinsicht die Sprache der Aufgabenstellung mitverantwortlich ist, erscheint die devaluative Auffassung von der Rolle der Erstsprache (Muttersprache), das „Sprachbewusstsein" (Bialystok 1991, 1991a, 2001, Diaz / Klingler 1991, Cummins 1979, 1980), doch als ein genereller Aspekt und ist bei sprachlichen Minderheiten ohne ausreichende schulische Institutionalisierung der Muttersprache nicht ungewöhnlich. Das Entscheidende wird jedoch in den genannten Arbeiten nicht benannt: Die Kinder sind kreativ in der Prägung einer *Sprachensynthese* von Türkisch und Deutsch, mit der ihnen die Aufgabenbearbeitung gelingt.

Daher ist als das wichtigste Ergebnis der Transkriptanalyse anzusehen, dass die türkischen Kinder in dem Feldexperiment einen *mehrsprachig konstituierten Hand-*

lungsraum bekommen haben, in dem sie laut nachdenken, sich wechselseitig korrigieren, sich bestätigen, etwas vorschlagen und kommentieren, etwas erläutern und sich gegenseitig evaluieren können in jener Sprache, die ihnen für die Kommunikation die passendste ist, ohne dass sie für den Gebrauch sanktioniert oder korrigiert werden; mit anderen Worten: in dem sie unsanktioniert verschiedene sprachliche und nicht-sprachliche Handlungen *ausprobieren* können (in diesem Sinne, aber monolingual, s. Bartolini Bussi 1998). Dies geschieht zumeist in der Erstsprache, wie auch immer kontaktinduziert sie ausgeprägt sein mag.

Das Probehandeln ist auch für den kindlichen Spracherwerb eine wichtige Phase und daher als Lernmodell präfiguriert (Rehbein / Meng 2007, S. 9). Die rege mentale Tätigkeit der Kinder wird nicht zuletzt durch ihre zahlreichen Interjektionen weitgehend auf Türkisch belegt. Der Diskurstyp nun, der in einem solchen *mehrsprachig konstituierten Handlungsraum* entsteht, ist ein *kollektives Probehandeln* zu nennen.

Dank: Für wertvolle Hinweise und wichtige Korrekturen schulde ich Susanne Prediger und Lina Peters meinen allergrößten Dank.

Literatur

Bartolini Bussi, Maria G. (1998): Joint activity in mathematics classrooms: A Vygotskian analysis, in: Seeger, Falk / Voigt, Jörg / Waschescio, Ute (Hrsg.): The Culture of the Mathematics Classroom, Cambridge University Press, 13-49.

Barwell, Richard (2009): Summing Up: Teaching and Learning Mathematics in a Multilingual World, in: Barwell, Richard (Hrsg.): Multilingualism in Mathematics Classrooms, Global Perspectives, Multilingual Matters, Bristol u.a., 161–168.

Bauersfeld, Heinrich / Krummheuer, Götz / Voigt, Jörg (1988): Interactional theory of learning and teaching mathematics and related microethnographical studies, in: Steiner, Hans-Georg / Vermandel, Alfred (Hrsg.): Foundations and methodology of the discipline mathematics education (didactics of mathematics), University of Antwerp, Antwerpen.

Bialystok, Ellen (1991): Language processing in bilingual children, Cambridge University Press, Cambridge.

Bialystok, Ellen (1991a): Metalinguistic dimensions of bilingual language proficiency, in: Bialystok, Ellen (Hrsg.): Language processing in bilingual children, Cambridge University Press, Cambridge, 113–140.

Bialystok, Ellen (2001): Bilingualism in Development. Language, Literacy and Cognition, University Press, Cambridge.

Bühler, Karl (1934): Sprachtheorie, Fischer, Jena.

Bührig, Kristin (1992): Zur Generalisierung qualitativer Forschungsergebnisse. Überlegungen zur Verknüpfung qualitativer und quantitativer Methoden bei der Untersuchung narrativer Diskursfähigkeiten zweisprachiger Kinder. (ENDFAS Arbeitspapier Nr. 2), wieder abgedruckt in: Rehbein, Jochen & Kameyama, Shinichi (im Druck): Bausteine diskursanalytischen Wissens, De Gruyter, Berlin / New York.

Bundesamt für Statistik (2009): „Alterspyramide 2009 nach Migrationshintergrund. Ergebnisse des Mikrozensus"; „Bevölkerung nach detailliertem Migrationsstatus, Ländern und Geschlecht", in: Bundesamt für Statistik: Bevölkerung und Erwerbstätigkeit. Bevölkerung mit Migrationshintergrund – Ergebnisse des Mikrozensus 2009, Statistisches Bundesamt 14, Wiesbaden, 116–117.

Cummins, Jim (1979): Linguistic interdependence and the educational development of bilingual children, in: Review of Educational Research, 49, 222–51.

Cummins, Jim (1980): The construct of language proficiency in bilingual education, in: Alatis, James E. (Hrsg.): Current issues in bilingual education, Georgetown University Press, Washington, 81–103.

Cummins, Jim (2008): BICS and CALP, in: Hornberger, Nancy H. (Hrsg.): Encyclopedia of Language and Education Part 2, Springer, Berlin u.a., 487–499.

Diaz, Rafael M. / Klingler, Cynthia (1991): Towards an explanatory model of the interaction between bilingualism and cognitive development, in: Bialystok, Ellen (Hrsg.): Language processing in bilingual children, Cambridge University Press, Cambridge, 167–192.

Ehlich, Konrad (1979): Verwendungen der Deixis beim sprachlichen Handeln. 2 Bände. Lang, Frankfurt / M.

Ehlich, Konrad (1986): Interjektionen, Niemeyer, Tübingen.

Ehlich, Konrad / Rehbein, Jochen (1976): Halbinterpretative Arbeitstranskriptionen (HIAT), in: Linguistische Berichte, 45, 21–46.

Ehlich, Konrad / Rehbein, Jochen (1979): Sprachliche Handlungsmuster, in: Soeffner, Hans-Georg (Hrsg.): Interpretative Verfahren in den Text- und Sozialwissenschaften, Metzler, Stuttgart, 243–274.

Ehlich, Konrad / Rehbein, Jochen (1982): Augenkommunikation. Methodenreflexion und Beispielanalyse, John Benjamins, Amsterdam / Philadelphia.

Ehlich, Konrad / Rehbein, Jochen (1986): Muster und Institution. Untersuchungen zur schulischen Kommunikation, Narr, Tübingen.

European Charter for Regional or Minority Languages (1998). Zugänglich als „Database for the European Charter for Regional or Minority Languages: AUTHENTIC ENG-

LISH AND FRENCH TEXT OF THE CHARTER". Verfügbar unter http://languagecharter.coe.int/docs/Translations/authentic_2c.pdf (Zugriff 4.6.2011)

Eviatar, Zohar / Ibrahim, Raphiq (2000): Bilingual is as bilingual does: Metalinguistic abilities of Arabic-speaking children, in: Applied Psycholinguistics, 21, 451–471.

Farrugia, Marie Therese (2009): Reflections on a Medium of Instruction Policy for Mathematics in Malta, in: Barwell, Richard (Hrsg.): Multilingualism in Mathematics Classrooms. Global Perspectives, Multilingual Matters, Bristol u.a., 97–112.

Grießhaber, Wilhelm / Özel, Bilge / Rehbein, Jochen (1996): Aspekte von Arbeits- und Denksprache türkischer Schüler, in: Unterrichtswissenschaft, 24, 3–20.

Hohenstein, Christiane (2006): Sind sprachliche Handlungsmuster mehrsprachig?, in: Ehlich, Konrad / Hornung, Antonie (Hrsg.): Praxen der Mehrsprachigkeit, Waxmann, Münster u.a.

Jørgensen, Jens Normann (2003): Bilingualism in the Køge Project, in: International Journal of Bilingualism, 7(4), 353–377.

Jørgensen, Jens Normann (2004): Languageing and languagers, in: Darbelsteen, Christine B. / Jørgensen, J. Normann (Hrsg.): Languaging and language practices, Copenhagen Studies in Bilingualism, 36, University of Copenhagen, Faculty of Humanities, 5–23.

Jørgensen, Jens Normann / Holmen, Anne (Hrsg.) (2000): Det er Conversation 801, değil mi? Perspectives on the bilingualism of Turkish speaking children and adolescents in North Western Europe. Copenhagen Studies in Bilingualism, the Køge Series Vol. K7, Universität Kopenhagen, Kopenhagen.

Kurth, Ina / Menk, Antje-Katrin (1979): Lernen in der Fremdsprache, in: Deutsch lernen 2, 3–11.

Heil, Winfried / Kay, Werner / Kurth, Ina / Nikolai, Ilse / Menk, Antje-Katrin / Mönch-Bucak, Yayla (1979): Mathematikunterricht mit ausländischen Jugendlichen: Darstellung einer Unterrichtseinheit zum Winkelbegriff, in: Deutsch lernen 2, 12–42.

Leonard, Jacqueline (2008): Culturally Specific Pedagogy in the Mathematics Classroom. Strategies for Teachers and Students, Routledge, New York / London.

Matras, Yaron (2009): Language Contact, University Press, Cambridge.

Matras, Yaron / Bakker, Peter (Hrsg.) (2003): The mixed language debate. Theoretical and empirical advances, Mouton de Gruyter, Berlin / New York.

Özdil, Erkan (2010): Codeswitching im zweisprachigen Handeln – Sprachpsychologische Aspekte verbalen Planens in deutsch-türkischer Kommunikation, Waxmann, Münster / New York.

Poplack, Shana (1988): Contrasting patterns of code-switching in two communities, in: Heller, Monica (Hrsg.): Codeswitching. Anthropological and Sociolinguistic Perspectives, Mouton de Gruyter, Berlin u.a., 215–244.

Ramsegger, Jörg / Wagener, Matthea (Hrsg.) (2008): Chancenungleichheit in der Grundschule. Ursachen und Wege aus der Krise, Verlag für Sozialwissenschaften, Wiesbaden.

Redder, Angelika (1982): 160176/6/Mathe/M/HS: Mathematik – Dreisatz und Bruchrechnung, in: Redder, Angelika (Hrsg.): Schulstunden 1. Transkripte, Narr, Tübingen, 91–114.

Redder, Angelika (2000): Textdeixis, in: Brinker, Klaus / Antos, Gerd / Heinemann, Wolfgang / Sager, Sven F. (Hrsg.): Text- und Gesprächslinguistik. HSK 16.1, de Gruyter, Berlin u.a., 283–294.

Redder, Angelika (2004): Vorstellung – Begriff – Symbol: zu Konzeption und Konsequenzen bei Vygotskij und Bühler, in: Ehlich, Konrad / Meng, Katharina (Hrsg.): Die Aktualität des Verdrängten. Studien zur Geschichte der Sprachwissenschaft im 20. Jahrhundert, Synchron, Heidelberg, 339–367.

Rehbein, Jochen (1977): Komplexes Handeln. Elemente zur Handlungstheorie der Sprache, Metzler, Stuttgart. [insbes. §§ 4 und 11]

Rehbein, Jochen (1982): Worterklärungen türkischer Kinder. In: Osnabrücker Beiträge zur Sprachtheorie 22 (Themenheft: „Handlungsorientierung im Zweitspracherwerb"), 122–157.

Rehbein, Jochen (1987): Diskurs und Verstehen. Zur Rolle der Muttersprache bei der Textverarbeitung in der Zweitsprache, in: Appeltauer, Ernst (Hrsg.): Gesteuerter Zweitspracherwerb, Hueber, München, 113–172.

Rehbein, Jochen (2001): Deutsch für Deutsche? Thesen zum Integrationskonzept der Bundesregierung im neuen Entwurf über die Zuwanderung, Universität Hamburg: Institut für Germanistik I.

Rehbein, Jochen / Herkenrath, Annette / Karakoç, Birsel (2009): Turkish in Germany – On contact-induced language change of an immigrant language in the multilingual landscape of Europe, in: Sprachtypologie und Universalienforschung (STUF) 62, 3, 161–204.

Rehbein, Jochen (2011, im Druck): Die Zukunft der Mehrsprachigkeit – Von Spracherwerb, multilingualer Kommunikation und historischer Mehrsprachigkeit zum HELIX-Modell gesellschaftlicher Mehrsprachigkeit. Erscheint in: Bührig, Kristin (Hrsg.): Transferring Linguistic Know-How into Practice: perspectivas y resultados – Perspektiven und Ergebnisse – perspectives and results, Benjamins, Amsterdam.

Rehbein, Jochen / Meng, Katharina (2007): Kindliche Kommunikation als Gegenstand sprachwissenschaftlicher Forschung, in: Meng, Katharina / Rehbein, Jochen (Hrsg.): Kindliche Kommunikation – einsprachig und mehrsprachig, Waxmann, Münster u.a., 1–38.

Rehbein, Jochen / Schmidt, Thomas / Meyer, Bernd / Watzke, Franziska / Herkenrath, Annette (2004): Handbuch für das computergestützte Transkribieren nach HIAT, Arbeiten zur Mehrsprachigkeit, Serie B (56), Hamburg.

Sağın-Şimşek, Çiğdem / Rehbein, Jochen / Babur, Ezel (2009): İşlevsel Edimbilim Yöntemiyle Metin İçinde Gösterme Alanının İncelenmesi (Investigation of the deictic field in texts from a Functional Pragmatic point of view), in: Dilbilim Araştırmaları 2009, II, 1–17.

Schmidt, Thomas (2006): EXMARaLDA. Partitur-Editor Handbuch. Version 1.3.2. University of Hamburg: Collaborative Research Institute (SFB 538) Multilingualism.

Verfügbar unter http://www1.uni-hamburg.de/exmaralda/files/handbuch-aktuell.pdf (4.4. 2011).

Staats, Susan (2009): Somali Mathematics Terminology: A Community Exploration of Mathematics and Culture in: Barwell, Richard (Hrsg.): Multilingualism in Mathematics Classrooms. Global Perspectives, Multilingual Matters, Bristol u.a., 32–46.

von Kügelgen, Rainer (1994): Diskurs Mathematik. Kommunikationsanalysen zum reflektierenden Lernen, Lang, Frankfurt / M.

Wygotski (= Vygotskij), Lev Semonovich (1964): Denken und Sprechen. In dt. Sprache hrsg. von Johannes Helm. Aus dem Russ. übers. von Gerhard Sewekow. Akademie-Verlag, Berlin.

Autorinnen und Autoren

Dipl.-Päd. Cornelia Braun, Wissenschaftliche Mitarbeiterin im DFG-Projekt „Sozialisation und Akkulturation in Erfahrungsräumen von Kindern mit Migrationshintergrund - Schule und Familie (SOKKE)" an der Universität Augsburg, cornelia.braun@phil.uni-augsburg.de

Dr. Joana Duarte, Wissenschaftliche Mitarbeiterin am Institut für International und Interkulturell Vergleichende Erziehungswissenschaft der Universität Hamburg, joana.duarte@uni-hamburg.de

Prof. Dr. Uwe Gellert, Lernbereich Mathematik / Grundschulpädagogik, Fachbereich Erziehungswissenschaft und Psychologie, Freie Universität Berlin, ugellert@zedat.fu-berlin.de

Prof. Dr. Ingrid Gogolin, Professorin am Institut für International und Interkulturell Vergleichende Erziehungswissenschaft der Universität Hamburg, gogolin@uni-hamburg.de

Prof. Dr. Wilhelm Grießhaber, Professor am Sprachenzentrum der Westfälischen Wilhelms-Universität Münster, griesha@uni-muenster.de

Prof. Dr. Aiso Heinze, Direktor der Abteilung Didaktik der Mathematik am Leibniz-Institut für die Pädagogik der Naturwissenschaften und Mathematik (IPN) Kiel, heinze@ipn.uni-kiel.de

Prof. Dr. Leonie Herwartz-Emden, Professorin für Pädagogik der Kindheit und Jugend an der Universität Augsburg, leonie.herwartz-emden@phil.uni-augsburg.de

Prof. Dr. Gabriele Kaiser, Professorin für Mathematikdidaktik am Fachbereich Erziehungswissenschaft der Universität Hamburg, gabriele.kaiser@uni-hamburg.de

Prof. OStDir. Josef Leisen, Leiter des Staatlichen Studienseminars für das Lehramt an Gymnasien in Koblenz und Professor für Didaktik der Physik an der Universität Mainz, leisen@studienseminar-koblenz.de

Dr. Michael Meyer, Akad. Rat, Mathematikdidaktiker am Institut für Erforschung und Entwicklung des Mathematikunterrichts, Technische Universität Dortmund, mmeyer@math.uni-dortmund.de

Dr. Erkan Özdil, Sprachwissenschaftler am Institut für deutsche Sprache und Literatur, Technische Universität Dortmund, erkan.oezdil@udo.edu

Jennifer Paetsch, Dipl.-Psychologin und Mitarbeiterin des BeFo-Projekts (Bedeutung und Form. Fachbezogene und sprachsystematische Förderung in

Deutsch als Zweitsprache) an der Freien Universität Berlin, jennifer.paetsch @fu-berlin.de

Prof. Dr. Susanne Prediger, Mathematikdidaktikerin am Institut für Erforschung und Entwicklung des Mathematikunterrichts, Technische Universität Dortmund, prediger@math.uni-dortmund.de

Prof. Dr. Jochen Rehbein, Sprachwissenschaftler am Institut für Germanistik I, Universität Hamburg und Middle East Technical University Ankara (METU), rehbein@uni-hamburg.de und jochen@metu.edu.tr

Prof. Dr. Kristina Reiss, Inhaberin des Heinz Nixdorf-Stiftungslehrstuhls für Didaktik der Mathematik an der TUM School of Education der Technischen Universität München, kristina.reiss@tum.de

Prof. Dr. Heidi Rösch, Deutschdidaktikerin an der Pädagogischen Hochschule Karlsruhe und Leiterin des Projekts BeFO: Bedeutung und Form. Fachbezogene und sprachsystematische Förderung in Deutsch als Zweitsprache, heidi.roesch@ph-karlsruhe.de

Lena Wessel, Wissenschaftliche Mitarbeiterin am Institut für Erforschung und Entwicklung des Mathematikunterrichts, Technische Universität Dortmund, lena.wessel@math.uni-dortmund.de

English Abstracts

Part 1: Analysing challenges for multilingual learners –
theoretical approaches and empirical results

Aiso Heinze, Leonie Herwartz-Emden, Cornelia Braun, Kristina Reiss: The role of knowledge in the language of instruction for mathematics learning Results of a longitudinal study in primary schools

In the last decade, several empirical studies repeatedly showed that students with migration background achieve lower competencies in the German educational system than students without migration background. This affects not only the domains reading and writing but also domains like mathematics which might be less influenced by language and culture. Research findings show that one of the main reasons for the disadvantages of students with migration background goes back to their restrictions in their capabilities of the language of instruction. In this paper, we give an overview on different aspects of research in this field. We present results from large scale studies with respect to the German situation. Moreover, research studies from mathematics education are discussed which in particular investigate the influence of language capabilities on learning of mathematics in school.

Joana Duarte, Ingrid Gogolin, Gabriele Kaiser: Language-related difficulties of multilingual students in word problems

It has been extensively proven that students with a migration background perform significantly worse in the German education system than their monolingual peers. As a central reason for this educational backlash, linguistic difficulties are often identified, although few studies have acknowledged concrete linguistic phenomena. The paper deals with the role of academic language skills for the understanding of mathematical word problems by pupils with a migration background. First the concept of the academic language is closely explained and some empirical findings are presented. Thereafter, theoretical models of textual understanding of mathematical word problems are analysed and exemplified on the basis of own empirical studies. The conclusions then contain a short summary of the consequences of the central theoretical and empirical findings for the didactics of mathematics.

Heidi Rösch & Jennifer Paetsch: Word problems and authentic problems in mathematics classrooms as a challenge for multilingual children

Linguistic heterogeneity, containing various forms of multilingualism, has become an everyday situation in German schools. First, we describe the special problems immigrant students are experiencing with the language used in class. Subsequently, the role of language in math class is being highlighted and concretized regarding multilingualism. By means of empirical findings, the article will demonstrate that learning achievements in maths will be compromised by insufficient linguistic skills of immigrant students. The major focus is on the challenge of math word problems which is caused by the context-reduced and abstract language use. This will be at first reported on the state of research and then exemplified by concrete instances. In conclusion, the article outlines a rough orientation guide for math classrooms.

Wilhelm Grießhaber: On the Role of Language in Second-Language Maths Classes

Pupils whose L1 is not German have been found to do less well in German maths classes. Three learner groups have been distinguished in an attempt to find an explanation for this phenomenon, namely learners in their first year of primary school, learners who have joined the German school system later, and pupils with an ethnic German background who are already attending school in Germany. In order to clarify the role of language for the acquisition of mathematical knowledge, objects and the mathematical operations applied to them are studied separately. In this context, language serves to determine the relevant characteristics of an object and of the suitable mathematical operations. Profile analysis as a means to assess L2 competence is introduced and demonstrated with regard to selected texts and learner utterances. In Primary One lessons, insufficient knowledge of German makes teaching methods that work with German-speaking pupils less effective. Results of initial profile analysis indicate that the children's difficulties in solving text-based maths problems are not so much due to lexical problems but in their failing to connect difficult words with the underlying grammatical structure of the text. In the example given, the mathematical knowledge also seems insufficiently developed. It seems, therefore, that more attention should be paid to teaching formal grammar aspects to provide a basis for understanding written information.

Uwe Gellert: Medial Orality and Decontextualisation: Significance and Special Nature of Academic Language Proficiency in Primary Mathematics Education

The specific nature of students' successful language use in primary mathematics class-rooms is a rather unexplored issue in mathematics education. This chapter draws on concepts from disciplines such as the sociology of education, studies in bilingualism, and systemic functional linguistics that seem pertinent for studying the appropriateness of students' language production as well as for the development of their competence. By referring to examples of students' language production in the context of mathematics, the relevance and explanatory power of these references are illustrated.

Erkan Özdil: Linguistic analysis of diagnostic interviews in mathematics education research

In the article, an example for students' work on word problems is analysed by an linguistic approach for investigating text-based processes of problem solving. The analysis shows problems of understanding that do not root in linguistic deficits of the learners but in obstacles in the text.

Part 2: Supporting multilingual learners in mathematics classrooms: Development and research

Josef Leisen: Language-sensitive domain-specific classrooms. An approach for developing language in mathematics and science education

Developing language capabilities is important in all domains since language develops together with new knowledge in a domain like mathematics or science. As a consequence, language and domain-specific subject matters should be taught and learned together. The approach of language sensitive domain-specific classrooms focuses on language as a medium for learning and teaching. The article offers basic knowledge about language development and about teaching strategies for supporting it.

Susanne Prediger & Lena Wessel: Representing – Interpreting – Relating registers. A mathematical and linguistic support for multilingual learners in mathematics education

Difficulties of students whose first language is not the language of instruction are mostly considered separately, either as a mathematical or as a linguistic problem. This separation is often reflected in isolated teaching approaches for these students. Meanwhile, there is a lack of theoretically funded and empirically investigated approaches that consequently integrate linguistic and mathematical aspects for supporting students' conceptual understanding. We present our integrated approach „relating registers" in a case study for fractions. The design experiments show the situational potential for enhancing students' conceptual understanding.

Michael Meyer & Susanne Prediger: Making use of the first language for mathematics learning. Case studies on chances and limits of working in two languages for learners with Turkish as first language

Although the benefit of the first language for affiliating processes of thinking and understanding in mathematics education has been shown in many countries, this teaching strategy has not yet been focused much in Germany, neither in classroom practices nor in educational research. The article presents explorative approaches and tentative results on interview studies with students of Turkish origin who deal with realistic mathematical texts. In the qualitative analysis, we investigate conditions of first language use in research settings and the initiated chances and limits of using the first language to develop conceptual understanding in mathematics.

Jochen Rehbein: The role of Turkish as 'working language' in German primary school maths and science classes

The paper scrutinizes the role of the immigrant language Turkish as a medium of learning in German primary education focussing on mathematics and natural science. After the discussion of theoretical approaches, an Evocative Field-Experiment is documented. In this experiment, Turkish children in the 4th class of a Hamburg primary school were videotaped during group work without the presence of a teacher. Whereas the task was given in German and the results had to be written down in German, as well, they had the option to use German or Turkish while working together ('working language'). Although the children had been at a German school for four years, they did not use mainly German, as expected, but mainly Turkish in their problem-solving interaction. This interaction is analyzed on the basis of some transcript extracts, and it is pointed out that the concepts of 'Arbeitssprache' (working language) and 'Denksprache' (language of thinking) cannot be mapped either to Turkish or to German (this is consistent with our earlier observations; s. Grießhaber / Özel / Rehbein 1996). It turns out that Turkish as a working language facilitates a certain type of discourse, in the framework of which the children can practice actions in a communicative space of rehearsal. The findings strongly suggest that immigrant children should be given the chance to use their family languages as 'working languages' by offering them a communicative space of rehearsal within usual primary education.

MEHRSPRACHIGKEIT

HERAUSGEGEBEN VON WILHELM GRIESSHABER UND JOCHEN REHBEIN

MEHRSPRACHIGKEIT

HERAUSGEGEBEN VON WILHELM GRIESSHABER UND JOCHEN REHBEIN

BAND 13

Bernd Meyer
DOLMETSCHEN IM MEDIZINISCHEN AUFKLÄRUNGSGESPRÄCH
Eine diskursanalytische Untersuchung zur Wissensvermittlung im mehrsprachigen Krankenhaus

2004, 250 Seiten, br., 25,50 €, ISBN 978-3-8309-1297-2

BAND 14

Shinichi Kameyama
VERSTÄNDNISSICHERNDES HANDELN
Zur reparativen Bearbeitung von Rezeptionsdefiziten in deutschen und japanischen Diskursen

2004, 244 Seiten, br., 29,90 €, ISBN 978-3-8309-1366-5

BAND 15

Anja Leist-Villis
ZWEISPRACHIGKEIT IM KONTEXT SOZIALER NETZWERKE
Unterstützende Rahmenbedingungen zweisprachiger Entwicklung und Erziehung am Beispiel griechisch-deutsch

2004, 270 Seiten, br., 22,50 €, ISBN 978-3-8309-1367-2

BAND 16

Waltraut Timmermann
TEMPUSVERWENDUNG IN CHINESISCH-DEUTSCHER LERNERSPRACHE
Eine Analyse auf sprachenvergleichender Basis

2005, 304 S., br., 29,90 €, ISBN 978-3-8309-1485-3

BAND 17

S. Cigdem Sagin Simsek
THIRD LANGUAGE ACQUISITION
Turkish-German Bilingual Students' Acquisition of English Word Order in a German Educational Setting

2006, 166 Seiten, br., 24,90 €, ISBN 978-3-8309-1604-4

BAND 18

Jutta Fienemann
ERZÄHLEN IN ZWEI SPRACHEN
Diskursanalytische Untersuchungen von Erzählungen auf Deutsch und Französisch

2006, 312 Seiten, br., 29,90 €, ISBN 978-3-8309-1576-8

BAND 19

Edgardis Garlin
BILINGUALER ERSTSPRACHERWERB
Sprachlich handeln – Sprachprobieren – Sprachreflexion. Eine Langzeitstudie eines deutsch-spanisch aufwachsenden Geschwisterpaares

2008, 518 Seiten, br., inkl. DVD mit Transkripten und Videoaufnahmen zu den Transkripten, 39,90 €, ISBN 978-3-8309-1730-4

BAND 20

Konrad Ehlich, Antonie Hornung (Hrsg.)
PRAXEN DER MEHRSPRACHIGKEIT
2006, 196 Seiten, br., 24,90 €, ISBN 978-3-8309-1731-1

BAND 21

Alexandra Eberhardt
DIE SPRACHLICHE UMSETZUNG NEUER TECHNOLOGIEN IM FRANZÖSISCHEN
Am Beispiel des Internet- und Computerwortschatzes

2007, 240 Seiten, br., 24,90 €, ISBN 978-3-8309-1854-7

BAND 22

Katharina Böttger
DIE HÄUFIGSTEN FEHLER RUSSISCHER DEUTSCHLERNER
Ein Handbuch für Lehrende

2008, 230 Seiten, br., 29,90 €, ISBN 978-3-8309-1979-7

MEHRSPRACHIGKEIT

HERAUSGEGEBEN VON WILHELM GRIESSHABER UND JOCHEN REHBEIN

MEHRSPRACHIGKEIT

HERAUSGEGEBEN VON WILHELM GRIESSHABER
UND JOCHEN REHBEIN

lage hierfür bilden authentische Gesprächsdaten aus Interviews mit Auslandsdeutschen in Malaysia und Brasilien. Auf diese Weise gelingt erstmals eine linguistische Konzeptanalyse von ‚Mentalität', im Rahmen derer die innere Architektonik des Begriffes herausgearbeitet wird.

BAND 28

Susanne Lippert

SPRACHUMSTELLUNG IN BILINGUALEN FAMILIEN

Zur Dynamik sprachlicher Assimilation bei italienisch-deutschen Familien in Italien

2010, 352 Seiten, br., 29,90 €, ISBN 978-3-8309-2338-1

In diesem Band wird untersucht, warum es so schwer ist, Kinder in einem einsprachigen Umfeld zu aktiver Zweisprachigkeit zu erziehen, wenn man die Methode „one person – one language" benutzt. Es liegt nicht an mangelndem Einsatz der Eltern, wenn die Kinder zur Umgebungssprache umschwenken. Der dafür verantwortliche Prozess der Assimilation an die starke Sprache, die Sprachumstellung, wird in allen Facetten analysiert und in der speziellen Sprachenkonstellation italienisch-deutscher Familien in Rom eingehend beschrieben.

BAND 29

Alexandra Wojnesitz

„DREI SPRACHEN SIND MEHR ALS ZWEI"

Mehrsprachigkeit an Wiener Gymnasien im Kontext von Migration

2010, 244 Seiten, br., 24,90 €, ISBN 978-3-8309-2411-1

Mehr als 25 % der Schüler an Wiener Gymnasien haben einen Migrationshintergrund. Wie geht die traditionell auf Homogenität bedachte Institution Schule mit dieser Mehrsprachigkeit um und wie wird sie von Schülern und Lehrpersonen gesehen? Was hat ein gelungener Zweitspracherwerb mit guten Kenntnissen der Erstsprache zu tun? Und wie wirkt sich der Interkulturalität aufgeschlossenes Schulklima auf die Integration aus?

Dieses Buch, das Fragen der Mehrsprachigkeit und Migration in der Schule pädagogisch und empirisch

zu beantworten versucht, richtet sich gleichermaßen an Wissenschaftler, Lehrende und Studierende.

BAND 30

Lirim Selmani

DIE GRAMMATIK VON *UND*

Mit einem Blick auf seine albanischen und arabischen Entsprechungen

2011, 278 Seiten, br., 29,90 €, ISBN 978-3-8309-2550-7

Der Konjunktor und zählt zu den frequentesten Ausdrücken des Deutschen, was auf seine Elementarität hindeutet. In dieser Untersuchung wird die Basisfunktion von und herausgearbeitet, die mit allen Verwendungsweisen inhärent verbunden ist, wobei eine funktional-pragmatische Perspektive eingenommen wird. Um die Funktionalität von und besser erfassen zu können, werden ihm seine albanischen und arabischen Entsprechungen gegenübergestellt, Gemeinsamkeiten und Differenzen aufgezeigt.

BAND 31

Galia Datcheva

MAL, WOHL UND IHRE BULGARISCHEN ENTSPRECHUNGEN

Eine kontrastive Untersuchung aus funktional-pragmatischer Sicht

2011, 274 Seiten, br., 44,90 €, ISBN 978-3-8309-2551-4

Welche funktionale Leistung haben die Ausdrücke mal und wohl beim sprachlichen Handeln auf Deutsch? Und gibt es im Bulgarischen sprachliche Mittel, die diese funktionale Leistung wiedergeben können? Mithilfe der Funktionalen Pragmatik werden die mit mal und wohl beim sprachlichen Handeln eng verbundenen mentalen Prozesse rekonstruiert. Auf diesem Hintergrund werden bulgarische Entsprechungen, die ebenfalls einer handlungstheoretischen Bestimmung unterzogen werden, für die beiden deutschen Ausdrücke ermittelt. Es wird gezeigt, inwieweit sich die Funktion der bulgarischen sprachlichen Mittel mit der Funktion von mal und wohl überlappt.